www.tredition.de

Astrid Rosenschon und Claus-Friedrich Laaser

Was Indien nachhaltig voranbringt

Denkanstöße für die indische Regierung und die geistige Elite

www.tredition.de

© 2019 Astrid Rosenschon und Claus-Friedrich Laaser

Verlag und Druck: tredition GmbH, Halenreie 40-44, 22359 Hamburg

ISBN
Paperback: 978-3-7482-6904-5
Hardcover: 978-3-7482-6905-2
e-Book: 978-3-7482-6906-9

Das Werk, einschließlich seiner Teile, ist urheberrechtlich geschützt. Jede Verwertung ist ohne Zustimmung des Verlages und des Autors unzulässig. Dies gilt insbesondere für die elektronische oder sonstige Vervielfältigung, Übersetzung, Verbreitung und öffentliche Zugänglichmachung.

Professor Dr. Horst Claus Recktenwald in memoriam

Inhaltsverzeichnis

Vorwort und Danksagung von Astrid Rosenschon   17

Anliegen und Aufbau des Buches   21

TEIL I. Bestandsaufnahme: Das derzeitige Indien – Ein Land mit Licht und Schatten   37

A.   Die Vorgeschichte   37

B.   1991: Auf Kommando von Manmohan Singh setzt sich der indische Elefant in Bewegung   40

C.   2014: Die Ära Narendra Modi bricht an   42

D.   Zwischenbilanz: Schritte in die richtige Richtung   44

E.   Aber: Ein gewaltiger Berg an unbewältigten Problemen wartet auf Maßnahmen, die ihn abbauen   44

F.   Das ländliche Indien: Eine Großbaustelle für die künftige Politik   45

    1.   Der Befund: Tiefe Gläubigkeit und kultureller Reichtum, aber materielle Not, Elend und Ungerechtigkeit   45

    2.   Hoher Korrekturbedarf für die hinduistische Religion   46
       a) Entrücktheit von der Welt als hinduistisches Ideal   47
       b) Indische Kosmologie und der Glaube an ein determiniertes „Bergab"   48

  c) Die hinduistische Kastenordnung steht Effizienz und Gerechtigkeit im Wege   48
  d) Hinduismus und Kriminalität   49
  e) Fehlsteuerungen durch die Herrschaft des Alters   51
  f) Senkung der Pro-Kopf-Einkommen durch Kult um den Sohn   51
  g) Indische Hochzeiten: Kapitalschlucker par excellence   51
  h) Hinduismus hat Industrialisierung verhindert   52

G. Indiens Norden und das Landesinnere – Wo der politische Handlungsbedarf besonders groß ist   53

 1. Der Befund: Ausgeprägtes Süd-Nord- sowie Küsten-Binnenland-Gefälle   53

 2. Was sind die Gründe für die Überlegenheit des Südens?   53

 3. Warum Küstenregionen reicher sind als Regionen im Landesinneren   55

H. Warum sich in Indiens Metropolen Offenheit und Freiheit entfalten können   55

TEIL II. Korrekturen des antiquierten Weltbilds in Indien ebenso erforderlich wie Bildungsoffensive   58

A. Welche mentalen Hindernisse müssen beseitigt werden, damit modernes Denken auf dem Land einziehen kann?   58

 1. Wird ein Verstoß gegen die Kastenregeln mit schlechterer Wiedergeburt bestraft?   58

 2. Rituelle Reinheit durch Diskriminierung?   60

 3. Sind weibliche Wesen weniger wert als männliche?   61

 4. Geht die Entwicklung bergab?   62

 5. Weltabkehr als höchstes Ideal?   62

6. Ist alles Leiden selbstverschuldet? 63

7. Ist das Drehbuch für dieses Leben bereits geschrieben? 64

8. Westphobie – Ein Grund, sich der Moderne zu verweigern? 65

9. Politischer Hinduismus als Glücksbringer? 66

10. Verbessern Kastenparteien und Quoten das Los der Unterprivilegierten? 68

B. Die fundamentale Rolle von Bildung und Gesundheit 69

TEIL III. Indien im Spiegel der Statistik und internationaler Rankings 73

A. Indien in Zahlen 73

1. Größe und Bevölkerung 73

2. Wirtschaftsstruktur 74

3. Außenhandel 78

4. Regionale Unterschiede im Wohlstandsniveau 86

B. Indien im internationalen Vergleich verschiedener Rankings 89

1. Human Development Index der Vereinten Nationen 90

2. KOF-Globalisierungsindex 92

3. Internationaler Korruptionsindex von Transparency International 96

4. Ease of Doing Business Index der Weltbank 97

5. Internationaler Infrastrukturindikator 99

    6.   Global Competitiveness Index des World Economic Forum in Davos 100

    7.   Economic Complexity Index (ECI) von Hausmann und Hidalgo   103

C.   Fazit   106

TEIL IV. Die klassische und immer noch zeitgemäße Idee einer offenen, spontanen und natürlichen Ordnung – ein kybernetisches Lernsystem   109

A.   Adam Smith als Wegbereiter einer idealen Ordnung für menschliches Zusammenleben   109

    1.   Sein Werk und eine kurze Charakteristik seiner Person   110

    2.   Adam Smith's „Unsichtbare Hand" – auch bei Teilhard de Chardin   111

    3.   Adam Smith's Idee – immer wieder verdreht, verstümmelt und verfälscht dargestellt   112

B.   Die ordnungspolitischen Eckpfeiler im Weltbild von Adam Smith   114

    1.   Mitgefühl, ethische Normen, Gesetze und Konkurrenz – am Markt herrschende Zügel für das natürliche Selbstinteresse   114
        a) Mitgefühl   116
        b) Regeln der Ethik   117
        c) Gesetze   117
        d) Konkurrenz   117

    2.   Markt, Staat und Ethik – institutionelle Fundamente der Wirtschaft und Gesellschaft und Wurzeln der Evolution   118

    3.   Staatsaufgaben bei Adam Smith – Die Mär von Laissez-Faire und Nachtwächterstaat   121

C. Der Ordo-Liberalismus 123

D. Exkurs: Mitgefühl und Altruismus – Produkte der wirtschaftlichen Entwicklung 124

E. Markt, Staat und Ethik – Instrumente im Dienste der Bewältigung von Knappheit und Lebensrealität 126

   1. Knappheit und ökonomische Naturgesetze – Axiome im menschlichen Dasein 126
      a) Knappheit – Eine unumstößliche Tatsache 126
      b) Sättigung, sinkende Grenzproduktivitäten von Hilfsquellen und sich verschlechternde Austauschbarkeit von Gütern als Naturgesetze 129

   2. Der Markt – ein geniales Informations- und Steuerungssystem 133
      a) Preise – Orientierungsmarken für wirtschaftliche Entscheidungen der Konsumenten und Produzenten 133
      b) Marktpreise sorgen für Marktausgleich, maximalen Umsatz und höchstmögliche Tauschgewinne aller Akteure 135
      c) Der Markt in einer Welt des Wandels – Deus ex machina bei der Bewältigung der Knappheit 138
      d) Zur Rechtfertigung der Gewinne 139
      e) Exkurs: Wie wirken Eingriffe in die Preisbildung? 140
      f) Exkurs: Muss ein Land subventionieren, weil ein anderes Land dies tut? 142
      g) Exkurs: Gehören Netzbetriebe in staatliche Hand? 142
      h) Exkurs: Sollte sich die Daseinsvorsorge in staatlicher Obhut befinden? 143
      i) Der Markt ist auch ein gerechtes, soziales und humanes System 144

   3. Die eigentlichen Aufgaben des Staates 145

   4. Der hohe Stellenwert der Ethik 152
      a) Der neutrale Beobachter als Kontrollinstanz und als Wurzel der Ethik 153
      b) Von normativen Religionsaufgaben und von Religionsversagen 155
      c) Leitbilder der Erziehung und Erziehungsversagen 158

   5. Fazit: Was von der These vom Marktversagen zu halten ist 159

F. Das Armutsproblem – kritische Reflexionen zur Sozialpolitik — 161

1. Das reale Phänomen der sozial Starken und der sozial Schwachen — 161
2. Die Gratwanderung zwischen zu wenig und zu viel Sozialpolitik — 162
3. Effiziente und menschenwürdige Sozialpolitik erfordert Hilfe zur Selbsthilfe statt Dauertransfers — 164

TEIL V. Appendix: Unhaltbare Kritik an der liberalen Ordnungsidee und an der klassischen Ökonomie — 167

A. Verherrlichung des Staates und Verurteilung des Marktes durch intellektuelle Meinungsmacher – Eine Ideologie, die Schule gemacht hat — 167

B. Was von den „Caring Economics" zu halten ist — 169

C. Einwände der „pluralen Ökonomik" oder „post-autistischen Ökonomie" oder der „Real World Economics" nicht überzeugend — 173

1. Zur „Unsichtbaren Hand" — 174
2. Ökologie versus Ökonomie — 175
3. Keynesianismus versus Neoklassik — 177
4. Zum Neoliberalismus oder klassischen Liberalismus — 177
5. Zum „homo oeconomicus" — 179
6. Wettbewerb — 182

TEIL VI. Indiens Zukunft gestalten — 184

A.	Den Staat fit machen	**184**
	1. Auf demokratische und föderale Traditionen in Indien setzen	184
	2. Staatsaufgaben im föderalen Gemeinwesen und „Management by Delegation"	185
	3. Das Modell des offenen Lernsystems – Vorbild für die Organisation des Staatswesens	189
	4. Unterstützung durch externen Sachverstand	192
	5. Fazit	193
B.	Engpässe beseitigen, Reformstau auflösen	**193**
	1. Strukturwandel erfordert Arbeitsmarktreformen	194
	2. Leichtere Übertragbarkeit landwirtschaftlich genutzter Böden für alternative Verwendungen erforderlich	196
	3. Zügiger Ausbau der Infrastruktur erforderlich	197
	4. Umschulungsgutscheine für das ländliche Indien gefragt	198
C.	Bildung und Gesundheit – Finanzierungsengpässe kreativ überwinden	**198**
D.	Geschäftsideen, die im Dienstleistungssektor Arbeitsplätze und Einkommen für das ländliche Indien schaffen	**201**
	1. „Smart cities" gründen, aus Komplementaritäten profitieren	201
	2. Entwicklung von Technologien zur Überwindung von Sprachbarrieren als Voraussetzung für den Ausbau des tertiären Sektors	202
	3. Indien als Anbieter von Gesundheitsdiensten für die Welt	203
	a) Zum Anbieterpotential	203

b) Zum Nachfragerpotential — 203
c) Chancen für Indien als internationaler Markt für Gesundheitsdienste — 205
d) Neue Arbeitsplätze und Einkommenschancen — 206
e) Wie die Landbevölkerung mit Gesundheitsdiensten versorgt werden kann — 206

4. Indien als Rentnerdestination zum Überwintern — **207**

5. Indien als attraktive Destination für den internationalen Tourismus — **208**
a) Ein paar Denkanstöße, um Tourismuspotentiale zu erschließen — 209
b) Der Buddhismus als Lockvogel für die Gäste aus Indiens ost- und südostasiatischer Nachbarschaft — 212
c) Christliche Kulturstätten als Attraktion für Südkoreaner — 214

6. Indien als Zentrale für die Wissenschaft und für asiatische Kultur — **215**
a) Indien: Der optimale Standort für ein „Institut für Weltwissenschaft" — 215
b) Die drei Säulen des „Instituts für Weltwissenschaften" — 216
  (i) Das „Weltzentrum für ordo-liberale Ökonomen" — 216
  (ii) Das „Weltzentrum für Religion, Philosophie und Geisteswissenschaften" — 217
  (iii) Das „Weltzentrum für die Naturwissenschaften" — 219
c) Indien als Standort für Kunstausstellungen und Kunstauktionen — 220

7. Güterexporte im Sog des Tourismus — **220**

E. Fazit — **222**

TEIL VII. Indien braucht auch einen philosophischen Paradigmenwechsel – Grundzüge für ein positives Weltbild — 223

A. Realität und Evolution statt Scheinwelt und Rückschritt — 223

1. Der Mensch und das Leben – Elemente eines göttlichen Plans? — **224**

2. Individualität und Subjekt-Objekt-Spaltung – Tricks der Natur, um die Entwicklung voranzutreiben? — **224**

3. Böses, Leiden und Ungerechtigkeit – Treibriemen für die Evolution? — **227**

      a) Trotz Fortschritts und Evolution: Die Realität – kein Heile-Welt-Szenario   227

      b) In einem dynamischen Weltbild sind Übel Hürden, die es zu überspringen gilt   228

B.   Von Gott und der Welt   229

    1. Moderne Gottesbilder   230

    2. Der Mensch als Gottes Spielpartner – Erfüllungsgehilfe oder Widersacher   231

    3. Wie die „Unsichtbare Hand" wirkt – Gesetze und Zufälle   233

C.   Konturen eines Weltmodells   234

ABSCHLIESSENDE GEDANKEN: Die offene, spontane und natürliche Ordnung – ein aufstrebender Weg ins Krita Yuga   236

    Literaturverzeichnis   238

Vorwort und Danksagung von Astrid Rosenschon

Ein hartes Hotelbett und fahles Vollmondlicht im Zimmer waren die Auslöser für dieses Buch. Denn sie bescherten mir auf meiner 9. Reise nach Indien im Frühjahr 2016 eine schlaflose Nacht, in der ich alle meine Eindrücke gedanklich Revue passieren ließ und über Gott und die Welt nachdachte. Vor meinem geistigen Auge erschienen nicht nur die prächtigen südindischen Tempeltürme – die Gopurams –, die knallbunten Saris und Werbeplakate sowie das chaotische Gewimmel auf den Straßen, das den Betrachter in Atem hält und unter positiven Stress setzt, sondern auch die vielen alten, gebrechlichen und behinderten Menschen, die am Eingang zu den heiligen Stätten ihre bettelnden Hände ausstreckten. Ich grübelte, was mein persönlicher Beitrag dazu sein könnte, etwas gegen die Armut zu tun, die nach wie vor in Indien erschreckend präsent ist. Der in den neunziger Jahren durch wirtschaftspolitische Reformen ausgelöste wirtschaftliche Aufschwung hat das Elend zwar gemildert, aber bei weitem nicht beseitigt. Da ich auf der Sonnenseite der Welt geboren bin, das Glück hatte, an einer deutschen Universität Ökonomie studieren zu können und viel in der Welt herum gekommen bin, fühlte ich mich in der moralischen Pflicht, ein Buch zu schreiben, das die Ursachen des in Indien überall gegenwärtigen Elends offenlegt und das zugleich Wege aufzeigt, die zu Chancengleichheit und zu Wohlstand für alle führen. Welche Grundbedingungen müssen gegeben sein und welche Strategien sind einzuschlagen, damit Arbeitsplätze und Einkommenschancen für das ländliche Indien entstehen können? Das war die Kardinalfrage, die ich mir und meinem Mann, den ich als Co-Autor gewinnen konnte, stellte. Wir glauben, dazu Ideen beisteuern zu können. Allerdings setzen unsere Vorschläge eine ordnungspolitische Radikalkur, die auf den Ideen von Adam Smith und der ökonomischen Klassik fußt, und eine kritische Auseinandersetzung mit dem Hinduismus voraus. Man mag anzweifeln, dass unsere Vorschläge realistische Chancen auf Umsetzung haben. Ich selbst bin grundsätzlich ein Kurzfrist-Pessimist. Aber als notorischer Langfrist-Optimist hoffe ich, dass unser Beitrag eine Diskussion unter jenen indischen Intellektuellen auslöst, die soziale Verantwortung für die schwächeren Mitglieder der Gesellschaft verspüren.

An dieser Stelle verbleibt mir die angenehme Pflicht, mich bei allen zu bedanken, die dabei geholfen haben, dass aus dem ursprünglichen Manuskript ein lesbares

Büchlein geworden ist. Mein herzlicher Dank geht an die ehemalige Chorsängerin der Münchner Staatsoper und Hobby-Historikerin Elke Föll-Großhans und ihren Mann Volker Föll sowie an die Ökonomen Dr. Alfred Boss, Dr. Martin Hoffmeyer, Professor Henning Klodt und Professor Joachim Scheide.

Ferner bin ich meinem im Jahr 1990 verstorbenen Doktorvater, Professor Horst Claus Recktenwald, dankbar, dem wir in memoriam dieses Buch widmen möchten. Als Ökonom, der in säkularen und entwicklungsgeschichtlichen Dimensionen dachte, hat er meinen Blick für ordnungspolitische sowie theologische Fragen geschärft. Er war ein profunder Kenner des Werkes von Adam Smith (1723–1790), dem berühmten schottischen Moralphilosophen, der als geistiger Vater der ökonomischen Wissenschaft gilt und der an eine göttliche Ordnung hinter allen Phänomenen geglaubt hat. Seine Metapher von der „Unsichtbaren Hand" ist Legende. Horst Claus Recktenwald hat den „Wohlstand der Nationen" von Adam Smith ins Deutsche übertragen. Das zweite Hauptwerk von Adam Smith – die „Theorie der ethischen Gefühle" – hat er, neben dem „Wohlstand" und den „Essays", in seinen Studien zu Smiths Schaffen ebenfalls gewürdigt. Recktenwalds Analyse präsentiert ein duales Menschenbild bei Adam Smith: Siamesischer Zwilling des natürlichen Selbstinteresses ist das Mitgefühl, also die Fähigkeit, sich in andere Menschen hineinzuversetzen. Es ist uneigennützig und hält – zusammen mit Gesetzen, Konkurrenz und Regeln der Ethik – das natürliche, da angeborene Eigeninteresse in Schach, so dass es nicht in Egoismus und Selbstsucht oder in Faulheit und Desinteresse umschlägt. Das Mitgefühl ist auch die Basis für Altruismus. Im Zentrum von Smith's Ethiklehre steht die Instanz des „neutralen Beobachters", die dem Gewissen bei Immanuel Kant entspricht. Diese Erkenntnisse sind völlig konträr zu falschen Behauptungen von Wissenschaftlern, die sich zwar über Smith äußern, die aber Smith niemals gelesen haben.

Last but not least möchte ich meinem Mann, dem Ökonomen und Weltenbummler Dr. Claus-Friedrich Laaser, danken. Er machte mich mit dem liberalen Weltbild seines prominenten akademischen Lehrers Professor Herbert Giersch vertraut, unter dessen wissenschaftlicher Ägide ich drei Jahre lang arbeiten durfte. Mein Mann hat mich auf allen meinen Indienreisen – mittlerweile sind es elf geworden – begleitet und mit mir viele fruchtbare Diskussionen über dieses Land geführt. Es ist nicht übertrieben, wenn ich feststelle, dass er mich mit seinem „Indienfieber" angesteckt hat. Ich bin meinem Mann dankbar, dass er sich zur Mitarbeit an diesem Buch bereit erklärt hat. Er hat nicht nur Teil III der Studie beigesteuert, in dem statistische Daten über die indische Wirtschaft – auch im Vergleich zu anderen Ländern – präsentiert und analysiert werden. Er hat auch die von mir verfassten Texte gründlich überarbeitet. Mit seiner Besonnenheit war mir mein Mann eine willkommene Kontrollinstanz. Er hat als Testleser viel zur Ausgewogenheit des Textes beigetragen. Nicht zuletzt sollte ich sein Mitwirken bei einer möglichst guten englischen Übersetzung dankend hervorheben.

Astrid Rosenschon, Molfsee 2019

Anliegen und Aufbau des Buches

Im Fokus dieser Abhandlung steht das Wohl der indischen Bevölkerung, Es hängt ab von der Versorgung der Menschen mit Gütern oder Leistungen oder Werten, die das Leben ermöglichen, erleichtern und lebenswert machen, sowie von der Ausstattung mit den dafür erforderlichen Hilfsquellen (Ressourcen). Unter Ressourcen verstehen Ökonomen 1) Rohstoffe und Boden, 2) gesunde Arbeitskräfte für einfache – sowie möglichst gut ausgebildetes, gesundes Personal für qualifizierte – Tätigkeiten und 3) gut mit Sachkapital ausgestattete Handwerksbetriebe, Fabriken und Dienstleistungssektoren. In den Produktionsstätten müssen gezielt jene Technologien zum Einsatz kommen, die der landesspezifischen Faktorausstattung am besten gerecht werden. Da Indien besonders reich an Arbeitskräften ist, während Kapital knapp ist, sollte arbeitsintensiven, kapitalsparenden Methoden der Vorzug eingeräumt werden. Zu den Quellen des Wohlstandes werden ferner 4) Innovationen oder neues Wissen in einem umfassenden Sinn – also wissenschaftlicher, technologischer, organisatorischer und institutioneller Fortschritt – gerechnet. Maßgeblich für das Produktionspotential – das sind die bei Vollauslastung maximal produzierbaren Erzeugnisse – sind also die Mengen der Produktionsfaktoren (Sachkapital, Arbeit, Boden und Rohstoffe (Natur) und Wissen) und deren Qualitäten (Produktivitäten), die vom Fortschritt geprägt sind.

Zu den „harten" Standortfaktoren zählt auch 5) ein ökonomisch effizienter Staat, der die ordnungspolitischen Voraussetzungen schaffen muss, dass Märkte optimal funktionieren. Dazu bedarf es stabiler Institutionen und Regeln des Staates als Ordnungsrahmen für das Gemeinwesen. Leider kommen reale Staaten meist ihren idealtypischen Aufgaben, die wir in Teil IV aufzeigen werden, nicht richtig nach, so dass reale Märkte – trotz aller immer noch stattlichen Leistungen – in der Regel Mängel aufweisen. Gerade für Länder, die wirtschaftlich noch hohen Aufholbedarf haben, ist ein hohes Maß an Korruption typisch. Indien stand im Jahr 2017 unter 180 Ländern auf Platz 81 des Korruptions-Index, China vergleichsweise auf Platz 77.

Um durch einen höheren und nachhaltigen Anstieg des Pro-Kopf-Einkommens die in Indien immer noch weit verbreitete Armut zu überwinden, ist ein Staat erforderlich, der sowohl wirtschaftlich effizient als auch gerecht im Sinne der Chancengleichheit ist. Unter Letzterem ist die Offenheit der Bildungs- und Gesundheitseinrichtungen für alle Bürger zu verstehen. Ein funktionsfähiger Staat, der seine Bürger, ihr Eigentum und ihre Freiheit sowie den Wettbewerb schützt, der zu vorausschauendem Handeln, Verantwortlichkeit und Vertragstreue ermutigt, der gleiches Recht für alle sichert, also weder begünstigt noch diskriminiert, der für wichtige öffentliche Einrichtungen wie Schulen, Universitäten, Krankenhäuser, Straßen, Brücken, Kanäle, digitale Netze usw. sorgt, der unabhängige Grundlagenforschung ermöglicht und der den Geldwert stabil hält, verleiht dem Wachstum und der Entwicklung kräftige Impulse.

Ein idealtypischer Staat, der seinen eigentlichen Aufgaben nachkommt, ist Voraussetzung für ein reibungsloses Funktionieren der Marktwirtschaft. Seine klassischen Pflichten werden in Teil IV näher analysiert. Zuvor sind aber drei indienspezifische Teile abzuhandeln.

In Teil I wird eine kurze Bestandsaufnahme präsentiert: Nach einem historischen Vorspann wird das moderne Indien als Land mit Licht und Schatten charakterisiert. Während in den urbanen Zentren unübersehbar der Fortschritt Einzug hält, erscheint insbesondere das ländliche Indien als Großbaustelle für die künftige Politik. Denn dort hemmen bestimmte Wesenselemente des Hinduismus ungehindert die wirtschaftliche und soziale Entwicklung. In den Metropolen hingegen werden sie aufgeweicht und können unter den dortigen Bedingungen nicht weiter bestehen. Die Diskussion zeigt einen hohen Korrekturbedarf für die hinduistische Religion, die auf dem Land monokausal den Rückstand erklärt. Die älteste unter den Weltreligionen ist zwar in geistiger Hinsicht weltweit einmalig offen und tolerant. (Die gegenwärtigen nationalhinduistischen Strömungen, die gegen die anderen Religionen gerichtet sind, stehen freilich im Widerspruch zu dieser Tradition.) In gesellschaftlicher Hinsicht ist der Hinduismus aber äußerst rigide. Man denke nur an das Zwangskorsett der Kastenordnung oder an die Diskriminierung des weiblichen Geschlechts. Die innere Zerrissenheit des Subkontinents zeigt sich nicht nur im ausgeprägten Stadt-Land-, sondern auch im Süd-Nord- und im Küsten-Binnenland-Gefälle.

Teil II folgt unmittelbar aus den Abhandlungen in Teil I und widmet sich der Frage, wo Korrekturen in den Köpfen der Menschen erforderlich sind, damit auch im ländlichen Indien Fortschritt einziehen kann. So wichtig wirtschaftspolitische Reformen sind: so lange mentale Hindernisse für modernes Denken bestehen, die weitgehend in der Religion ihre Wurzeln haben, wird das Hinterland Indiens, in dem rund 70 Prozent der Bevölkerung leben, rückständig bleiben.

Um Missverständnisse zu vermeiden: Es wird hier nicht die Existenz des indischen Götterhimmels oder der vielfältigen monotheistischen Strömungen im Hinduismus angezweifelt. Es gibt Grenzfragen, bei denen die Theologie ein Monopol hat und andere Wissenschaften verstummen müssen. Die Autoren haben – das sei hier ausdrücklich betont – keinesfalls Ambitionen, den Indern den Hinduismus auszureden. Im Gegenteil: Sie sind der Meinung, dass es Gesichtspunkte gibt, in denen der Hinduismus anderen Religionen überlegen ist – so etwa in der Toleranzkultur und im Fehlen eines institutionellen Überbaus wie etwa der Kurie und dem Papsttum im Katholizismus. Vielmehr beschränkt sich die Hinduismus-Kritik auf jene Wesenselemente dieser Religion, die sich als ökonomische und gesellschaftliche Entwicklungsbremsen par excellence erwiesen haben.

Um in den Köpfen der Menschen die Weichen umzustellen, ist ein Einsatz auf zwei Fronten erforderlich: Zum einen müssen falsche Glaubenssätze (Ideologien) ad absurdum geführt werden. Beispielsweise glaubt die breite Masse der Unterprivilegierten daran, dass ein Verstoß gegen die Kastenregeln oder gar ein Ausbruch aus dem Kastensystem mit einer schlechteren Wiedergeburt bestraft wird – vielleicht sogar als Wurm im Darm eines Hundes… Die geknechtete Mehrheit ist wegen dieser falschen Behauptung der Herrschenden, denen es nur um Absicherung der eigenen Macht und der eigenen Privilegien geht, gewissermaßen im System gefangen. So werden Anreize blockiert, eine Revolution anzuzetteln und aus dem Zwangssystem auszubrechen. Außerdem erscheint es vielen Indern geboten, sich – passiv und leidend – in ihr Schicksal zu fügen, weil das Drehbuch für dieses Leben angeblich bereits im Vorleben geschrieben worden ist. Man nennt diese Kausalität Karma. Dabei müsste Denken in Kausalitäten aber doch gerade nahelegen, dass es der Mensch in der Hand hat, durch beherztes Zupacken in der Welt sein Los zu verbessern – jetzt oder später. Ferner glaubt das Gros der Bürger, das weibliche Geschlecht sei weniger wert als das männliche, obwohl es ohne Frauen keine

Männer und Söhne gäbe, so dass logischerweise dem schwachen Geschlecht der Wert zukommen muss, den sich das starke Geschlecht selbst beimisst.

Hier aufklärend zu wirken, ist Aufgabe der geistigen Elite und der Massenmedien. Dies ist freilich schwer, weil die Mitglieder der gebildeten Oberschicht meist selbst wenig Anreize verspüren, an den eigenen Privilegien zu rütteln. Es geht also gleichsam darum, einen gordischen Knoten zu durchtrennen.

Zum anderen ist eine bildungs- und gesundheitspolitische Großoffensive angesagt, die vor allem auf die jüngere Generation abzielt, der Umdenken naturgemäß erheblich leichter fällt als den Alten. Dem Staat kommt also die Aufgabe zu, für Chancengleichheit auf breiter Front zu sorgen. Ein marktwirtschaftliches System wird umso eher akzeptiert, je mehr der Einzelne den Eindruck hat, reale Lebens- und Entwicklungschancen zu haben. Bildungs- und Gesundheitspolitik sind nicht nur die beste Sozialpolitik, sondern gleichzeitig Wachstumspolitik, da sie direkt auf die Produktionsgrundlagen einwirken und den einzelnen zur Selbsthilfe befähigen.

Nachdem in Teil I und Teil II aufgezeigt wurde, dass bestimmte Wesenselemente des hinduistischen Systems als Bremsklötze der wirtschaftlichen und sozialen Entwicklung wirken, geht es in Teil III um empirische Indikatoren für den Entwicklungsrückstand. In Teil III wird das heutige Indien im Spiegel der Statistik und internationaler Rankings präsentiert. Die Abhandlung „Indien in Zahlen" informiert über Bevölkerung, Erwerbspersonen und Pro-Kopf-Einkommen, Struktur der Wertschöpfung und Verteilung der Arbeitskräfte auf die Wirtschaftssektoren, den Außenhandel und die regionalen Unterschiede im Wohlstandsniveau. Dabei werden die indischen Indikatoren mit denen anderer Länder verglichen. Anschließend werden empirische Studien zu Länderrankings herangezogen, die zeigen, welchen Platz Indien in der Weltwirtschaft einnimmt.

Es schließt sich Teil IV an. Dieser Teil ist nicht indienspezifisch. Vielmehr handelt es sich um grundsätzliche Gedanken, wie ein Gemeinwesen zu organisieren ist, das den Menschen bestmögliche Lebensbedingungen bietet. Als allgemeines geistiges Referenzsystem ist es auf alle Länder anwendbar. Es geht auf den schottischen Moralphilosophen und Ökonomen Adam Smith zurück. Er hat die klassische und immer noch zeitgemäße Idee einer offenen, spontanen und natürlichen Ordnung entwickelt. Indien sollte dieses kybernetische Lernsystem als ein Hindu-

Dharma im neuzeitlichen Gewand begreifen – ein Leitmodell für ein Gemeinwesen aus freien Individuen, die Schranken unterliegen und für die natürliche Arbeitsteilung zwischen Markt, Staat und Ethik/Religion. Diese Ordnung führt aus der Armut und sorgt für hohe Wohlfahrt.

Nach einer kurzen Charakteristik von Adam Smith durch den renommierten Smith-Interpreten Horst Claus Recktenwald wird die Grundidee der „Unsichtbaren Hand" präsentiert, die den in der Natur ablaufenden Evolutionsprozess in die richtigen Bahnen lenkt. Dem schließen sich falsche Behauptungen und Vorurteile zum Werk von Adam Smith an. Sie werden selbst von Wissenschaftlern geäußert, die oftmals Adam Smith niemals gelesen haben und die auch die Ergebnisse der Smith-Forschung geflissentlich ignorieren.

Anschließend werden die ordnungspolitischen Eckpfeiler im Weltbild von Adam Smith dargestellt. Das sind erstens die vier Zügel, die das natürliche Selbstinteresse der Menschen, wenn sie unter den Bedingungen der Anonymität handeln, unter Kontrolle halten – nämlich Mitgefühl, Regeln der Ethik, Gesetze und Konkurrenz. Diese vier Schranken sorgen dafür, dass das Eigeninteresse nicht in Selbstsucht (Egoismus) oder Desinteresse sowie Leistungsverweigerung umschlägt. Ein Exkurs zur Entstehung von Mitgefühl und Altruismus rundet die Ausführungen über die Schranken für das natürliche Selbstinteresse ab. Es wird gezeigt, dass diese ethischen Gefühle im Gefolge der wirtschaftlichen Entwicklung entstanden sind. Im Urzustand waren sie nur rudimentär vorhanden.

Neben den vier Schranken für Selbstsucht oder Desinteresse gibt es weitere Fundamente des Smith'schen Systems, nämlich die drei komplementären Subsysteme Markt, Staat und Ethik (Religion) als institutionelle Eckpfeiler der Wirtschaft und Gesellschaft. In diesem Kontext werden die Staatsaufgaben bei Adam Smith kurz skizziert. Sie muten erstaunlich modern an, wenn man bedenkt, dass der Autor im 18. Jahrhundert lebte. Schon damals hat er im Rahmen einer historischen Stufenlehre argumentiert und gesehen, dass im Zuge des Fortschritts neue Pflichten auf den Staat zukommen. Der Leser sieht, dass es eine Mär ist, zu behaupten, Adam Smith habe einem Nachtwächterstaat und zügellosem Laissez-faire-Liberalismus das Wort geredet. Nach den Staatsaufgaben bei Adam Smith folgt eine kurze Darstellung des Ordo-Liberalismus, der von der sogenannten „Freiburger Schule der

Nationalökonomie" in der ersten Hälfte des 20. Jahrhunderts in Deutschland entwickelt worden ist. Der Ordo-Liberalismus fußt auf den Ideen von Adam Smith, ist aber auch geprägt durch negative Erfahrungen mit Staatsinterventionismus im Hitler-Deutschland und in der Sowjetunion sowie mit dem Laissez-faire-Liberalismus auf der anderen Seite (Manchesterliberalismus).

Der ausführlichen Darstellung des optimalen Zusammenspiels von Markt, Staat und Ethik aus moderner Sicht werden ein paar ökonomische Naturgesetze vorangestellt, nämlich das Knappheitsaxiom, die eintretende Sättigung beim zunehmenden Konsum eines Gutes, die sinkenden Grenzproduktivitäten von Hilfsquellen sowie die sich verschlechternde Austauschbarkeit von Gütern bei zunehmendem Ersatz eines Gutes durch ein anderes. Diese ökonomischen Grundzusammenhänge bilden die Basis, um das Wirken des Preismechanismus, wie er für den Markt typisch ist, verstehen zu können

Das Sättigungsgesetz wirkt einem Phänomen entgegen, das neben Marktkritikern vor allem Vertreter von Religionen mit der Wirtschaftsaktivität und mit Märkten assoziieren und vor allem in der westlichen Welt verorten. Vor allem Buddhisten und Hinduisten warnen vor Anhaftung und Gier. Anhaftung und Gier werden von Religionen allgemein als Übel gefürchtet, weil sie angeblich vom Seelenheil wegführen und die Menschen in einen „Konsumrausch" versetzen. Doch das Sättigungsgesetz wirkt Anhaftung und Gier entgegen. Es drückt sich darin aus, dass jede zusätzlich konsumierte Einheit eines Gutes mit einem sinkenden Zusatz-Nutzen einhergeht, der schließlich negativ werden kann. Das Sättigungsgesetz ist zudem die Wurzel für eine im Zuge der Evolution immer feinsinniger werdende Güter- oder Wertepalette, die Tierwohl, Umweltschutz, soziale Kontakte, Caritas und Wissen über das, was die Welt im Innersten zusammenhält, einschließt.

Nach der Darstellung ökonomischer Grundzusammenhänge wird gezeigt, dass der Markt als geniales Infomations- und Steuerungssystem bei gegebenen Beschränkungen für ein Höchstmaß an Wohlfahrt sorgt – Wettbewerb vorausgesetzt und den muss ein neutraler Staat garantieren, was keine leichte Aufgabe ist. Der Markt bringt also Konsumentenwünsche und Produktionsmöglichkeiten optimal in Einklang. Preise dienen als Orientierungsmarken für wirtschaftliche Entscheidungen der Nachfrager und Anbieter. Der Marktpreis sorgt für Marktausgleich, maximalen

Umsatz und höchstmögliche Tauschgewinne für alle Akteure. Preisverhältnisse zeigen Knappheitsverhältnisse an und lenken die Ressourcen gezielt dorthin, wo sie am dringendsten gebraucht werden. Der Mechanismus der relativen Preise ist also ein deus ex machina. Der Markt ist auch ein perfektes Anreizsystem: Innovative Kräfte, die ermöglichen, dass Zukunftsträume wahr werden, erzielen als Anreiz hohe Prämien, allerdings nur vorübergehend. Denn es dauert nicht lange, bis ihnen die Imitationskonkurrenz dicht auf den Fersen ist. Im Rahmen der Marktanalyse wird ferner begründet, dass das System der kontrollierten und disziplinierten Freiheit auch für Gerechtigkeit und Humanität sorgt. Der Markt ist also in einem ganz allgemeinen Sinne sozial.

Das nächste Augenmerk gilt den eigentlichen Aufgaben des Staates. Der Leser erfährt, dass ein funktionsfähiger Markt einen sehr starken, unbestechlichen, neutralen Staat braucht. Nicht umsonst wählt der indische Schriftsteller Gurcharan Das für sein Buch „India grows at night" den Untertitel „– a liberal case for a strong state". Der starke Staat nimmt nicht nur seine diversen Schutzfunktionen wahr, er bekämpft Preisabsprachen, sorgt für Offenheit der Märkte sowie für Wettbewerb und spornt seine Bürger zu verantwortlichem Handeln an. Auch obliegen ihm diverse Koordinations-, Organisations- und Infrastrukturaufgaben. Er ist ferner für Chancengleichheit im Bildungs- und Gesundheitswesen sowie für die soziale Grundsicherung verantwortlich und garantiert unabhängige Grundlagenforschung. Elementar ist auch, dass eine unabhängige Notenbank einen stabilen Geldwert sichert.

Neben den Aufgaben des Marktes und des Staates wird der Stellenwert der Ethik/Religion abgehandelt. Zunächst wird das Konzept des „neutralen Beobachters" von Adam Smith vorgestellt, das dem Gewissen bei Immanuel Kant entspricht. Es ist eine imaginierte Kontrollinstanz, die jeder Mensch in sich spürt. Sie ermöglicht ethisches Denken und Handeln, ist also die Wurzel für Mitgefühl und Altruismus. Weiterhin wird diskutiert, welche Aufgaben Religionen erfüllen sollten und wann Religionsversagen zu diagnostizieren ist. Ebenso werden Leitbilder für Erziehung sowie ihr Gegenteil – das Erziehungsversagen – erörtert.

Die Diskussion der Trilogie „Markt, Staat und Ethik" endet mit Überlegungen zum Marktversagen, das in der hybriden ökonomischen Literatur darüber meist als einziges Versagen genannt wird. Staatsversagen, Religionsversagen, Erziehungsversagen, Versagen von Beratern, die sich als Experten ausgeben, werden meist unter den Teppich gekehrt. Bei kritischer Prüfung wird deutlich, dass die eigentlichen Ursachen hinter vermeintlichen Marktschwächen in Mängeln der Politik, der Erziehung, der Religion und der Beratung zu suchen sind. Tatsächlich sind in diesen Lebensbereichen die Machtspielräume, die menschliches Fehlverhalten ermöglichen, sehr viel ausgeprägter als am Markt unter Wettbewerbsbedingungen. Selbst dort, wo sich ein Anbieter eine Vormachtstellung erkämpft hat, herrscht – sofern der Staat dies zulässt – zumindest potentielle Konkurrenz, die disziplinierend wirkt. Zwar verspüren viele Marktteilnehmer – was bereits von Adam Smith angeprangert wurde – den unseligen Drang in sich, den Wettbewerb auszuschalten und den Staat dazu zu animieren, sie bevorzugt zu behandeln. Doch ist es Aufgabe des Staates, Absprachen zu unterbinden und sich durch eine Verfassungsnorm zur Neutralität zu verpflichten. Auch ist Umweltverschmutzung kein Marktmangel. Sie liegt vielmehr darin, dass es Staaten versäumt haben, Eigentumsrechte an der Umwelt einzuräumen.

Nach der Abhandlung zum klassischen Dreigestirn „Markt, Staat und Ethik" als Fundamente für Wirtschaft und Gesellschaft folgen kritische Reflexionen zur Sozialpolitik. In der Realität gibt es nicht nur sozial Starke, sondern auch sozial Schwache und in Ländern wie Indien sind weite Teile der Bevölkerung arm. So wünschenswert Hilfe für schwache Bevölkerungsgruppen auch ist, so sehr muss die Politik darauf achten, sie richtig zu dosieren: es geht letztlich um eine Gratwanderung zwischen zu viel und zu wenig Sozialpolitik. Die Politik sollte – das steht außer Frage – das Überleben garantieren, wenn private Hilfe ausbleibt. Die Aussicht auf Hilfe im Notfall ist unabdingbar, damit Menschen entspannt ihr Leben in die eigene Hand nehmen. Doch sollte die Hilfe – sofern sie denn monetär ist – spürbar unter dem Niveau der niedrigsten Lohngruppe liegen, um die Leistungsanreize nicht zu beeinträchtigen. Für das politische Bemühen um soziale Gerechtigkeit spricht, dass sonst die so segensreiche Institution des Marktes ein Akzeptanzproblem hätte, zumal man höhere Einkommen in der Realität nicht ausschließlich durch höhere Leistung erklären kann. Doch darf Umverteilungspolitik die Wirtschaftskraft nicht überfordern und die Wirtschaftssubjekte nicht dazu verführen, die Kriterien für Hilfsbedürftigkeit selbst herzustellen. Es ist eine Binsenweisheit, dass das Brot nicht verzehrt werden kann, bevor es gebacken ist. Zwischen den indischen Ökonomen Jagdish Bhagwati und Arvind Panagariya auf der einen Seite und Jean

Drèze und Amartya Sen auf der anderen Seite wird ein Disput ausgefochten. Während die Erstgenannten betonen, wie wichtig Wirtschaftswachstum ist, setzten ihre Kontrahenten auf eine gerechte Verteilung. An beiden Standpunkten ist etwas dran und die Wahrheit liegt bekanntlich in der Mitte.

Neben der richtigen Dosierung monetärer Hilfen des Staates werden auch die adäquaten Arten sozialpolitischer Eingriffe erörtert. Die Autoren plädieren für eine effiziente und menschenwürdige Sozialpolitik. Das ist nach ihrem Verständnis primär eine staatliche Hilfe zur Selbsthilfe. Symptomorientierte Dauertransfers sollte es nur in Ausnahmefällen geben, wenn nichts anderes und niemand anderer mehr hilft. Einer staatlichen Geschenkwirtschaft auf breiter Front – also umfangreichen Leistungen an die Bevölkerung zu heruntersubventionierten Billig-, wenn nicht gar Nulltarifen – erteilen die Autoren eine klare Absage, da dies Staaten in den Konkurs führt. Das historische Scheitern sozialistischer Wirtschaftsordnungen in der ehemaligen Sowjetunion und in China unter Mao-Tse-tung zeigt dies ganz deutlich. Auch der dritte Weg zwischen Kapitalismus und Sozialismus, den Indien nach der Unabhängigkeit eingeschlagen hat, musste in die Sackgasse führen. Hilfe zur Selbsthilfe sind vor allem 1) eine marktkonforme Wirtschaftspolitik, die Arbeitsplätze auch für die einfachen Menschen schafft, 2) der allgemeine Zugang zu den Bildungs- und Gesundheitseinrichtungen – also Chancengleichheit – und 3) Kredite für Existenzgründer. Eine so definierte Sozialpolitik ist integraler Bestandteil der Wachstumspolitik, während Dauertransfers im Widerspruch zu dieser stehen.

In einem Appendix in Teil V wird gezeigt, dass die vielfach geäußerte Kritik an der ökonomischen Klassik und an der Ordnungstheorie, wie sie der Leser in Teil IV kennengelernt hat, unhaltbar ist. Die offene, spontane und natürliche Ordnung, die auf (a) den vier Schranken für Selbstsucht (Mitgefühl, Regeln der Ethik, Gesetze und Konkurrenz), (b) den institutionellen Fundamenten „Markt, Staat und Ethik/Religion" sowie (c) einer Sozialpolitik als „Hilfe zur Selbsthilfe" ruht, ist vielmehr allen anderen Entwürfen einer Wirtschaft und Gesellschaft, die die Menschheit kennt, überlegen.

Kritik ist vor allem an drei Fronten auszumachen. Erstens gibt es weltfremde intellektuelle Meinungsführer, die den Menschen grundsätzlich misstrauen, wenn sie auf Märkten agieren, sich aber grundsätzlich das Heil versprechen, wenn die gleichen Menschen als Politiker oder Bürokraten auftreten. Die linken Intellektuellen unterstellen, ein Parlamentssitz oder politisches Mandat sei automatisch mit einer Erleuchtung verbunden und plädieren für möglichst wenig Markt und für staatsinterventionistische Lösungen auf breiter Front. Ein Wechsel aus der Politik in die private Wirtschaft wird hingegen mit einem spontanen Verlust an moralischen Werten assoziiert – so als ob man den Menschen zum Umpolen über Nacht an die Steckdose angeschlossen hätte.

Zweitens mischen sich fachfremde Wissenschaftler und Religionsgelehrte in die Ökonomie ein und fordern als Alternative „Caring Economics" oder „Mehr Mitgefühl in der Wirtschaft" – wie die Titel jüngst veröffentlichter Bücher einer Neurowissenschaftlerin und eines Chemikers, der buddhistischer Mönch geworden ist, heißen. Selbsternannte „Caring-Ökonomen" kritisieren Adam Smith auf Weltkongressen wie dem Weltwirtschaftsforum in Davos oder den Tagungen des Mind and Life Institute, das den interkulturellen Dialog zwischen dem Dalai Lama und Wissenschaftlern verschiedener Nationen vorantreiben soll. Dabei haben die Smith- oder Klassik-Kritiker die Werke von Adam Smith offenbar niemals gelesen. Sonst könnten sie nicht ihre unwahren Behauptungen über den Moralphilosophen und geistigen Vater der Ökonomie in die Welt setzen. Im Spekulanten George Soros und seinem „Institute of New Economic Thinking" haben die Verfechter der „Caring Economics" einen potenten Geldgeber gefunden.

Drittens wird die ökonomische Wissenschaft im Allgemeinen und die Klassik und Neoklassik im Besonderen neuerdings von Vertretern der eigenen Zunft angegriffen. Die neue Richtung nennt sich in Deutschland „plurale Ökonomie" und in Frankreich „autistische Ökonomie". International spricht man von „real world economics". Die in diesen Netzwerken organisierten Ökonomen wollen ihr Fach revolutionieren, wobei die Kritik u.a. abzielt auf Smith's Konzept der „Unsichtbaren Hand" und den für analytische Zwecke eigens konstruierten „homo oecomicus", der im Übrigen – als „saint of rationalism" – auf John Stuart Mill zurückgeht, nicht auf Adam Smith, dem dieses Kunstkonstrukt von Mensch immer wieder fälschlicherweise in die Schuhe geschoben wird. Adam Smith hat vielmehr das Bild des realen Menschen vertreten, der durch Gefühle und durch Vernunft gesteuert wird und der am Markt nur grob über den Daumen peilt, statt Rechenmaschinen anzuwerfen und komplizierte Algorithmen zu bemühen. Kritik wird ferner am neoklassischen Modell, am angeblichen Widerspruch zwischen Ökonomie und Ökologie und am Wettbewerb geäußert. Es wird näher begründet, dass diese Ansichten unhaltbar sind.

Berechtigte Kritik an der Volkswirtschaftslehre muss woanders ansetzen, nämlich vor allem a) an der Fiktion, Ökonomie sei eine – prognostizierbare – Naturwissenschaft wie die Newtonsche Physik oder Himmels"mechanik", b) an der Überfrachtung mit Mathematik, die zum Selbstzweck geworden ist, und c) an der uferlosen Aufspaltung in immer neue Unter-Fachrichtungen ohne anschließenden Synthese oder Synopse. Das ist so sinnlos wie Arbeitsteilung ohne nachträglichen Tausch.

„Die Interaktionen von Wirtschaftssubjekten entwickeln sich eben nicht mechanisch und kontrolliert, sondern in gewissen Situationen chaotisch. Wirtschaft entsteht aus dem komplexen sozialen Miteinander von Milliarden Menschen. Viele Modelle sind aber so reduziert, dass sie nur noch winzige Ausschnitte und Aspekte isoliert behandeln" (Plickert 2016, S. 14; siehe auch Friedrich August von Hayek.)

Und Hans Werner Sinn resümiert:

„Die Volkswirtschaftslehre braucht heute wieder mehr Ökonomen, die bereit sind, sich mit den Details des staatlichen Ordnungsrahmens und der Funktionsweise des Staatsapparates zu beschäftigen" (zitiert nach Plickert 2016, S. 35).

Die Welt braucht also eine Renaissance der klassischen Ordnungstheorie und des Ordo-Liberalismus. Wenn die G20 im Jahr 2022 in Indien tagen, wäre das ein Anlass, die Idee einer offenen, spontanen und natürlichen Ordnung – wie wir sie in Teil IV kennengelernt haben – neu zu beleben. Das vorliegende Buch möchte einen Beitrag zur öffentlichen Diskussion leisten, die dieses internationale Forum begleiten wird.

Teil VI ist – nach den beiden allgemein orientierten Teilen IV und V – dann wieder auf Indien zugeschnitten. Es geht um die Fragen, wie der indische Staat und wie der Markt fit für eine bessere Zukunft gemacht werden können, ferner wie Bildung, Gesundheit und Wissenschaft in einem relativ armen Gemeinwesen zu finanzieren sind. Es geht also im Kern darum, steuerliche Finanzierungsengpässe kreativ zu überwinden. In einem weiteren Absatz wird eine Geschäftsidee präsentiert, wie im Dienstleistungssektor Arbeitsplätze für das ländliche Indien geschaffen werden können.

Wie ist der indische Staat fit zu machen? Hier geht es darum, aus der demokratischen und föderalen Struktur des indischen Subkontinents Kapital zu schlagen. Es wird zum einen die Frage erörtert, welche Staatsaufgaben dem Zentralstaat vorbehalten bleiben und welche den nachgelagerten Gebietskörperschaften obliegen sollten. Da Indien ausgeprägte regionale Traditionen hat – anders als das seit alters zentralistische China –, kann es in manchen Fällen kein Tabu sein, Länderkompetenzen auf die Zentrale zu übertragen und Parallelkompetenzen zu eliminieren, so etwa im Arbeitsrecht und im Bodenrecht. Eine diskutable Alternative wäre Länderkompetenz in den beiden genannten Rechtsgebieten mit der Modifikation, dass die Zentrale subsidiär die Regeln erlassen kann, falls ein Land bei der Vorgabe eines fortschrittsfördernden Rechtsrahmens versagt. Ferner ist bei einigen Steuern Zentralisierung erforderlich. Es passt nicht mehr ins dritte Jahrtausend, dass in Indien bei jedem Grenzübergang zunächst die Steuerbehörde aufgesucht werden muss, deren „Staatsdiener" sich zudem ein dickes „Schmiergeld" verdienen. Die Vereinheitlichung der Umsatzsteuer hat die Regierung Modi ja bereits auf den Weg gebracht, nachdem zuvor das Steuerrecht einem Flickenteppich geglichen hat – mit langen Wartezeiten der Lkws an den internen Grenzen.

Zum anderen wird vorgeschlagen, vom konventionellen System der getrennten Staatsebenen abzugehen und die staatsinternen Strukturen nach dem Vorbild eines offenen Lernsystems zu gestalten. Diese institutionelle Innovation wäre eines Landes würdig, das sich als wichtiger Vorreiter auf dem Weg in ein digitales Zeitalter hervorgetan hat. Es ist anzustreben, die Ebenen durch einen permanenten Informationsfluss von oben nach unten und von unten nach oben miteinander zu verbinden, um die auf den einzelnen Ebenen zu treffenden Entscheidungen aufeinander abzustimmen und miteinander zu koordinieren. Statt also auf der Basis vermeintlich höheren Wissens von oben her zu befehlen und zu bevormunden – der ökonomische Nobelpreisträger Friedrich August von Hayek bezeichnete das als „Anmaßung von Wissen" –, sollten die unmittelbar Betroffenen in den Prozess der Informationsgewinnung und Entscheidungsfindung eingebunden und somit auch zur Mitarbeit motiviert werden. Umgekehrt kann die Basis von der Spitze profitieren, in der ausgebildete Fachleute sitzen. Durch die iterativen Prozesse, die auf Feedbacks in vertikaler Richtung gründen, können also sowohl Vor-Ort-Wissen als auch Expertenwissen genutzt werden. Erforderlich ist ferner ein in horizontaler Richtung verlaufender Informationsfluss. So können etwa Bürgermeister miteinander kooperieren, um ihre Region zu modernisieren. Bei dieser Vernetzung ist auch an den Aufbau eines Beschwerdesystems zu denken. Adressaten sind Kinder, Frauen, Shudras, Unberührbare, Adivasis und Angehörige religiöser Minderheiten sowie Bürger, von denen Staats"diener" ein Bestechungsgeld einfordern.

Welche Aufgaben sind dringlich, um Reformstaus aufzulösen? Während bisherige Reformen vor allem die Effizienz auf den Gütermärkten erhöhten – etwa durch die Abschaffung des Lizenzsystems und die Lockerung von Handelsschranken – sind die Faktormärkte von der Politik weitgehend vernachlässigt worden. In erster Linie ist an eine Reform des Arbeitsrechts zu denken. Indien leidet nicht nur an einem Dickicht an arbeitsrechtlichen Normen des Zentralstaates und der einzelnen Länder, die sich teil widersprechen und zudem alle älter als 40 Jahre sind. Indien leistet sich auch Arbeitsstandards, die viel zu hoch sind – gemessen am niedrigen Entwicklungsstand und am Produktivitätsniveau. Es verwundert daher nicht, dass Unternehmen der offiziellen Wirtschaft kaum Arbeitskräfte einstellen. Dies aber ist nötig, um die zahlreichen jungen Leute, die auf den Arbeitsmarkt drängen, beschäftigen zu können. Reformstau besteht ferner im Bodenrecht. Es muss für eine leichtere Übertragbarkeit von Boden für industrielle und infrastrukturelle Verwendungen und für Wohnungsbau gesorgt sein. Hier blockieren Bauern nach wie vor die Entwicklung, weil sie schlechte Erfahrungen mit der Höhe der Entschädigung bei zwangsweiser Landabgabe gemacht haben. Das ist ein typisches Beispiel für Staatsversagen. Entwicklungshemmnisse ersten Grades sind ferner Engpässe in der Verkehrsinfrastruktur und in der Energieversorgung. Auch sind Umschulungsgutscheine gefragt, damit ehemalige landwirtschaftliche Arbeitskräfte Berufe in der Industrie und in Dienstleistungssektoren erlernen können. Der Staat muss die Umschulung nur vorfinanzieren.

Eine weitere Zukunftsaufgabe ist es, Finanzierungspotentiale für Bildung und Gesundheit zu erschließen, ohne die knappen heimischen Steuerquellen ausschöpfen zu müssen. Um die Grundausstattung mit Informationstechnologie zu bezahlen, ist sowohl an Fördervereine zu denken als auch auf den Rückgriff auf die Milliardäre der Informationsbranche. Diese dürften in einem Transfer vermutlich eine lohnende Investition sehen, die Erträge für die Zukunft verspricht. Ferner bietet sich im Rahmen von Patenschafts-Modellen an, ausländische Ersparnisse anzuwerben, um höhere Bildung, Studium und berufliche Qualifizierung sowie gesundheitliche Betreuung der indischen Jugend zu ermöglichen und auch bei der Errichtung einer eigenen Fima im Rahmen eines Joint Ventures einzuspringen. Die Idee ist einfach. Bürger der reicheren Länder, die ohnehin unter Anlagenotstand leiden, tragen die Ausbildungs- und Gesundheitskosten für junge Inder und helfen bei der Errichtung eines eigenen Unternehmens. Wenn diese dann einen Beruf ausüben und Einkommen erzielen, können sie den Financiers eine lebenslange Leibrente zahlen. Zu einer Rückzahlung muss es nicht kommen, zumal dann nicht, wenn Finanzmagnaten aus dem Westen keinen Nachwuchs haben, der als Erbe infrage kommt. Es ist erwägenswert, dass vor Ort Non Governmental Organisations (NGOs) ihre Fühler ausstrecken und als Intermediäre tätig werden. Eine Finanzierung über die Entwicklungshilfefonds der reicheren Länder bietet sich an.

Schließlich werden in Teil VI Geschäftsideen präsentiert, um dem ländlichen Indien Arbeitsplätze im Dienstleistungssektor zu verschaffen. Es wird vorgeschlagen, Indien als internationalen Markt für Gesundheit auszubauen, zumal das Land seit alters her begnadete Ärzte hervorgebracht hat und derzeit in den Lebenswissenschaften an vorderster Front mitspielt. Vor allem die indischen Ärzte in den USA haben viel Erfahrung mit westlichen Zivilisationskrankheiten und stellen ein zahlenstarkes Unternehmerpotential dar. Nachfrager für Gesundheitsdienstleistungen, die sich eine Reise nach Indien leisten können, finden sich in Europa und Nordamerika genügend. Aber auch Japaner, Südkoreaner, Malayen, Taiwanesen und Menschen aus Singapur sind mögliche Interessenten. Zudem bildet sich in China eine breite Mittelschicht heraus. Mit dem Ausbau des Medizinsektors als Basistechnologie würde ein Fülle neuer Arbeitsplätze entstehen, nicht nur für Wissenschaftler, sondern auch für Krankenschwestern, Altenpfleger, Köche, Gärtner, Masseure, Animateure, Wäscherinnen, Büglerinnen, Handwerker, Bürokräfte. Hinzu kämen Arbeitsplätze in komplementären Handwerks- und Industriebetrieben, die Heil- und Hilfsmittel erzeugen, ferner in der Gastronomie- und im Beherbergungssektor sowie in Freizeiteinrichtungen.

In diesem Kontext werden auch Ideen präsentiert, wie die heimische Bevölkerung – insbesondere die älteren Bürger – mit Gesundheitsdienstleistungen versorgt werden kann. Die Versorgung der Jugend ist im Rahmen der Patenschaftsmodelle zur Finanzierung von Bildung und Gesundheit bereits abgehandelt worden.

Auch könnten in Indien Rentnerparadiese zum Überwintern geschaffen werden. Zudem sind die Tourismuspotentiale bei weitem nicht ausgeschöpft. Es bietet sich an, den Tourismus auf weitere Standbeine zu stellen: Wie schon erwähnt hätte Indien als internationaler Markt für Gesundheitsdienstleistungen einen regen Medizintourismus im Schlepptau. Darüber hinaus ist an den Wissenschaftstourismus zu denken. Hier könnten die einzelnen Bundesländer Indiens in einen regen Kulturwettbewerb miteinander treten und um die Gunst der Besucher werben.

Indien sollte als Zentrale für die Wissenschaften und für die asiatische Kultur ausgebaut werden. Indien ist – schon von seiner eigenen Wissenschaftstradition her – der optimale Standort für ein „Institut für Weltwissenschaften". Schließlich ist die Mathematik in Indien erfunden worden. Auch wussten die Inder bereits rund 1000 Jahre vor Kopernikus, dass sich die Erde um die Sonne dreht. „The vedic adage ‚Knowledge is wealth' sums up the Indian opportunity in the new century" (Gurcharan Das).

Das Institut für Weltwissenschaften sollte sich aus drei Säulen zusammensetzen: 1) dem „Weltzentrum für ordoliberale Ökonomen", 2) dem „Weltzentrum für Religion, Philosophie und Geisteswissenschaften" und 3) dem „Weltzentrum für die Naturwissenschaften". Ferner sollte sich Indien als Standort für Kunstausstellungen und Kunstauktionen profilieren.

Die Studie wird durch einen Teil VII abgerundet, der sich den philosophischen Grundlagen hinter dem hier vertretenen positiven Weltbild, das ein beherztes Zupacken in der Welt propagiert, zuwendet. Denn die Inder sind jenes Volk auf der Erde, das seit jeher auf das Tiefsinnigste nachgedacht hat. Im Grunde muss das indische Denken keinem kompletten Paradigmenwechsel unterworfen werden, um mit einer lebensbejahenden Weltsicht konform zu sein. Denn die auf Indiens Boden entstandenen Religionen umfassen die unterschiedlichsten geistigen Strömungen. Die Inder sollten sich auf jene Denkansätze besinnen und konzentrieren, die ein positives Bild von der Welt zeichnen. Vor allem vishnuistisches Gedankengut fällt darunter. Aber man kann auch dem Shivaismus viel von der Weltabgewandtheit nehmen, wenn man ihn zeitgemäß interpretiert: Während der klassische Shivaismus postuliert: „Zerstörung ist Erlösung. Zerstörung ist Befreiung der Seele von den Fesseln des Daseins" (Hans Küng und Heinrich von Stietencron), könnte ein neoshivaistischer Standpunkt lauten: Nataraja – der tanzende Shiva – zerstört die unvollkommene Welt, damit eine bessere an deren Stelle treten kann. Hier würde Shiva dem „dynamischen Unternehmer" gleichen, der – nach dem Ökonomen Joseph Alois Schumpeter – „schöpferische Zerstörung" betreibt.

Die Autoren vertreten die Auffassung, dass 1) der Mensch – statt einer kosmischen Illusion zu unterliegen, wie der indische Religionsphilosoph Shankara glaubte – Zeitzeuge einer gigantischen Evolution oder anhaltenden Schöpfung ist, 2) Individualität und Subjekt-Objekt-Spaltung Tricks der Natur sind, um die Entwicklung voranzutreiben und 3) Böses, Leiden und Ungerechtigkeiten Treibriemen der Evolution sind. Anders gewendet: In einem dynamischen Weltbild sind Übel Hürden, die es zu überspringen gilt. Der Mensch ist Gottes Spielpartner. Dabei steht ihm frei, ob er die Rolle als Erfüllungsgehilfe oder als Widersacher spielen will. Gottes Wirken findet dabei in Naturgesetzen und in Zufällen seinen Niederschlag – also im Umlauf der Planeten um die Sonne oder der Sonne um das Zentrum der Milchstraße ebenso wie im Flügelschlag der Schwalbe, im Sandsturm der Sahara, im Fallen der Herbstblätter, in der Tatkraft von Individuen und in der Kreativität schöpferischer Menschen. Die Studie klingt aus mit den Konturen eines Weltmodells, in dem Mensch, Welt und Gott untrennbar zusammengehören und zueinander komplementär sind. Gott, Mensch und Welt bilden eine höhere Funktionseinheit.

Das Fazit des Buches ist, dass es die Inder selbst in der Hand haben, den Weg ins „Goldene Zeitalter" – sie nennen es „Krita Yuga" – zu beschreiben. Sie sind – in ihrer Gesamtheit als Marktkräfte und Staatsdiener – gleichsam Kalki, der zehnte Avatar des Gottes Vishnu, der – so sagt es die Fabel – auf einem weißen Pferd reitend, das Krita Yuga einläutet. Die tiefe Religiosität wird den Indern dabei helfen, eine gottgewollte, natürliche, spontane und offene Ordnung in Wirtschaft und Gesellschaft zu installieren, in der die „Unsichtbare Hand" ein Maximum an Wohlfahrt, Lebenssinn und Lebensfreude schaffen kann. Zwar nicht von heute auf morgen. Aber zügig und nachhaltig.

TEIL I. Bestandsaufnahme: Das derzeitige Indien – Ein Land mit Licht und Schatten

A. Die Vorgeschichte

Indien hat eine wechselvolle Geschichte hinter sich, die immer wieder von Fremdeinflüssen geprägt war. Im Süden Indiens sind Archäologen auf die frühesten Spuren menschlicher Besiedlung in dieser Hemisphäre gestoßen: Bei Chennai, dem früheren Madras, haben sie Faustkeile gefunden, die aus der Altsteinzeit stammen (2 Mio. bis 9500 v. Chr.). In der Bronzezeit ist es den in Südasien lebenden Menschen gelungen, eine höhere Kulturstufe zu erklimmen: Auf dem Gebiet des heutigen Pakistans und Nordindiens hat sich ab circa 3000 v. Chr. eine städtische Hochkultur herausgebildet. Sie wird als Indus- oder Harappa-Kultur bezeichnet. Sie verfügte über eine eigene – noch nicht entzifferte – Schrift und eine hoch entwickelte Infrastruktur. Die Indus-Kultur war den anderen frühen Hochkulturen der Menschheit überlegen: nämlich die ägyptische und die mesopotamische. (Das alte China ist erst einige Jahrhunderte später erwacht). Im Urteil der Historiker Herrmann Kulke und Dietmar Rothermund zeigte die Induskultur eine weitaus größere technische Perfektion und Uniformität. Zahlreiche Fundstücke aus der Harappa-Kultur bezeugen ein hohes künstlerisches Geschick der Bevölkerung. Die Harappa-Gesellschaft war nicht hierarchisch oder ständisch strukturiert gewesen, sondern sie bestand aus gleichberechtigten Bürgern.

Zwischen dem 2. und 1. Jahrtausend v. Chr. ist dann ein Volk von kriegerischen Nomaden mit Streitwägen in mehreren Wellen erst in die Indus- und dann in die Ganges-Ebene eingefallen. Sie nannten sich „Arya" (Arier oder „Edle"), und sie stammten vermutlich aus dem Gebiet des heutigen Iran. Sie brachten heilige Schriften – die Veden – und das Kastensystem mit. Die Arier unterjochten die Urbevölkerung, für die sie nur abschätzige Begriffe übrig hatten (z.B. „Dämonen", „Gespenster", „Affen" und „Schwarzhäute"). Die Arier zwangen der Urbevölkerung ihre Sitten und Gebräuche auf und drängten sie in den Süden Indiens ab.

Bekannte Epochen in der nordindischen Geschichte waren die „Maurya-Dynastie" (320 bis 180 v. Chr.) und die „Gupta-Dynastie" (320 bis 497 n. Chr). Dazwischen lag die sogenannte „dark period". Während der „dark period" haben in Nordindien erst die Nachfahren Alexanders des Großen regiert, dann die mit den Skythen verwandten Shakas, dann kurz die Indo-Parther und schließlich die Kushanas, die zur Volksgruppe der Yuezhis zählten. Diese wiederum sind von den Xiongnus aus ihren Stammlanden im östlichen Zentralasien vertrieben worden. Die „dark period" wird im Urteil von Experten als Wiege der klassischen Periode der indischen Kultur betrachtet, in der sich der Wandel vom vedisch geprägten Brahmanismus zum Hinduismus vollzogen hatte. In dieser Zeit wurden Shiva und Vishnu in den Rang der höchsten Götter verwiesen und es entstanden nahezu alle klassischen Gesetzeswerke, voran das Gesetzbuch des Manu.

Ab dem 8. Jh. n. Chr. drang der Islam vom Nordwesten aus nach Indien vor. Im 12. Jh. stand bereits ganz Nordindien unter muslimischer Herrschaft. Die Dynastie der Mogule hatte zwischen dem 16. und 18. Jh. – gegen den erbitterten Widerstand der Marathen und ihres Führers Shivaji – die Macht auf weite Teile des Subkontinents ausgeweitet.

Im Süden Indiens, der eine Sonderstellung einnimmt, konnten sich ebenfalls bedeutsame Dynastien etablieren, so etwa die Chalukyas im Deccan (6. bis 12. Jh.), die Pallavas (4. bis 9. Jh.), die Pandayas (7. bis 10. Jh.), und die Cholas (9. bis 13. Jh.) im tiefen Süden, die Hoysalas in Karnataka (10. bis 13. Jh.) und schließlich das Vijayanagar-Reich, das im 14. Jh. den ganzen Süden umspannte und das 1565 von den Muslim-Sultanaten erobert worden ist. Es folgte die Nayak-Dynastie.

Ab dem Ende des 16. Jh./Beginn des 17. Jh. haben die Europäer – vor allem die Portugiesen, die Niederländer und die Briten – ihre Spuren in Indien hinterlassen. Aber auch Franzosen und Dänen richteten Stützpunkte auf indischem Boden ein. Während die Niederländer vorwiegend Handel betrieben, entwickelten die Portugiesen, die im Auftrag der Krone agierten, missionarischen Übereifer. Sie zwangen die Hindus zum Konfessionswechsel und zerrten sie vor Inquisitionsgerichte. Die Briten schließlich waren die ersten und einzigen Europäer, die ihre Herrschaft über ganz Indien ausdehnen konnten.

Die britische Geschichte in Indien begann im Jahre 1600, als die East India Company gegründet wurde. Deren Mitglieder sind schon zuvor im Indischen Ozean als Piraten aufgetreten. Entscheidend für die britische Herrschaft über Indien war aber erst die Eroberung der Provinz Bengalen im Jahr 1757. Die East Indian Company beutete die Steuerquellen der relativ wohlhabenden Provinz aus, um ihren Einfluss nach Süden, wo nur der muslimische Herrscher Tipu Sultan Widerstand geleistet hat, sowie den Ganges aufwärts ausweiten zu können. Am Ende dieser Entwicklung stand das Indische Kaiserreich, das im Jahr 1877 unter Königin Victoria gegründet worden ist. Bis zur Unabhängigkeit Indiens im Jahr 1947 verfolgte die britische Krone nur ihre eigenen Ziele und bereicherte sich an den indischen Ressourcen. Verdienst der britischen Kolonialherren war allerdings der Ausbau der Infrastruktur (vor allem Eisenbahn, Telegraphen, Post, Verwaltung). Ferner konnten die Söhne aus der indischen Oberschicht an britischen Colleges und Universitäten studieren.

Angesichts dieser historischen Erfahrungen mit Fremden verwundert es nicht, dass sich die junge Republik Indien zunächst gegenüber dem Ausland abschottete und dass sie keine privaten Großunternehmen duldete. Die Inder waren sozusagen „gebrannte Kinder". Die geistigen Väter des indischen Autarkiestrebens, der Verstaatlichung von Grundstoff- und Schwerindustrie und des Verbots von großbetrieblicher Produktion in circa 800 Branchen waren vor allem Mahatma Gandhi und Jawaharlal Nehru. Mit einem privatwirtschaftlich organisierten Konsumgütersektor und einer verstaatlichten Grundstoff- und Schwerindustrie wollte Indien einen dritten Weg zwischen Kapitalismus und Sozialismus à la Sowjetunion beschreiten.

Da es kaum inländische und ausländische Konkurrenz gab, dafür aber ein dichtes Netz bürokratischer Vorschriften, die effizientes Wirtschaften vereitelten, konnte sich das unabhängige Indien kaum entwickeln. Praktisch jede unternehmerische Aktivität musste im Rahmen eines ausgeklügelten Lizenzsystems vom Staat genehmigt werden, betriebsbedingte Kündigungen waren weitgehend untersagt und vieles mehr. Die Regierungen mussten immer mehr Subventionen zahlen, um Betriebe künstlich am Leben zu erhalten. Dies ging zwangsläufig einher mit gigantischen Infrastrukturlücken und hoher Importabhängigkeit bei neuen Technologien, weil die Forschungs- und Entwicklungsaktivitäten im Inland verkümmerten.

Der dritte Weg musste irgendwann scheitern. Der Golfkrieg im Jahr 1991 hatte schließlich eine eskalierende Zahlungsbilanzkrise im Schlepptau, die dann eine marktfreundliche Politik der Öffnung erzwungen hat. So fielen nicht nur der Iran und der Irak als wichtige Handelspartner aus, und der Handel mit der Sowjetunion erfuhr herbe Rückschläge; zudem kam es zum Ausfall der Überweisungen der indischen Gastarbeiter in den Golfstaaten an ihre Familien daheim und zu erhöhtem Devisenbedarf wegen des stark gestiegenen Erdölpreises.

Die Inder waren erstmals in ihrer Geschichte auf einen Beistandskredit des Internationalen Währungsfonds angewiesen, den sie mit Gold abgesichert hatten. Und sie waren sich alle einig, dass Reformen gewagt werden müssen, um die Probleme an ihren Wurzeln zu bekämpfen.

B. 1991: Auf Kommando von Manmohan Singh setzt sich der indische Elefant in Bewegung

Die im Jahr 1991 neu gewählte Regierung unter dem Premierminister Narasimha Rao hatte ein breit gefächertes Reformpaket geschnürt, um das wirtschaftspolitische Ruder herumzureißen. Die Reformen trugen vor allem die Handschrift des damaligen Finanzministers Manmohan Singh, wobei auch der indische Ökonom Jagdish Bhagwati beratend mitgewirkt hat. Kernelemente des Kurswechsels (siehe Publikationen des German Institute of Global and Area Studies, GIGA) waren

- Abschaffung des Lizenzsystems für die meisten inländischen Branchen,
- Abschaffung von Importlizenzen und schrittweise Reduktion der Einfuhrzölle und der Einfuhrbeschränkungen,
- Anwerbung ausländischer Betriebe, Abschaffung der indischen Mehrheitsbeteiligung und Vereinfachung der Genehmigungsverfahren,
- Einbindung Privater beim Ausbau der Infrastruktur,
- Abbau von Subventionen,
- Abwertung der indischen Rupie und
- Einführung eines Patentrechts nach Anforderungen der World Trade Organization (WTO).

Der nachfolgende Finanzminister Palaniappan Chidambaram, der der United-Front-Regierung unter Premierminister Atal Bihari Vajpayee (1996-1998) angehörte, setzte den maximalen Steuersatz für Unternehmen auf 35 Prozent und den Spitzensteuersatz für Privatpersonen auf 30 Prozent herab. Unter der Regierung von Premierminister Atal Bihari Vajpayee (1998–2004), der der hindunationalen Bharatiya Janata Party (BJP) angehört, wurde der liberale Kurs fortgesetzt. Es wurden vor allem Reformen für den Arbeitsmarkt beschlossen, und die Infrastruktur wurde weiter ausgebaut.

Freilich wollten sich nicht alle diesem marktwirtschaftlichen Fitness-Programm unterwerfen. Im sogenannten Bombay Club schlossen sich inländische Unternehmer zusammen, denen die rasche Integration Indiens in den Weltmarkt nicht behagte und die die Protektion von Unternehmen lieber mögen als den Wettbewerb und Chancen für „newcomer". Auch machten manche Vertreter der national-indischen Hindupartei BJP Stimmung gegen ausländische Unternehmen und warnten vor einem „Ausverkauf Indiens". Das wurde im Ausland mit wachsender Sorge beobachtet.

Von 2004 bis zum Frühjahr 2014 ist dann wieder die von Sonia Gandhi aus dem Hintergrund dirigierte Kongresspartei mit zahlreichen Koalitionspartnern an die Macht gekommen – mit Manmohan Singh an der Regierungsspitze, der von dem Reformer Palaniappan Chidambaram unterstützt worden ist. Singh und Chidambaram versuchten, die Wirtschaft weiter zu liberalisieren. Zu nennen sind vor allem erleichterte Bedingungen für ausländische Investitionen in der Zivilluftfahrt, in der Stromversorgung und im Fernmeldewesen. Allerdings ist die Regierung bei der beabsichtigten Privatisierung der riesigen Staatsbetriebe sowie der Banken und Versicherungen kaum vorangekommen, weil bei Regionalwahlen die kommunistischen Parteien in Aufwind geraten sind. Auch gab es nur wenig Fortschritte beim Abbau des Haushaltsdefizits, das im Jahr 2013 7,6 Prozent im Verhältnis zum Bruttoinlandsprodukt betragen hat. Im Jahr 2011 ist es dann wegen geldpolitischer Bremsmanöver aufgrund des Wieder-Anstiegs der Inflation und des Leistungsbilanzdefizits zu einer Rezession gekommen, die der vorangegangenen Phase der expansiven Geldpolitik und des Aufschwungs folgte. Ende 2013 war der Tiefpunkt der Rezession erreicht, anschließend ging es wieder aufwärts.

C. 2014: Die Ära Narendra Modi bricht an

Im Frühjahr 2014 hat die vom populären Politiker Narendra Modi geführte BJP die absolute Mehrheit im Parlament errungen, was in Indien Seltenheitswert hat. Der neue Hoffnungsträger von ganz Indien hatte schon zuvor als Ministerpräsident dem Bundesland Gujarat hohe Wachstumsraten beschert. Narendra Modi versprach im Wahlkampf eine konsequente Fortsetzung des Liberalisierungskurses, der unter der „heimlichen" Ägide Sonia Gandhis ins Stocken geraten ist.

Die Regierung Modi hat (siehe GIGA)

- eine indienweite Mehrwertsteuer beschlossen,
- die Preissubventionen für Öl, Diesel und Gas gekürzt und die Preise an das Niveau am Weltmarkt angepasst,
- die Preissubventionen für die Eisenbahnen reduziert,
- ausländische Investitionen im Rüstungs- und Versicherungssektor zugelassen,
- neue Privatbanken erlaubt,
- ein Programm zur Bankanbindung armer Familien gestartet,
- die Einfuhrbeschränkungen für Gold gelockert,
- Lizenzen zur Kohleförderung neu ausgeschrieben,
- den Anteil der Bundesländer am Steueraufkommen von 32 auf 42 Prozent erhöht und
- bisherige Sozialprogramme fortgesetzt.

Die wichtigste Reform ist ohne Zweifel die Einführung der landesweiten Mehrwertsteuer. Der Warenfluss wird damit deutlich beschleunigt werden. Experten rechnen mit einem Anstieg der gesamtwirtschaftlichen Leistung um knapp einen Prozentpunkt. Aber auch die Stärkung der Autonomie der Bundesländer durch die Regierung Narendra Modi ist bemerkenswert, stimuliert sie doch den Wettbewerb zwischen den Regionen.

Viele Ankündigungen warten noch auf ihre Realisierung. Die wichtigsten noch ausstehenden Versprechen sind vor allem

- die Erleichterung des Landerwerbs für Investoren,
- die Schaffung eines flexibleren Arbeitsmarktes,
- die Errichtung eines Industriekorridors von Mumbai bis Delhi.

Auf der politischen Agenda stehen ferner oder sind teils in Arbeit:

- die Gründung von 100 neuen städtischen Zentren mit ausreichender Infrastruktur,
- eine Investitionsoffensive bei den indischen Eisenbahnen,
- die Senkung des Körperschaftsteuersatzes von 30 auf 25 Prozent,
- die Abschaffung der Erbschaftsteuer,
- die leichte Anhebung der Einkommensteuersätze auf sehr hohe Einkommen,
- die Auflage des Wohnungsbauprogramms „Housing for all by 2020" und
- die Einführung einer umfassenden Versicherung für Krankheit, Rente und Unfall.

Negativ fällt ins Gewicht, dass der noch von Manmohan Singh eingesetzte liberale Notenbankpräsident Raghuram Rajan, der die Inflationsrate deutlich gesenkt hat, wegen Anfeindungen aus der Regierung Modi im Juni 2016 erklärt hat, für eine zweite Amtszeit nicht mehr zur Verfügung zu stehen. Rajan war ein unbequemer Kritiker, der auch anzweifelte, dass die amtlichen Zahlen zur Wirtschaftsleistung, die seit Amtsantritt der Regierung Modi nach einer geänderten Methode berechnet werden, belastbar sind. Diese Kritik wird von anderen Fachleuten geteilt.

Modi muss sich den Vorwurf gefallen lassen, die Hindufundamentalisten in seiner Partei nicht unter Kontrolle zu haben. So wird von diesen u.a. ernsthaft die Oberhoheit des politischen und nationalen Hinduismus über die Wissenschaften gefordert. Auf dem Wunschkatalog der Fundamentalisten stehen ferner vier oder mehr Kinder pro Hindu-Ehepaar. Gemischt konfessionelle Ehen werden angeprangert, stattdessen werden Übertritte zum Hinduismus angemahnt. Seit die BJP wieder am Ruder ist und die Religion politisiert wird, hat sich das gesellschaftliche Klima im Land verschlechtert. Der neue Hinduismus verspielt seinen guten Ruf, in Fragen des Glaubens und der Weltanschauung die offenste und toleranteste unter den Weltreligionen zu sein.

D. Zwischenbilanz: Schritte in die richtige Richtung

Die bisherigen Erfolge der insbesondere von Manmohan Singh und Narendra Modi eingeleiteten Reformpolitik sind nicht zu übersehen. Wer öfters Indien bereist, wird Augenzeuge einer stürmischen Entwicklung in und um Ballungszentren. Auf der Haben-Seite gibt es zu verbuchen:

- die im Dekadendurchschnitt höchsten Wachstumsraten des Bruttoinlandsprodukts (BIP) in der Geschichte Indiens,
- eine stürmische Entwicklung ausgewählter Unternehmen wie etwa im IT-Sektor,
- eine breite mittelständische Schicht (geschätzte 500 Millionen im Jahr 2025 nach German Trade and Invest, GTAI),
- einen Gründungsboom bei Unternehmen, Universitäten, Colleges und NGOs,
- die – absolut betrachtet – weltweit höchste Zahl von Universitäts-Absolventen und
- Fortschritte bei der Armutsbekämpfung.

E. Aber: Ein gewaltiger Berg an unbewältigten Problemen wartet auf Maßnahmen, die ihn abbauen

Nach wie vor ist zu beklagen, dass:

- Indien trotz aller Reformen immer noch zu den Ländern dieser Erde gehört, die besonders stark reguliert und protektionistisch sind,
- 300 Millionen Inder von weniger als 1,25 US-Dollar pro Tag leben,
- 730 Millionen Inder von weniger als 2 US-Dollar pro Tag leben (Weltbank 2015, Stand 2012),
- Indien bei vielen sozialen Indikatoren (wie etwa der Versorgung mit Toiletten, Medikamenten, Bildungsangeboten) deutlich schlechter abschneidet als ärmere Länder wie etwa Bangladesh (siehe dazu Jean Drèze, Amartya Sen),
- die Elementarbildung mangelhaft ist und es noch viele Analphabeten gibt,

- derzeit noch fast die Hälfte der Beschäftigten in der Landwirtschaft tätig ist und die Produktivität und die Einkommen im Agrarsektor extrem niedrig sind,
- es im ländlichen Indien kaum möglich ist, Arbeit außerhalb des Agrarsektors zu finden und höhere Einkommen zu realisieren,
- die Kranken, die auf dem Land oder in den Slums der Megastädte leben, kaum versorgt werden,
- die Defizite bei der Versorgung des ländlichen Indiens mit Verkehrsinfrastruktur, Strom, Wasser, Toiletten etc. und Müllentsorgung gravierend sind,
- die Kapazitäten in den Metropolen überfordert sind (Verkehrsinfarkt, Müllberge, Luftverschmutzung durch Industrieabgase, Energieknappheit und Stromausfälle, Wasserknappheit, Abwasserprobleme, Knappheit des Bodens bei astronomisch hohen Grundstückspreisen),
- Shudhras, Kastenlose, Adivasis, Frauen und Mädchen diskriminiert und unterdrückt werden (siehe dazu Georg Blume und Christoph Hein 2014),
- Mitgiftmorde passieren, weibliche Föten abgetrieben werden, vermeintliche Hexen aus dem Dorf vertrieben werden und Kinder, die gegen die Kastenregeln heiraten wollen, an einem Baum aufgehängt werden (siehe dazu Katharina Kakar 2015) und
- 40 Millionen Kinder zur Arbeit statt in die Schule geschickt werden (vgl. Karin Kaiser 2012).

F. Das ländliche Indien: Eine Großbaustelle für die künftige Politik

1. Der Befund: Tiefe Gläubigkeit und kultureller Reichtum, aber materielle Not, Elend und Ungerechtigkeit

Im Indien der Dörfer regiert noch der klassische Hinduismus. Er ist geprägt durch tiefe Gläubigkeit und kulturellen Reichtum (Tempelanlagen, Feste, Handwerkstraditionen, Volkstänze, Saris, Kochkunst und vieles mehr). Die Kehrseite der Medaille besteht aber aus materieller Armut, Elend und Ungerechtigkeit, die zum Himmel schreit. Das alles sind Folgen der ältesten unter den Weltreligionen. Der indische Wirtschaftswissenschaftler Deepak Lal hat geschätzt, dass es in Indien 2000 Jahre lang zu keiner Steigerung des Pro-Kopf-Einkommens gekommen ist, nämlich von 300 v. Chr. bis 1700 n. Chr. (Deepak Lal 2005).

Diese Phänomene erklären sich aus dem Hinduismus heraus. Der im Volk tief verwurzelte Glaube, das irdische Los im nächsten Leben durch Dienste am Tempel und religiöse Rituale verbessern zu können, war eine machtvolle Kraft, die die Menschen zu architektonischen und künstlerischen Höchstleistungen beflügelt hat. Atemberaubend schön sind auch die vielen Heiligtümer der Jains. Die vormals sehr zahlreichen Vertreter dieser Glaubensrichtung waren und sind vorwiegend im Handel tätig, da ihr Glaube gebietet, keine Kreatur zu verletzen. Die Jains verdienen relativ viel Geld, dürfen keine Besitztümer anhäufen und leben asketisch. Sie sehen es als religiös verdienstvoll an, Geld für den Tempelbau zu spenden. Ihr Ziel ist, in die ewige Ruhe und Seligkeit einzugehen.

Wo gläubige Hindus seit Anbeginn alle Energien in den Dienst an Gott oder den Göttern stecken, dort bleibt aber naturgemäß für die weltlichen Belange nicht mehr viel übrig. Somit ist die Subsistenzwirtschaft, die weit unten auf der ökonomischen Entwicklungsleiter steht, das logische Pendant zur kulturellen Hochblüte. Es handelt sich um eine weitgehend landwirtschaftliche Selbstversorgungswirtschaft ohne nennenswerte Arbeitsteilung und ohne „weltliche" Spar- und Investitionstätigkeit. Der Null-Zins reflektiert den unendlichen Zeithorizont der Inder oder die Sicherheit, dass man wiedergeboren wird. Für den gläubigen Hindu besteht keine Eile, weil er die Zeit nicht als knapp empfindet.

2. Hoher Korrekturbedarf für die hinduistische Religion

Für den Ökonomen liegt auf der Hand, warum der klassische Hinduismus die wirtschaftliche und soziale Entwicklung hemmt und dem Wohlstand und der Gerechtigkeit abträglich ist (Erich Weede 2000). Mit dieser Frage hat sich schon zu Beginn des letzten Jahrhunderts Max Weber in seiner „Die Wirtschaftsethik der Weltreligionen" befasst. Er hat ein separates Buch über den Hinduismus und den Buddhismus geschrieben (Weber 1998). Weber kommt zu dem Ergebnis, dass der Hinduismus vor allem wegen der rigiden Gesellschaftsordnung und einer weltabgewandten Sicht, die das irdische Los als Übel und als unveränderbar begreift, in besonderem Maße wirtschaftliche Aktivitäten lähmt – ganz anders als etwa die calvinistische Wirtschaftsethik, die im Wohlstand des einzelnen einen Beleg für die Richtigkeit des Handelns in der realen Welt und für Gottes Gunst erblickt. Dies gilt im Übrigen auch für die Religion der Sikhs und für die der Jains. Die Jains mahnen allerdings eine asketische Lebensführung der beruflich Erfolgreichen an, die ihren Reichtum in Tempel und soziale Engagements stecken. Die vorwiegend in Mumbai lebenden Parsen – eine schmale Volksgruppe, die im 8. Jh. wegen der Islamisierung aus Großpersien geflohen und nach Indien eingewandert ist – haben ebenfalls eine positive Einstellung zum aktiven Zupacken in dieser Welt, in der sie einen Kampfplatz zwischen Gut und Böse sehen und eine Bewährungsprobe für das menschliche Handeln. Sie dürfen Reichtümer anhäufen. So ist der Familienkonzern Tata fest in der Hand von Parsen.

Was sind nun die Glaubensinhalte oder Traditionen im Hinduismus, die negative Auswirkungen auf die Daseinsbewältigung haben?

a) Entrücktheit von der Welt als hinduistisches Ideal

Im Zentrum des hinduistischen Denkens steht – zumindest aus der Sicht der Intellektuellen – ein von der Welt entrücktes (Fern-)Ziel: nämlich die Vereinigung der Einzelseele mit der Weltenseele. Ein beherztes Zupacken in der Welt im Dienste der Armen oder der Allgemeinheit, das vom Gemeinwesen und/oder vom Markt durch Ansehen und/oder Einkommen hoch prämiert wird, ist nicht Sache der gläubigen Hindus. Die Welt wird vielmehr von vielen Hindus – dem indischen Religionsphilosophen Shankara folgend – als „Illusion" empfunden.

Zwar predigt der Hinduismus „Tue Deine Pflicht in der Welt …". Aber er mahnt gleichzeitig „…aber verfalle ihr nicht". Man darf sein Herzblut also nicht an diese Welt verschenken. Dies wird als „Anhaftung" oder „Gier" oder als „Anhäufung von Karma" empfunden, was vom eigentlichen Ziel wegführt: nämlich „Moksha" zu erlangen, also mit der Weltenseele zu verschmelzen oder – im geistesverwandten Buddhismus – ins „Nirwana" einzugehen. Statt Höchstleistungen, effizienter und verantwortlicher Hilfe und einer sprudelnden Flut an kreativen Ideen sind innere Einkehr, Meditation und Yoga angesagt. Und zwar als Daueraufgabe – und nicht als sporadische Technik, um von der Hektik der modernen Welt abzuschalten.

Hohes gesellschaftliches Ansehen genießen in Indien die Wanderasketen – die Sadhus –, die mit ihren Bettelschalen von Pilgerstation zu Pilgerstation ziehen. Sie haben mit der Welt abgeschlossen. Sie könnten wohl kaum überleben, wenn nicht der Glaube vorherrschen würde, es handle sich um heilige Männer und es sei verdienstvoll, deren Ausstieg aus der Gesellschaft zu unterstützen. Denn Almosen werden mit der Absicht gegeben, das eigene Karma zu verbessern, um in einer höheren Kaste wiedergeboren zu werden.

b) Indische Kosmologie und der Glaube an ein determiniertes „Bergab"

Hindus glauben an vier Weltzeitalter – die sogenannten Yugas –, die in ewiger Wiederkehr aufeinander folgen. Dabei sei – so ihr Glaube – die Entwicklung zwangsläufig nach unten gerichtet, die Welt werde also immer schlechter und derzeit befände sich die Menschheit im schlechtesten aller Zeitalter – nämlich im Kali Yuga. Nach dem Kali Yuga werde die Welt durch den kosmischen Tanz Shivas zerstört und es beginne mit dem Krita Yuga ein neuer Zyklus.

Dieser vermeintlich programmierte Rückschritt erklärt zusammen mit dem endlosen Rad an Wiedergeburten und der geglaubten Sinnlosigkeit des Lebens, warum die Inder – anders als die Chinesen – keinen Sinn für Geschichtsschreibung entwickeln konnten und warum sie die Erfindung von Schießpulver, Porzellan, Glühbirne oder Dampfmaschine anderen Völkern überlassen haben, deren Blick optimistisch nach vorne gerichtet war.

c) Die hinduistische Kastenordnung steht Effizienz und Gerechtigkeit im Wege

Die Kastenordnung segmentiert die Gesellschaft in strikt voneinander getrennte Gruppen mit unterschiedlichen sozialen Rängen. Sie gibt feste Rollen vor, die die einzelnen gemäß dem Hindu-Dharma oder dem rechten Lebensweg spielen müssen. Dieses einschnürende Zwangskorsett ist im ländlichen Indien immer noch fest verankert und steht den Prinzipien der Effizienz und Humanität diametral im Wege. Wo der Sohn – unabhängig von seinen Fähigkeiten und Eignungen – den Beruf des Vaters ergreifen muss und die Tätigkeit der einzelnen durch die Regeln der zahllosen Unterkasten penibel reglementiert wird, dort wird die Freiheit zerstört, in eine virtuelle Welt der Alternativen einzutauchen und die beste unter den realisierbaren Optionen zu wählen. Eine starre Gesellschaftsordnung mit 1) Gruppen, die voneinander abgegrenzt statt integriert sind, 2) hoheitlich diktierten Rollen für die Gruppe und den einzelnen und 3) hoheitlich verteilten Rängen (hier „Edle", dort „underdogs" oder „Aussätzige", hier Männer und Söhne als Familiengottheiten, dort Frauen und Mädchen) ist im Höchstmaß ineffizient, ungerecht und inhuman. Sie verhindert Fortschritt und Menschlichkeit.

Die vier indischen Großkasten, an deren unterster Stelle die verachteten Shudras stehen, haben sich im säkularen Prozess in ein immer unübersichtlicher werdendes System von Unterkasten oder sogenannten „Yatis" aufgefächert. Auch ist eine neue Großgruppe an „underdogs" als „fünfte Säule" des indischen Gesellschaftssystems entstanden, die außerhalb des „klassischen" Kastensystems anzusiedeln ist. Man bezeichnet die Zwangs-Mitglieder als „Unberührbare". Gandhi sprach euphemisch von den „Kindern Gottes."

Die gerade skizzierten drei Grundelemente der hinduistischen Gesellschaftsordnung erklären zusammen mit der Psychologie, warum dieser säkulare Prozess zwangsläufig war: Wer von oben getreten wird und nach oben „katzbuckeln" muss, der braucht – damit seine gedemütigte Psyche wieder ins Lot kommt – andere, die er treten kann und die zu ihm aufblicken müssen.

d) Hinduismus und Kriminalität

Das Diktat der Kastenordnung und der hinduistischen Verhaltensregeln ist oft schuld daran, dass in Indien biedere Bürger zu Mördern und Verbrechern werden, weil ein Gruppenzwang besteht, die Norm-Abweichler bestrafen zu müssen (Kakar 2015). Zu herabgesetzten Hemmschwellen trägt ferner der niedrige Status von Frauen, Shudras und Unberührbaren auf der einen und der hohe Status der Männer und der oberen drei Kasten auf der anderen Seite bei. Die Ermordung junger Menschen, die entgegen der Kastenordnung heiraten möchten, ist ein Beispiel für Kastenkriminalität. Oft legen sogar die eigenen Eltern mit weinendem Auge selbst Hand an, weil sie sich moralisch zum Kindsmord verpflichtet fühlen. Sie meinen, die hinduistische Ethik gebiete dies. Ferner ist es auf dem Land an der Tagesordnung, dass Männer mit hoher Kastenzugehörigkeit Frauen aus den unteren sozialen Rängen vergewaltigen. Diese Opfer sind gleich doppelt stigmatisiert und die Täter haben keinerlei Unrechtsbewusstsein oder bilden sich noch ein, dass die Frauen stolz drauf sein müssten, wenn sich ein Brahmane an ihnen vergreift.

Im Jahr 2012 hat eine Gruppenvergewaltigung einer Studentin mit Todesfolge internationale Schlagzeilen gemacht, was den Ministerpräsidenten eines indischen Bundeslandes dazu bewogen hat, die Schuld vor allem bei der Studentin zu suchen. Um die internationalen Wogen zu glätten, hat man die Täter mit dem Tod bestraft. Das Naheliegende wäre allerdings gewesen, die Fehlsteuerungen durch hinduistische Normen und das antiquierte Denken des besagten Ministerpräsidenten einer Fundamentalkritik zu unterwerfen und die entsprechenden Lehren daraus zu ziehen. Das zeitgerechte Frauenbild ist nicht mehr die legendäre Sita, die den Aufenthaltsort oder legendären Kreis nicht verlässt, den ihr der Mann zuweist, und die sich sogar einer Feuerprobe unterzieht, um die falsche Verdächtigung, untreu geworden zu sein, zu entkräften. Gefragt ist vielmehr ein neues Frauenideal: nämlich das einer emanzipierten Partnerin mit solider Ausbildung.

Der indisch-stämmige amerikanische Nobelpreisträger für Ökonomie Amartya Sen und die deutschen Journalisten Georg Blume und Christoph Hein (2014) haben auf das Millionenheer an weiblichen Menschen hingewiesen, die in Indien sterben, nicht geboren werden oder die „nur" bei der Ernährung, Gesundheit oder Bildung benachteiligt werden. In Indien fehlen mittlerweile deutlich mehr als 100 Millionen Frauen (siehe Sen 1990). Wer wundert sich da noch über Vergewaltigungen und Verschleppungen von Frauen aus Süd- nach Nordindien? Schuld daran sind die gesellschaftlichen Wertvorstellungen, die dem Hinduismus zugrunde liegen.

Noch ein Wort zur „neuen Wohlstandskriminalität": Höhere Mitgiftmorde in den Städten wie in Delhi und verstärkte Abtreibungen weiblicher Föten in wohlhabenderen Regionen des Nordens wie etwa dem Punjab verleiten manche Zeitgenossen dazu, dafür den Markt (als vermeintlichen Anstifter zur Gier) und den technischen Fortschritt, der pränatale Geschlechtsbestimmung ermöglicht, verantwortlich zu machen. Das ist Unfug. Schuld an der neuen Wohlstandskriminalität sind Religion und Staat: Die Religion muss Verhaltensregeln und Bewertungsschemata propagieren, die den Gesetzen der Ethik und der Gleichheit der Menschen vor Gott verpflichtet sind. Und die hoheitliche Polizei und Justiz sowie Gesetze müssen die Bürger, deren Menschenrechte bedroht sind, wirksam beschützen.

e) Fehlsteuerungen durch die Herrschaft des Alters

Der Vorstand der indischen Großfamilie ist der Familienälteste. Weitere Familienmitglieder sind seine Frau, die Söhne, Schwiegertöchter und Enkel. Mitunter ist der heimliche Diktator die alt gewordene „Mutter vieler Söhne", die oft der jung eingeheirateten Schwiegertochter das Leben zur Hölle macht. Diktieren die Alten, wo „es längs geht", lähmt dies die Kreativität der Jungen, die auch nicht das Gefühl der Selbst-Verantwortlichkeit entwickeln können. Anpasser-Verhalten ist programmiert, Traditionen werden archiviert, kreative Ideen werden unterdrückt, und es kommt zu keinen Neuerungen, die dabei helfen, die Knappheitshürde zu überspringen. Ausländische Arbeitgeber von in Indien ansässigen Unternehmen bemängeln an indischen Mitarbeitern immer wieder einen Mangel an Kreativität, Kritikfähigkeit und eigenständigen Ideen.

f) Senkung der Pro-Kopf-Einkommen durch Kult um den Sohn

Die Privilegierung von Söhnen führt(e) dazu, dass mehr Kinder geboren wurden/werden als in einem System, das nicht zwischen Geschlechtern diskriminiert bzw. das noch nicht über moderne Abtreibungstechnologie verfügt. Dies drückt in einer statischen Wirtschaft auf das Pro-Kopf-Einkommen, führt zur Verarmung vieler Familien und ist auch Ursache für hohe Kindersterblichkeit, vor allem von Mädchen, für Mangelernährung (vor allem von Mädchen und Frauen) etc. Es werden Ressourcen gebunden, die für Gesundheit und Bildung fehlen. Um das Knappheitsdiktat zu lindern, werden Mädchen zur Kinderarbeit gezwungen, damit wenigstens der Sohn eine Schule besuchen kann. Die mit der Privilegierung von Söhnen einhergehende Überbevölkerung hat bewirkt, dass sich die Versorgung der Bevölkerung trotz bescheidener Fortschritte 2000 Jahre lang nicht verbessern konnte. Denn das gestiegene Einkommen musste auf mehr Köpfe verteilt werden.

g) Indische Hochzeiten: Kapitalschlucker par excellence

Indische Hochzeiten werden mit Pomp und Prunk gefeiert, zumal sie nicht als private Angelegenheit von Braut und Bräutigam betrachtet werden, sondern als Zusammenführung von Familien. Was die Zahl der Gäste sowie die Bewirtung anbelangt, findet ein regelrechter Überbietungswettkampf statt. Es geht um die Familienehre. Die Kosten der Hochzeit tragen die Eltern der Braut. Dazu zählen auch die Ausgaben für die nicht unbeträchtliche Mitgift, die trotz des gesetzlichen Verbots immer noch praktiziert wird. In der Mittelschicht wechseln Autos, Motorräder, Kühltruhen und Fernseher den Besitzer.

Die Eltern von Mädchen müssen für dieses Großereignis oft ihr Leben lang sparen und oft Schulden aufnehmen, die sie dann mitunter lebenslang bedienen müssen. Dies erklärt, warum vielen Mädchen-Eltern – vor allem auf dem Land – das Geld für die bessere Ausbildung ihrer Tochter fehlt und sie auch kein Geld haben, um selbst lesen und schreiben zu lernen. Die Mädchen-Eltern sind zudem oft gezwungen, zur Schuldentilgung ihr Leben lang bis hin zu ihrem Tod auf den Feldern zu ackern und die Ressourcen, die sie für die Bekämpfung immer schwererer Erkrankungen abzweigen können, schwinden.

In der heutigen Zeit, in der 100 Millionen indische Frauen fehlen, ist es ökonomisch geradezu widersinnig, die Eltern der Braut mit den Kosten der Eheschließung zu belasten. Die realen Knappheitsverhältnisse zwischen den Geschlechtern erforderten vielmehr einen umgekehrten Finanzstrom von den Eltern des Bräutigams zum „knappen Faktor". Noch besser wäre freilich, das junge Paar in die Selbstständigkeit zu entlassen. Eine solide Ausbildung für die jungen Leute, die diesen einen dauerhaften Einkommensstrom beschert, ist einer einmaligen Konsumorgie, für die die Brauteltern ihr Leben lang zahlen, allemal überlegen. Dann können die jungen Leute eine Hochzeit ausrichten, die zu ihrem zukünftigen Einkommen passt.

h) Hinduismus hat Industrialisierung verhindert

Der niedrigere Rang, welcher der von Shudras und von den Unberührbaren geleisteten Handarbeit – im schroffen Gegensatz zur „Kopfarbeit" der Brahmanen – beigemessen wird, hat dazu beigetragen, dass sich – anders als in Europa – aus dem Handwerk heraus keine Industrie hat entwickeln können, die die Arbeitsplätze für die ehemals in der Landwirtschaft tätigen Menschen geschaffen hätte. Hinter der niedrigen Produktivität im indischen Agrarsektor und der Armut im ländlichen Indien steht also teilweise die Missachtung der Handarbeit durch den Standesdünkel der „besseren Gesellschaft". Außerdem haben die starren Regeln für die Unterkaste (Jati) alte Technologien archiviert und Innovationen verhindert. Eine Umstellung auf höhere Stückzahlen im Rahmen der Industrialisierung hätte laufende Verbesserungen der Produktionstechnologie und der Absatzorganisation erfordert, was unter den starren Vorgaben der Jatis aber nicht möglich war. Zudem hat die Geschlossenheit der Kaste ohnehin verhindert, dass Arbeitskräfte aus der Landwirtschaft in das verarbeitende Gewerbe abwandern können.

G. Indiens Norden und das Landesinnere – Wo der politische Handlungsbedarf besonders groß ist

1. Der Befund: Ausgeprägtes Süd-Nord- sowie Küsten-Binnenland-Gefälle

Die Länder Indiens sind umso entwickelter, je weiter sie im Süden liegen, und die Regionen innerhalb dieser Länder sind umso entwickelter, je näher ihre Lage zum Meer ist. So wird als Musterland für Elementarbildung Kerala genannt, Tamil Nadu – vor allem die Gegend um Chennai – ist ebenso eine Boomregion wie der Großraum Bangalore, das sogar vom Massentourismus heimgesuchte Goa gilt als „India light", der bis nach Nashik reichende „Speckgürtel" um Mumbai erwirtschaftet rund ein Drittel des gesamten Steueraufkommens von Indien und Westbengalen, das die vielen Flüchtlinge aus Bangladesh zu verkraften hatte, erzielte das höchste Wachstum (2015: fast 20 Prozent) – nicht nur unter den indischen Bundesländern, sondern weltweit. Hingegen sorgen vor allem die in den Stammlanden der „Arier" gelegenen Länder Bihar und Uttar Pradesh immer wieder für negative Schlagzeilen. Der sogenannte „Kuh-Gürtel" scheint die Hölle auf indischen Erden zu sein.

2. Was sind die Gründe für die Überlegenheit des Südens?

Die im Süden lebenden Drawiden haben mehr Achtung vor den Frauen, und Töchtern wird ein höherer Wert beigemessen als bei den Nachfahren der Arier. Im Süden haben Mädchen in der Regel die gleichen Ausbildungschancen wie Jungen. Die Zahl der Kinder ist im Süden tendenziell niedriger als im Norden, wo eine Frau erst dann Wertschätzung erfährt, wenn sie Mutter möglichst vieler Söhne ist. Im Süden wird bei den Kindern mehr auf gute Ausbildung des Nachwuchses Wert gelegt, im Norden auf die Zahl der Söhne. Im Süden gibt es weniger Analphabeten. Die indisch-stämmigen Ökonom Jagdish Bhagwati und Arvind Panagariya (2014) führen den in Kerala herrschenden Wohlstand auf die lange Handelstradition zurück. Jean Drèze und Amartya Sen dagegen meinen, die Politik der dort herrschenden kommunistischen Partei trage Früchte. Vermutlich haben sowohl Handel als auch Bildungs- und Gesundheitspolitik dazu beigetragen. Wie oft in dem Streit der beiden ist beides richtig.

Die unterschiedlichen Frauenbilder, die im Norden und im Süden Indiens vorherrschen, finden auch im Götterhimmel ihren Niederschlag. Das Konstrukt einer „Muttergöttin" als monotheistische „Hochgöttin" (Shakti-Kult), die den gleichen Rang hat wie die beiden männlichen „Kollegen" Shiva und Vishnu, ist südindischen Ursprungs. Die „Muttergöttin" ist ein Relikt aus der älteren Induskultur, in der gleichzeitig ein „großer männlicher Gott" verehrt wurde. Vor allem im Süden Indiens finden sich viele Darstellungen von Vishnu oder von Shiva, die zweigeteilt sind: mit einer männlichen und einer weiblichen Hälfte.

Im mehr arisch geprägten Norden hingegen zählen die weiblichen Gottheiten (Parvati – auch in ihren schrecklichen Ausprägungen als Kali und Durga – sowie Lakshmi und Sarasvati) nicht als „Hochgötter", sondern nur als Anhängsel ihrer dominanten Männer Shiva, Vishnu und Brahma. Die blutrünstige Göttin Kali, die vor allem in Kolkata verehrt wird, und der „Dämonen-Schreck" Durga, die auf einem Tiger reitet, sorgen ferner dafür, dass die Frauen Indiens von vielen indischen Männern als furchterregend, mächtig und bedrohlich eingestuft werden.

Indiens Norden hat freilich einen Ersatz für die im Süden verehrte „Muttergottheit" – nämlich die reale „Mutter vieler Söhne". Mit ihrer alles verschlingenden Liebe erdrückt sie die frühkindliche Psyche der heranreifenden Söhne. Dass diese dann später versuchen, den Spieß umzudrehen, indem sie Frauen dominieren und Unterwerfung, Ehrfurcht und Gehorsam fordern, liegt auf der Hand (siehe die Erkenntnisse der deutschen Religionswissenschaftlerin Katharina Kakar und ihres Mannes Sudhir Kakar, der Psychoanalytiker ist). Wen verwundert es dann, dass die folgsame Sita, die ihren göttlichen Gatten Rama – einen Avatar des Gottes Vishnu – angebetet hat, von vielen Indern und Inderinnen als die ideale Ehefrau verherrlicht wird? Sie musste sich sogar einer Feuerprobe unterziehen, um ihrem zweifelnden Mann ihre Unschuld zu beweisen. Es wird Zeit, dass sich das neue Ideal der emanzipierten Frau und gleichberechtigten Partnerin durchsetzt.

3. Warum Küstenregionen reicher sind als Regionen im Landesinneren

Die großen Hafenstädte Mumbai am Arabischen Meer und Chennai an der Koromandelküste sind als Fadenkreuze des Warenhandels Indiens mit dem Rest der Welt wirtschaftlich florierende Regionen. Dort werden nicht nur Güter ausgetauscht, sondern auch Weltbilder und Ideen. Der in Handelszentren herrschende kosmopolitische Geist fördert Innovationen und Produktivität. Ferner liegen Anlaufstellen der Kreuzfahrtschiffe an der Küste. Angelaufen werden etwa Cochin und Trivandrum an der Malabarküste sowie Mormugao (Goa). Auch locken Indiens Strände Badetouristen an. Zu denken ist an Kovalam, Varkala und an die vielen Badeorte, die sich an Goas Traumküsten wie Perlen an einer Kette aneinanderreihen. Eine besondere Touristen-Attraktion sind die in Küstennähe gelegenen Backwaters in Kerala, die zu einem Urlaub auf dem Hausboot einladen. Der Tourismus eröffnet zusätzliche Verdienstchancen für die Einheimischen, so im Beherbergungs- und im Gaststättengewerbe, in der angegliederten Bauwirtschaft, im Handwerk und Handel sowie im Wellness-Sektor. Vom Kontakt mit Fremden, die über höhere Einkommen verfügen, profitieren ferner Tour-Guides und Fahrer. Auch Bettler zieht es vor allem an Orte, die stark von Touristen frequentiert werden.

H. Warum sich in Indiens Metropolen Offenheit und Freiheit entfalten können

So offen und frei der Hinduismus in Glaubensfragen und Weltanschauungen ist, so einschnürend ist er in gesellschaftlicher und wirtschaftlicher Hinsicht. Die verkrusteten Kasten- und Familienstrukturen, in der machtvolle Vorstände von Kollektiven anstelle von Individuen das Sagen haben, können nur auf dem Lande praktiziert werden. In den Dörfern sind nämlich die räumlichen Voraussetzungen gegeben, dass die Kaste unter sich bleibt und dass sich die anderen Kasten an einen getrennten Esstisch setzen. Dort kann man auch Abstand zu denjenigen halten, die vermeintlich „unter" einem stehen oder im Dorfweiher baden, wenn man „Reinheitsrituale" benötigt, um die vermeintliche Verschmutzung durch andere Menschen wieder los zu werden.

Für die Städte hingegen sind typisch:

- gemeinsam genutzte Verkehrsmittel,
- kastenübergreifende Betriebskantinen, Restaurants, Bars, Internet-Cafés etc., Diskotheken,
- kastenübergreifende Arbeitsteams in modernen Produktionsstätten und Dienstleistungszentren,
- gemeinsam genutzte Kollektivgüter wie Tempel, Kinos, Theater, Museen, Schwimmbäder, Parkeinrichtungen mit Kricketplätzen,
- anonyme Wohnblocks, deren Vermieter nicht nach der Kaste, sondern nach dem Kontenstand fragen,
- eine moderne Informations- und Kommunikationstechnologie, die mit anderen Weltbildern und neuen Ideen konfrontiert,
- mannigfaltige Interessengruppen – auch virtuelle –, die heterogen besetzt sind, und zwar auf freiwilliger Basis, was sie von den Zwangskollektiven der alten Hindugesellschaft unterscheidet,
- Erfolg im Beruf als neues Statuskriterium,
- bessere Chancen, Einkommen zu erzielen – auch für Frauen – und
- bessere Ausbildungsstätten – auch für Mädchen.

Kurzum: In den modernen Metropolen setzen sich die Prinzipien der Offenheit, der Freiheit und der Toleranz mehr und mehr durch, und es herrscht Aufgeschlossenheit gegenüber dem Neuen. Es bildet sich ein modernes Bürgertum heraus. Die Frauen werden zunehmend emanzipierter und tragen mehr und mehr zum Familieneinkommen bei. Mit dem Rollenwandel der Frau steigt auch der Stellenwert, den Eltern einer guten Ausbildung ihrer Kinder beimessen. Das gilt nicht allein für die Oberschicht. Vor allem jene Eltern, die das auf dem Land herrschende Elend in die Metropolen getrieben hat, sind sehr bildungsbewusst und wünschen sich sehnlichst, dass es ihre Kinder einmal besser haben als sie selbst.

Natürlich sind die alten Traditionen in den Städten noch nicht gänzlich ausgestorben. So ist etwa an die Transportdienste der Dabbawallas in Mumbai zu denken, die das von der Hausfrau zuhause zubereitete Essen an den Arbeitsplatz des Mannes oder Sohnes bringen. Denn bei diesem Essen besteht die Gewissheit, dass es nach den Kastenregeln zubereitet worden ist. Auch in den Slums wohnen Menschen, die derselben Kaste angehören, in der Regel eng beisammen. Die Kasten haben also ihre eigenen Reviere. Solange es noch keine allgemeine Versicherung für Alter, Krankheit und Unfall gibt, hat das aber auch Vorteile, weil einstweilen die Kaste die Absicherung wahrnimmt.

TEIL II. Korrekturen des antiquierten Weltbilds in Indien ebenso erforderlich wie Bildungsoffensive

Damit sich auch im Indien der Dörfer ein neues Denken entwickeln kann, ist eine kritische Auseinandersetzung der Meinungsführer mit dem Hinduismus ebenso erforderlich wie eine Bildungsoffensive auf breiter Front. Es gilt, die mentalen Hindernisse, die einer offenen Gesellschaft im Wege stehen, zu identifizieren und zu bekämpfen und Initiativen in die Wege zu leiten, damit die moderne Computertechnologie flächendeckend Einzug in Indien halten kann.

A. Welche mentalen Hindernisse müssen beseitigt werden, damit modernes Denken auf dem Land einziehen kann?

1. Wird ein Verstoß gegen die Kastenregeln mit schlechterer Wiedergeburt bestraft?

Die Shudras und Unberührbaren auf dem Lande lehnen sich nicht gegen ihre Diskriminierung auf. Denn sie glauben, die hierarchische Kastenordnung sei gottgewollt und fürchten, mit einer schlechteren Wiedergeburt bestraft zu werden, wenn sie sich nicht an die Kasten-Regeln halten. In Wahrheit ist es aber so, dass dieses Märchen von der Bestrafung von Kastenrevolten durch schlechtere Wiedergeburten im nächsten Leben – etwa als Wurm im Darm eines Hundes – von Brahmanen in die Welt gesetzt worden ist, die nichts anderes als Macht ausüben wollen. Auch Könige und Fürsten haben die Priesterkaste gebraucht, damit diese ihre Macht von der religiösen Seite her absichern oder „wasserdicht" machen konnten. Denn wer traute sich schon, sich gegen die Willkürherrschaft eines Regenten aufzulehnen, wenn dieser den Segen der höchsten geistlichen Autorität hatte?

Wenn Glaubensinhalte von Menschen mit religiöser Autorität und mit dem Nimbus von Zauberern propagiert werden, besteht immer die Gefahr, dass diese ihre Macht für Herrschafts- und Ausbeutungszwecke missbrauchen. Das war im europäischen Mittelalter nicht anders, als Geistliche die Angst der Menschen vor dem Fegefeuer und den Höllenqualen schürten, um die vermeintliche Freisprechung von Sünden zu einem lukrativen Geschäft auszubauen. Auch die heutigen islamistischen

Welche mentalen Hindernisse müssen beseitigt werden, damit modernes Denken auf dem Land einziehen kann?

Selbstmordattentäter glauben an ein Märchen, das ihnen die Drahtzieher hinter dem internationalen Terror erzählen: dass nämlich Jungfrauen im Paradies schon sehnsüchtig auf die Märtyrer im Namen Allahs warten. Hier muss – ebenso wie in Indien und im mittelalterlichen Abendland – Religionsversagen aufgrund von Machtmissbrauch diagnostiziert werden. Das ist keinesfalls eine Kritik am Glauben an ein höheres Wesen, sondern an dem, was Menschen mit all ihren Unvollkommenheiten und Schwächen aus der Religion machen.

Die Kritik am Machtmissbrauch durch die Brahmanen bedeutet nicht, den historischen Wert der Kastenordnung zu leugnen. Denn die Segmentierung der Menschen in Kasten half beim Entstehen geordneter Gemeinwesen als den historischen Vorläufern moderner Staaten mit hoheitlichem Gewaltmonopol: Denn wenn das Mitglied einer Kaste vom Pfad der Tugend abweicht, fällt das auf die ganze Gruppe zurück. Diese potentielle „Schande" für die gesamte Kaste garantiert, dass das Kollektiv seine Ehre verteidigt, Recht spricht und den einzelnen ermahnt, seine Pflichten zu erfüllen. Auch im alten Ägypten und in anderen archaischen Gesellschaften hat es Kasten gegeben. Vom indischen Kastensystem unterschieden sie sich aber in einem wesentlichen Punkt: In Ägypten waren die Menschen aller Kasten gleichrangig, in Indien sind/waren sie es nicht.

Historische Kastenordnungen wurden obsolet, als das Rechts- und Justizwesen auf organisierte Staaten übertragen wurde. Nur im Indien der Dörfer scheinen Kasten das ewige Leben zu haben, weil gruppenspezifische statt allgemein verbindlicher Regeln und universeller Grundrechte vorherrschen. Zwar hat Indien eine Verfassung und Gesetze, die z.B. die Diskriminierung von Shudras und Unberührbaren und Mitgiftforderungen an die Braut-Eltern verbieten. Doch dominieren – zumindest auf dem Lande – die informellen, relativistischen Rechtsvorstellungen, wie sie der hinduistischen Gedankenwelt zugrunde liegen. Demnach ist es besser, die für die eigene Kaste gültigen Normen schlecht zu erfüllen als die Normen für eine fremde Kaste gut. Das einzige Ventil, das die Unterprivilegierten haben, ist – neben dem Schulterschluss mit den maoistischen Banden der sogenannten Naxaliten – die Wahl einer Kastenpartei, was aber in die Irre führt. Das wird weiter unten begründet.

2. Rituelle Reinheit durch Diskriminierung?

Manche Mitglieder höherer Kasten bilden sich ein, sie seien „rein", weil sie sich von den – angeblich ekelerregenden – Shudras und Unberührbaren fernhalten. Sie verbieten den Ausgestoßenen, den Dorftempel und den Dorfbrunnen zu benutzen. Wenn ihnen ein vermeintlicher Untermensch zu nahe kommt, müssen sie sich aufwendigen Reinigungsritualen unterziehen. Mitunter rotten sich Mitglieder höherer Kasten zusammen, um die Häuser der Ausgestoßenen niederzubrennen und zu morden. Es ist zudem an der Tagesordnung, dass höherkastige Männer ihre „Reinheitsgebote" vergessen und niederkastige Frauen vergewaltigen. Die zwangsläufige Folge gegen physische Gewalt ist, dass sich die Unterdrückten zur Wehr setzen und sich mit den bewaffneten Naxaliten verbünden, für die Mord und Raub ein einträgliches Geschäft ist. Mögliche religiöse Skrupel werden dadurch umgangen, dass sich andere die Hände schmutzig machen.

Wie kommt man gegen solche Auswüchse an, die gegen indisches Recht und gegen die Verfassung verstoßen, die vor allem auf dem Lande niemand beachtet? Weiter unter wird ein Staatswesen skizziert, das diese Probleme entschärfen könnte. Hier genügt der Hinweis, dass Shudras und Unberührbare der geeignete Personenkreis sind, aus dem die Polizisten auszuwählen sind. Drückt man nämlich den Entrechteten eine Pistole in die Hand, können solche Übergriffe abgewehrt werden. Freilich muss durch ein neu zu installierendes Informations- und Beschwerdesystem gewährleistet sein, dass die Polizisten ihre Macht nicht missbrauchen, um Selbstjustiz zu üben. (Davon später).

Um die Justiz nicht zu überfordern, sollte nicht Sühne für vergangene Kasten- und Gender-Kriminalität verlangt werden: Denn die Schuld an diesen Auswüchsen trägt bei näherem Hinsehen das kranke System, weniger der einzelne Mensch. Die Menschen sind nun mal unvollkommen, sie haben gute wie schlechte Eigenschaften. In jedem Menschen schlummert ein potentieller Engel, aber auch ein potentieller Verbrecher. Der Volksmund sagt nicht umsonst: „Gelegenheit macht Diebe". Deshalb ist es Aufgabe des Systems oder der Ordnungspolitik, die Weichen so zu stellen, dass das Gute im Menschen hervorgekehrt und das Schlechte unterdrückt wird. (Davon später).

Welche mentalen Hindernisse müssen beseitigt werden, damit modernes Denken auf dem Land einziehen kann?

3. Sind weibliche Wesen weniger wert als männliche?

In Indien schreit das Los vieler Mädchen, Frauen, Schwiegertöchter und Witwen zum Himmel. Was sind die Ursachen für die dort besonders gravierende Diskriminierung des weiblichen Geschlechts? Schon der Gesetzgeber Manu hat in seinem berühmt-berüchtigten Gesetzbuch – es ist im 2. oder 3. Jh. n. Chr. entstanden – den niederen Wert einer Frau verankert. Im Weltbild von Manu war das Töten einer Frau nur ein leichtes Delikt – vergleichbar etwa mit dem Trinken von Alkohol. Das Hauptlebensziel einer Frau sieht der Hinduismus im Gebären von männlichem Nachwuchs, der angeblich allein dazu in der Lage ist, die religiösen Rituale zu vollziehen. Besonderer Stellenwert wird dabei dem Totenritual beigemessen, da es die Seele der Eltern von den Fesseln des Körpers befreit. Ferner verzerrt es die Wertschätzung gegenüber beiden Geschlechtern, wenn die Brauteltern für die Prunkhochzeit und Mitgift aufkommen müssen, während die Eltern des Bräutigams eine kostenlose Arbeitskraft gestellt bekommen. Nicht umsonst sagt ein indisches Sprichwort, das Aufziehen einer Tochter sei so, als ob man den Garten des Nachbarn gieße. Fazit: Hinter der Diskriminierung des weiblichen Geschlechts stehen hinduistische Gesetzeswerke, Glaubensinhalte und Bräuche.

Männer, die Frauen den Wert absprechen, nehmen die Tatsache offensichtlich nicht zur Kenntnis, dass sie selbst, ihre Väter und ihre Söhne nicht existieren würden, wenn es keine Frauen gäbe. Frauen haben also zumindest den Wert, den sich Männer selbst beimessen. Ferner würden Männer wohl deutlich weniger oder gar kein Geld verdienen, wenn sie gezwungen wären, ihre Wäsche zu waschen, ihre Hemden zu bügeln, ihre Felder zu bestellen, ihr Essen zu kochen, ihre Wohnung zu putzen, ihre Einkäufe zu erledigen, ihr Wasser vom Dorfbrunnen zu holen, ihre Väter zu pflegen und ihre Söhne zu erziehen. Frauen mögen zwar nach hinduistischem Glauben bei der Aufgabe versagen, die Seele der gestorbenen Männer von den Fesseln des Körpers zu befreien. Aber dafür werden Mikrokredite lieber an Frauen vergeben, die dadurch ihre Kinder von den Fesseln der Armut befreien können.

4. Geht die Entwicklung bergab?

In der indischen Psyche ist die Vorstellung, im letzten aller vier – immer schlechter werdenden – Weltzeitalter, nämlich im schrecklichen Kali-Yuga, zu leben, fest verankert. Wer über Kasten- und Gender-Kriminalität in Indien liest, der mag sich dieser Ansicht anschließen. Im weltweiten Maßstab gilt aber, dass die Menschheit einen gigantischen Evolutionsprozess hinter sich hat: nämlich von der Steinzeit bis zum Übergang des Zeitalters der Globalisierung in ein Zeitalter der Digitalisierung. Der Mensch wiederum hat sich aus einem Einzeller heraus entwickelt und das heutige Universum aus einer Singularität heraus. Tatsächlich findet statt eines permanenten Niedergangs anhaltende Schöpfung statt. Zerstörung ist nur ein partielles Phänomen, auf ihrer Basis findet neue Schöpfung statt. In der Ökonomie spricht man von „schöpferischer Zerstörung" (Joseph Alois Schumpeter). Das Böse oder Schlechtere oder Antiquierte wird zerstört, damit sich auf dieser Grundlage das Gute oder Bessere oder Zeitgemäße entfalten kann.

Das heißt nicht, den Wert des Alten und Gestrigen zu leugnen. In einer historischen Sicht hatte alles einmal einen ursprünglichen Sinn und war unter vormaligen Verhältnissen ein Optimum. Selbst dem Bösen und Schlechten kann ein indirekter Wert zukommen, soweit es die Wurzel für eine Wandlung zum Guten und Besseren ist. Um zu einem ausgewogenen Urteil zu gelangen, das fair gegenüber der Vergangenheit ist, muss man auch berücksichtigen, dass die Menschen in früheren Zeiten bei stärker drückender Knappheit sehr viel weniger gangbare Alternativen gehabt haben, als dies heutzutage der Fall ist.

5. Weltabkehr als höchstes Ideal?

Insbesondere die Anhänger des Gottes Shiva glauben, die Welt sei eine Illusion, letztlich gäbe es nur das All-Eine. Das einzig Erstrebenswerte sei die meditative Vereinigung der Individualseele mit dem All-Einen oder Brahman. Tatsächlich aber ist der Mensch in eine – zumindest subjektiv – reale Welt hineingestellt, in der er ökonomisch handeln muss, wenn er seine Existenz nicht gefährden, sondern sichern und sein Los verbessern will. Kein weltabgewandter Sadhu könnte überleben, wenn er total auf sich gestellt wäre. Bezöge er keine Alimente von jenen, die glauben, der Rückzug aus der Welt sei die Krönung des menschlichen Lebenswegs und es sei religiös verdienstvoll, ihn zu unterstützen, dann würde er entweder verhungern oder er müsste seine Philosophie revidieren und sich mit der realen Welt arrangieren.

Es ist wichtig, dass die Inder sich an einem lebensbejahenden Weltbild orientieren, das ein beherztes Zupacken in der Welt propagiert. Das bringt den Einzelnen und die Allgemeinheit voran. Die Inder sollten sich verstärkt einer Kosmologie zuwenden, die die vielfältigen Erscheinungen in der Welt als subjektive Realität begreift, die Lebenssinn stiftet und die es lohnt, dass man sich mit ihr identifiziert.

6. Ist alles Leiden selbstverschuldet?

Inder sind bemerkenswert immun gegenüber all dem Leid um sie herum. Der ausländische Gast hat nicht den Eindruck, dass es dem Reiseleiter das Herz bricht, wenn er an den vielen Leprakranken in Varanasi – seit geraumer Zeit hat man sie aus der Stadt verbannt –, an den auf der Straße liegenden Krüppeln in Ajmer und an den kraftlosen Alten und Schwachen vorbeiläuft, die vor den heiligen Stätten in Bodgaya den Tempelbesuchern ihre bettelnden Hände entgegenstrecken. Inder machen es sich mit der hinduistischen Philosophie vom Karma relativ einfach. Sie glauben, dieses Elend sei einzig und allein „selbstgemacht". Wer leidet, der büßt halt die Sünden aus dem Vorleben ab und mit dem muss man auch kein Mitleid haben – so denkt ein Inder. Mit dieser Gedankenkrücke baut er sich zugleich ein Schutzschild gegen die Verletzung seiner Psyche auf.

Letztlich kann aber kein Mensch wissen, ob er selbst oder Dritte oder besondere Umstände (der „Zufall") oder Gott für sein Leid oder sein Glück verantwortlich ist/sind. Des Menschen Leid (Glück) kann ebenso gut unverschuldet (unverdient) sein, wie es möglich ist, dass der Mensch die Früchte seines eigenen Handelns erntet. Indien braucht mehr Nächstenliebe für den anonymen Dritten und muss dafür die Eventualität unverschuldeten Leidens ins Kalkül ziehen. Freilich muss betont werden, dass die Inder innerhalb ihrer Familie und ihrer Kaste ebenso mitfühlend sind wie etwa die Bürger christlich geprägter Länder, die sich die Nächstenliebe aufs Banner geschrieben haben.

7. Ist das Drehbuch für dieses Leben bereits geschrieben?

Inder (wie auch Buddhisten aus anderen Ländern Asiens), glauben oft – vor allem wenn sie unterprivilegiert sind –, dass sie an ihrem Schicksal nichts ändern können. Sie fügen sich, klaglos und passiv, in ihr vermeintliches Schicksal, denn ihrer Ansicht nach ist das Drehbuch ihres Lebens bereits geschrieben. Ihr Leid führen sie ausschließlich auf ihr Vorleben zurück, in dem sie – für sie offensichtlich – vom rechten Weg, dem Dharma, abgekommen sind. Nun hat sie der Fluch der bösen Tat eingeholt wie ein Bumerang, wobei unter böser Tat i.d.R. rituelle Verstöße verstanden werden. Hinduisten wie auch Buddhisten bezeichnen diese Hypothek aus dem Vorleben als Karma.

Der Glaube an das Karma beruft sich auf das Kausalitätsprinzip, nach dem auf den ersten Blick die Welt zu funktionieren scheint. Gesetzt, man glaubt an Vorleben, was als unbeweisbares wie auch unwiderlegbares Axiom zu akzeptieren ist, so ist dennoch strittig, ob ausschließlich das Verhalten des Individuums in seinem Vorleben für den Status Quo verantwortlich ist. Im vorangegangenen Abschnitt haben wir auf die Eventualität hingewiesen, dass stattdessen Dritte, der Zufall oder Gott dafür kausal sein können. Ferner ist die aus der Religion abgeleitete Schicksalsergebenheit, wie sie für die östliche Hemissphäre typisch ist, zumindest fragwürdig. Denn sie geht von der impliziten Annahme aus, dass die Zukunft des Menschen in diesem Leben bereits determiniert ist. Tatsächlich ist die Zukunft offen (Herbert Giersch), zumindest subjektiv aus menschlicher Perspektive. Und tatsächlich müsste ein Verfechter des Kausalitätsprinzips des Glaubens sein – selbst wenn er schlechtes Karma aus seinem Vorleben unterstellt –, durch aktives Zutun und moralisch gute Taten in der Gegenwart irgendwann in diesem Leben das Ruder herumreißen zu können. Denn wer die Ärmel hochkrempelt und anpackt und seinen Mitmenschen etwas Gutes tut, kann in der Regel auf positive Rückkopplung hoffen. Auf eine positive Aktion folgt meist eine positive Reaktion. Das ist für jeden beobachtbar. Wenn man glaubt, durch gute Taten eine bessere Wiedergeburt zu erlangen, dann müsste man dies also auch für die kürzere Frist unterstellen.

Der „wissenschaftliche" Buddhismus, der in Klöstern gelehrt wird, sieht in der Realität eine kontinuierliche Kausalitätskette. So wie die meisten Hindus und Buddhisten das Karma-Denken aber verinnerlicht haben – nämlich dass das Drehbuch für dieses Leben ausschließlich im Vorleben geschrieben worden ist und dass dieses

Leben ausschließlich kausal für die Wiedergeburt und das nächste Leben ist –, verstößt es teilweise sogar gegen das Kausalitätsprinzip, wie wir gesehen haben.

8. Westphobie – Ein Grund, sich der Moderne zu verweigern?

Besonders tief in der indischen Psyche verankert ist das britische Trauma, von dem im geschichtlichen Vorspann bereits die Rede war. Die Erfahrungen der Inder mit den Briten waren höchst leidvoll. Man kann es nicht oft genug wiederholen, weil diese Erfahrungen bis in die heutige Zeit hineinwirken und eine Hypothek für die Zukunft sind. Es kam zu diversen kriegerischen Auseinandersetzungen(siehe Hermann Kulke und Dieter Rothermund 2010). Im Jahr 1759 siegte Robert Clive in der Schlacht von Plassey über den Nawab (ein Provinzgouverneur), 1764 überwältigten die Söldnerheere der britischen Ostindiengesellschaft die Heere des Großmoguls und der Nawabs von Oudh und Bengalen im südlichen Bihar, 1795 schlug Lord Cornwallis den Widerstandskämpfer Tipu Sultan in Südindien, 1799 wurden Tipu Sultan und 1818 die Marathen endgültig von den Engländern besiegt.

1857 ist es zum Aufstand der indischen Soldaten der – von den indischen Steuerzahlern finanzierten – indisch-britischen Armee und der Grundherren von Oudh gekommen. In dieser Armee kämpften damals 140 000 Inder und 70 000 Briten. Erinnert sei auch an das entsetzliche Massaker von Amritsar im Jahr 1919. Tausende von unbewaffneten Zivilisten sind bei einer Demonstration von den Briten ohne Vorwarnung niedergeschossen worden. Die Einschussstellen an den Mauern des Jalianwalla Bagh zeugen heute noch von blindwütiger Mordlust.

Als Stichworte für die ökonomische Macht, die die Briten ausübten, dienen Salzmonopol, Zwangsimporte von britischen Textilien und ruinöse Besteuerung der Landwirtschaft. Auch war die Überheblichkeit der britischen Machthaber unerträglich. Winston Churchill würdigte Gandhi als „halbnackten, rebellischen Fakir" herab. Die Masse der Inder wurden als Menschen zweiter Klasse und mit fragwürdiger Kultur behandelt. So durften sich etwa in der Flanier- und Einkaufsstraße „The Mall" in Shimla – das ist die im Vorhimalaya gelegene „queen of the hillstations", die die Briten als Sommerresidenz mit gemäßigtem Klima auserkoren haben – ausschließlich Europäer bummeln und sich verlustieren. Selbst dem Industriemogul und Parsen J. R. Tata wurde der Zutritt in ein Hotel in Mumbai mit dem Hinweis „ for Europeans only" verweigert. Er erbaute sich deshalb das Taj Mahal Palace Hotel in Mumbai, das beste Hotel Indiens und eines der berühmtesten Hotels der Welt. Man kann die Inder also sehr gut verstehen, dass sie eine „West-Phobie" entwickelt haben.

Allerdings würden sich die Inder keinen Gefallen tun, wenn sie deswegen einen Bogen um westliche Pionierleistungen machen würden. Wissenschaftlicher, technischer, organisatorischer und institutioneller Fortschritt im Dienste von Wohlstand und Humanität sollten imitiert werden, um im Aufholprozess voranzukommen. Freilich sollten Fehler, die dem Westen beim Vortasten an der Spitze unterlaufen sind, vermieden werden.

Ansonsten kann es den Indern eine leichte Genugtuung verschaffen, dass sich die einst so stolzen und mächtigen Engländer historisch eher auf einem absteigenden Ast zu befinden scheinen. Während sich die Brexit-Nation international eher isoliert, rückt Indien im Jahr 2022 ins Zentrum des G 20-Treffens. Hier bewahrheitet sich das deutsche Sprichwort: Man trifft sich immer zweimal im Leben.

9. Politischer Hinduismus als Glücksbringer?

Ein politisierter und nationalistischer Hinduismus, wie er in der Hindutva-Bewegung zum Ausdruck kommt, ist ein Reflex auf die schmerzlichen Erfahrungen der Hindus im Verlauf ihrer Geschichte. Die diversen Invasionen und Fremdherrschaften – vor allem durch die Muslime, die Portugiesen und die Briten – sind Grund genug für Misstrauen gegenüber dem Ausland und den Fremden. Die Inder sind zutiefst in ihrem Stolz und Selbstwertgefühl verletzt worden. Sie sind äußerst sensibel gegenüber von außen geübter Kritik, aber leider auch vielfach resistent gegenüber wohlgemeinten Ratschlägen und Hilfen. Sie befürchten, dass hinter dem Zufluss von ausländischem Kapital allein „Auslandsinteressen" stehen und dass es letztlich doch wieder nur um Macht und Beherrschung geht. Die Rede ist vom „Ausverkauf indischer Interessen".

Wettbewerbliche – statt monopolistische – Wirtschaftsaktivität in Indien bzw. der Import ausländischer Produktionsfaktoren und guter Rat von außen und konstruk-

Welche mentalen Hindernisse müssen beseitigt werden, damit modernes Denken auf dem Land einziehen kann?

tive Kritik sind aber grundsätzlich anders zu beurteilen als kriegerische und koloniale Inbesitznahme und religiöse Indoktrinierung. Inder suchen notorisch nach „indischen Lösungen", und sie pflegen Vorurteile wie „der Westen ist verderbt" oder dekadent (was teilweise zutreffend erscheint; wenn man etwa einen Blick auf viele skurrile Europäer wirft, die durch Calangute im Bundesstaat Goa laufen oder die bei der Heimkehr von dort in die Chartermaschinen nach Manchester drängen...).

So sehr die Politisierung des Hinduismus aus der Geschichte heraus erklärbar ist, so fatal ist diese Entwicklung. Die Politisierung von Religion ist immer ein Irrweg. Abschreckende Beispiele, die Religionen anrichten, wenn sie zur öffentlichen oder staatlichen Angelegenheit hochstilisiert werden, finden sich in der muslimischen Welt von heute zu Genüge. Unter diesen Bedingungen kann sich keine Zivilgesellschaft und Toleranzkultur entwickeln, und Minderheitenschutz bleibt auf der Strecke. Auch seien die von Natur aus friedlichen Hindus an das Drama der Teilung Indiens im Jahr 1947 in Indien und Pakistan erinnert, bei der viel Blut geflossen ist. Die Hindus sind mit hineingezogen worden, weil die Moslems ihre Religion politisiert haben und einen eigenen Staat gefordert und durchgesetzt haben.

Bei der Hindutva-Bewegung ist nichts mehr von der weltweit einmaligen Toleranz und Offenheit des Hinduismus in Fragen der Weltanschauung übrig geblieben. Vielmehr werden die schlechten Seiten dieser Religion hervorgekehrt: nämlich die propagierte ethnische Überlegenheit der Hindus gegenüber den übrigen Menschen. Die Hindus haben eine sehr ambivalente Einstellung zu Fremden: Hindus haben zwar einen Minderwertigkeitskomplex gegenüber den vormaligen Unterdrückern oder den reichen Westlern entwickelt, sie fühlen sich aber gleichzeitig als überlegene Rasse. So muss man als Hindu geboren sein, ein Fremder kann nach Auffassung von Hindus nicht zum Hinduismus konvertieren. Ein anderes Beispiel ist der Glaube, dass am Ende unseres Zeitalters Hochgott Vishnu in Gestalt von Kalki – er entspricht dem Messias, dem Madhi sowie Maitreya in den anderen Weltreligionen – auf der Erde erscheint, um alle korrupten Herrscher und alle Nichthindus zu töten. Dieser Mythos erinnert fatal an den Völkermord an den Juden, den Adolf Hitler mit seinen Schergen auf dem Gewissen hat.

Es erscheint ratsam, Lehren aus der Geschichte zu ziehen und all jenen eine Absage zu erteilen, für die Minderheitenschutz nichts zählt und die nationale Abschottung propagieren. Die weitgehend harmonische Eintracht zwischen den Religionsgruppen, die in Indien herrscht, sollte nicht durch politische Hetzkampagnen hindunationaler Kräfte zerstört werden. Auch liegt die Zukunft in wachsender Arbeitsteilung zwischen den Nationen und in vermehrten Tauschgeschäften über die Landesgrenzen hinweg. Reger Kontakt mit der Außenwelt eröffnet zahlreiche Entwicklungschancen. Und vermehrte Integration sichert wegen der verstärkten gegenseitigen Abhängigkeit auch den Frieden. „Die Philosophen und Menschenfreunde mögen viel Übles über den Handel sagen. Aber der Historiker wird feststellen, dass der Handel das Grundprinzip der Freiheit ist, dass der Handel...den Feudalismus zerstört hat, dass er für Frieden sorgt und den Frieden erhält. Der Handel ist eine Pflanze, die dort wächst, wo Frieden herrscht, sobald Frieden herrscht und solange Frieden herrscht" (Ralph Waldo Emerson). Der politisch-nationale Hinduismus, der in Indien seit geraumer Zeit Konjunktur hat, entfernt sich letztlich von den Wurzeln des klassischen Hinduismus – nämlich der weltweit einmaligen Offenheit und Toleranz dieser Religion in Fragen der Weltanschauung.

10. Verbessern Kastenparteien und Quoten das Los der Unterprivilegierten?

Seit die Kongresspartei, die lange Zeit die dominierende Partei Indiens war, an Einfluss verloren hat, ist es auf Länderebene zur Bildung von Kastenparteien gekommen. Darin sehen vor allem die benachteiligten Bevölkerungsgruppen, die an den Wahlurnen die politische Mehrheit stellen, eine Chance, dass ihren Interessen verstärkt Rechnung getragen wird. Eine Verbesserung ihrer Lage – insbesondere durch höhere Investitionen in Bildung und Gesundheit – ist sicherlich begrüßenswert. Doch haben Kastenparteien – ebenso wie Quoten – den gravierenden Nachteil, dass sie das Kastenwesen zementieren, statt es aufzubrechen. Sie polarisieren, statt zu integrieren. Auch schürt es Hass, wenn bei der Besetzung einer Stelle im öffentlichen Dienst die Kastenzugehörigkeit mehr zählt als die Qualifikation und Leistung der konkurrierenden Bewerber.

Ein weiterer Nachteil kommt hinzu: Parteien, die auf Umverteilung setzen, die also der Wählerklientel geben, was sie der politischen Minderheit abnehmen, sind grundsätzlich skeptisch zu beurteilen. Auf der Seite der Steuerzahler werden nämlich wirtschaftliche Aktivitäten zurückgedrängt. Es gehen also auch Arbeitsplätze für die sozial Schwachen verloren. Außerdem verkümmert Eigeninitiative umso stärker, je mehr der Staat durch Transfers hilft. Mit einer vermehrten Umverteilung geht also ein Mentalitätswandel der Bevölkerung einher. Die Menschen werden entmutigt, verfallen in Lethargie und sehen allein den Staat in der Pflicht. Es ist somit fraglich, ob oder inwieweit Kastenparteien tatsächlich die Lage der Benachteiligten verbessern können. Besser als Parteien, die nur einzelne Gruppen wie Shudras, Unberührbare, Adivasis, Muslime, Hindus, Brahmanen etc. ansprechen, wären Parteien, die am Gemeinwohl orientiert sind. Sie sollten mit Plänen zur Landesentwicklung, die Vorteile für alle Beteiligten versprechen, um die Gunst der heterogenen Wähler werben. Solche Gemeinschaftsprojekte würden integrierend statt spaltend wirken. Und statt Quoten vorzuschreiben, sollte der Staat Chancengleichheit durchsetzen und Stellen strikt nach Eignung der Bewerber vergeben. Das würde die Produktivität im öffentlichen Dienst anheben, es könnten höhere Löhne gezahlt werden, und die Anreize, Bestechungsgelder zu fordern, wären geringer.

B. Die fundamentale Rolle von Bildung und Gesundheit

Bildung und Gesundheit sind fundamental, um das antiquierte System auf dem Lande zu überwinden. Menschen, die über eine solide Ausbildung und über eine stabile Gesundheit verfügen, können ihr Schicksal selbst in die Hand nehmen, sofern der Staat die für wirtschaftliche Aktivitäten erforderlichen Voraussetzungen schafft und ihnen keine protektionistisch motivierten Steine in den Weg legt. Haben Menschen aber keinen Beruf oder keine sinnvolle Tätigkeit innerhalb des Familienverbandes, können sie weder lesen noch schreiben und rechnen, sind sie gehandicapt, krank oder alt und schwach, dann müssen sich andere um sie kümmern und sie versorgen. Wo es keine Hilfe durch Familie, Nachbarschaft und Freundeskreis gibt, dort ist das übergeordnete Kollektiv gefordert (Kaste, Regierung, Sozialamt, Sozialversicherung etc.).

In modernen Gemeinwesen, die sich eine breite materielle Grundlage erwirtschaftet haben, hat sich die Überzeugung durchgesetzt, dass nicht nur der Haushaltsvorstand, der älteste Sohn oder die Söhne oder die Söhne und Töchter „aus gutem Hause" eine solide Ausbildung erfahren sollten, sondern alle Bürger. Der Staat hat dafür zu sorgen, dass alle Kinder eine Grundausbildung bekommen und freien Zugang zu den Einrichtungen der höheren Bildung und zu allen Berufen haben, sofern sie die dazu nötigen Talente besitzen. Das ist Chancengleichheit im Bildungswesen. Siamesischer Zwilling ist die Chancengleichheit im Gesundheitswesen. Sie erfordert eine gleiche medizinische Grundversorgung für alle Bürger.

Von dieser Zielmarke ist das heutige Indien, insbesondere das „Indien der Dörfer", noch meilenweit entfernt. „In meinen Augen gründet das turmhoch aufragende Elend, das heute Indiens Herz beschwert, einzig auf der Abwesenheit von Bildung" (Rabindranath Tagore). Jean Drèze und Amartya Sen (2014) beschreiben detailliert, wo die Mängel im indischen Bildungs- wie auch Gesundheitswesen liegen. Näheres kann der interessierte Leser dort erfahren. Hier sollen die Probleme nur kurz umrissen werden.

Der Mangel an Chancengleichheit wird verständlicherweise als extrem ungerecht empfunden – nicht nur von den Leidtragenden selbst, sondern auch von jenen Menschen aus der gebildeten Schicht, die soziale Verantwortung verspüren. Nach Amartya Sen stoßen ungleich verteilte Einkommen und Vermögen auf weit größere Akzeptanz, wenn der Staat für gleiche Chancen im Bildungs- und Gesundheitswesen sorgt.

In Teil VI werden Ideen zur Finanzierung des Bildungs- und Gesundheitssektors präsentiert. An dieser Stelle sind aber noch ein paar grundsätzliche Worte zur Rolle des heutigen Staates im Bildungswesen erforderlich. In der heutigen Zeit erscheint es leichter als früher, eine wenig entwickelte archaische Gesellschaft zu modernisieren, da die Kommunikations- und Informationstechnologie in den vergangenen Dekaden riesige Fortschritte gemacht hat. Ist die digitale Infrastruktur erst einmal errichtet, kann Wissen innerhalb kürzester Zeit ohne großen Aufwand und Personaleinsatz die abgelegensten Dörfer erreichen. Die digitale Revolution stellt die Einrichtung von klassischen Schulen und das konventionelle Bildungssystem, das auf einer starken staatlichen Säule ruht, total in Frage. Digitales Lernen, E-Learning oder computerbasiertes Training heißt heutzutage die Devise, um den Entwicklungsrückstand in Indiens Dörfern zu überwinden und den Anschluss an die Moderne zu finden.

Wichtigste Staatsaufgabe ist es, die organisatorischen Voraussetzungen dafür zu schaffen, dass zumindest alle jungen Leute einen Computer und Zugang zu Netzwerken haben. Es besteht die Chance, dass die Grundausstattung mit Informationstechnologie den indischen Staat nichts oder nur wenig kostet, sondern ganz oder zu hohen Teilen freiwillig von den Unternehmen der IT-Branche getragen wird. Wenn der indische Staat durch ein konsequent wirtschafts- und marktfreundliches Handeln und die Umsetzung innovativer Geschäftsideen, die Arbeitsplätze schaffen, Vertrauen in gute Zukunftsperspektiven begründet, dann kann er gegebenenfalls ausländische Unternehmen dazu bewegen, Indien entgegenzukommen und die Erstausstattung mit digitaler Infrastruktur zu Sonderkonditionen zu stellen. Denn durch die begründete Hoffnung auf ein lukratives Anschlussgeschäft in der Zukunft hätte der Transfer Investitionscharakter. Die Unternehmen verzichteten dann also freiwillig auf gegenwärtige Gewinne, weil ihnen dies zukünftige Gewinne verspräche.

Hat Indiens Jugend einen Zugang zu den modernen Informationstechnologien, können Lernprogramme weitgehend die Rolle übernehmen, die zuvor Lehrer gespielt haben. Freilich ist eine technische Anleitung erforderlich, damit sich neugierige und wissensdurstige Kinder die elementaren Fähigkeiten des Lesens, Schreibens und Rechnens selbst beibringen. Bei weiterführenden Lernprogrammen und Konzepten zur Vorbereitung auf Berufe ist gegebenenfalls nicht einmal mehr ein Moderator oder eine Aufsichtsperson erforderlich, zumal wenn die jungen Menschen dann in einem Alter sind, in dem sie den Ernst des Lebens erkannt haben. Das gilt in besonderem Maße für die vormals gymnasiale und universitäre Ausbildung.

Dem Staat kommt – zusammen mit den Marktkräften – die Aufgabe zu, Lerninhalte zu selektieren und Lernprogramme zu konzipieren. In einem System, das auch für private Anbieter offen ist, wird es eine Flut an Bildungsangeboten und Berufsschulungen geben, die sich im Wettbewerb um die Gunst der jungen Kunden bemühen werden. An die Stelle von vormals staatlichen Qualitätsgarantien und Standards können vermehrt Bewertungsportale im Internet treten.

Freilich werden die neuen Leistungsanbieter einen Preis verlangen. Es ist staatliche Aufgabe, dafür zu sorgen, dass die Ausbildungskosten zumindest vorfinanziert werden, um Chancengleichheit im Bildungswesen gewährleisten zu können. Auch hier besteht die Chance, dass Bürger reicherer Länder die Finanzierung der Ausbildungskosten indischer Kinder freiwillig übernehmen. Voraussetzung ist wiederum – wie bei der potentiellen Finanzierung der digitalen Infrastruktur durch das

Ausland –, dass der indische Staat durch eine ordnungspolitische Generalüberholung und durch innovative Ideen, wie die Bevölkerung auf dem Lande in Arbeit und Brot zu bringen ist, Vertrauen in die Zukunft schafft.

TEIL III. Indien im Spiegel der Statistik und internationaler Rankings

Nachdem in Teil I und Teil II aufgezeigt wurde, dass der geistige Überbau im Indien der Dörfer antiquiert ist und viele Wesenselemente des Hinduismus als Bremsklötze der wirtschaftlichen und sozialen Entwicklung wirken, geht es im Teil III um empirische Indikatoren für den Entwicklungsrückstand. Im Folgenden wird das heutige Indien im Spiegel der Statistik und internationaler Rankings präsentiert.

A. Indien in Zahlen

1. Größe und Bevölkerung

Indien wird gelegentlich als Subkontinent bezeichnet. In der Tat ist das Land mit knapp 3,3 Mill. km² von der Fläche her das siebtgrößte Land der Erde (nach Russland, Kanada, den USA, China, Brasilien und Australien). In West-Ost Richtung erstreckt es sich über 3.000 km, in Nord-Süd-Richtung sogar über 3.200 km (Maps of India 2018). Von der Bevölkerungszahl her liegt Indien mit 1,34 Mrd. Einwohnern nur knapp hinter China, das 2017 auf 1,39 Mrd. Einwohner kam. Ökonomisch ist die Bedeutung Indiens allerdings nicht gleichermaßen ausgeprägt. Das liegt an dem gegenüber China deutlich niedrigeren Pro-Kopf-Einkommen: Indien kam 2017 auf 1.940 US-$, China auf 8.826 US-$ (Tabelle 1), in Kaufkraftparitäten (PPP) gerechnet – also unter Berücksichtigung der Tatsache, dass lokale nicht-handelbare Güter vor Ort deutlich günstiger sind als in reicheren Ländern – waren es 2017 in Indien 7.055,60 US-$, in China 16.806,7 US-$ (World Bank 2018).

Demzufolge liegt Indien von der Marktgröße her, die mit dem gesamten Bruttoinlandsprodukt (BIP) gemessen wird, mit 2,6 Bill. US-$ weltweit nur an siebenter Stelle (hinter den USA, China, Japan, Deutschland, dem Vereinigten Königreich und Frankreich). Wiederum in Kaufkraftparitäten gemessen wäre Indien mit 9,4 Bill. US-$ weltweit allerdings immerhin Dritter (World Bank 2018).

Tabelle 1: Eckdaten von Indien und den anderen Staaten mit mehr als 100 Millionen Einwohnern 2017

Land	Bevölkerung in Millionen Personen	Erwerbsbe-völkerung in Millionen Personen	BIP pro Kopf in laufenden US$	BIP pro Kopf in US$ PPP	Marktgröße[a]	Exportquote[b]
China	1.386	787	8.826	16.807	12,2	19,75
Indien	**1.339**	**520**	**1.940**	**7.056**	**2,6**	**18,86**
Vereinigte Staaten	326	163	59.532	59.532	19,4	11,89[c]
Indonesien	264	127	3.847	12.284	1,0	20,37
Brasilien	209	104	9.821	15.484	2,1	12,57
Pakistan	197	70	1.548	5.527	0,3	8,24
Nigeria	191	59	1.968	5.861	0,4	9,22[c]
Bangladesh	165	67	1.517	3.869	0,2	15,04
Russische Föderation	144	75	10.743	25.533	1,6	26,04
Mexiko	129	58	8.902	18.258	1,1	37,88
Japan	127	67	38.428	43.279	4,9	16,12[c]
Äthiopien	105	51	768	1.899	0,08	7,74
Philippinen	105	45	2.988	8.343	0,3	30,55

[a]BIP in Billionen laufenden US$. — [b]Exporte von Gütern und Diensten in Prozent des BIP. — [c]2016

Quelle: World Bank (2018); eigene Zusammenstellung.

2. Wirtschaftsstruktur

Indien hebt sich mit seiner Wirtschaftsstruktur deutlich sowohl von Industrieländern als auch von anderen Schwellenländern ab. In laufenden Preisen zeigt die *Wertschöpfungsstruktur* für das Berichtsjahr 2016/17 (Tabelle 2) für Indien einen Anteil der Land- und Forstwirtschaft von 17,9 Prozent an der Bruttowertschöpfung (BWS).

Im Produzierenden Gewerbe kommt der Bergbau auf 2,4 Prozent, der Anteil der Industrie, also des Verarbeitenden Gewerbes, beträgt 16,8 Prozent, der Energie- und Wasserversorgungssektor erbringt 2,6 Prozent der BWS und die Bauwirtschaft 7,4 Prozent. In der Dienstleistungswirtschaft erbringen Handel, Reparaturgewerbe und der Touristiksektor 11,5 Prozent der BWS, Transport und Kommunikation 6,8

Prozent, Finanzdienstleistungen 5,4 Prozent, die Immobilienwirtschaft und professionelle Dienste 15,3 Prozent, öffentliche Dienste 6,2 Prozent und sonstige Dienste 7,7 Prozent (Ministry of Statistics & Programme Implementation of India 2018).

Tabelle 2: Sektorstruktur der Bruttowertschöpfung in Indien 2016–2017

Sektor Nr.	Sektor	Bruttowertschöpfung in Mrd. Rupien[a]	Anteil in Prozent
1	**Land- und Forstwirtschaft, Fischerei**	**24.840**	**17,9**
1.1	Ackerbau	15.301	11,1
1.2	Viehzucht	6.399	4,6
1.3	Forstwirtschaft	1.388	1,3
1.4	Fischerei und Aquakultur	1.335	1,0
2	**Bergbau**	**3.329**	**2,4**
3	**Verarbeitendes Gewerbe**	**20.487**	**16,8**
3.1	Lebensmittel, Getränke und Tabak	2.123	1,5
3.2	Textilien, Bekleidung und Lederwaren	3.152	2,3
3.3	Metallerzeugnisse	2.517	1,8
3.4	Maschinenbau	5.488	4,0
3.5	Andere verarbeitete Waren	10.011	7,2
4	**Elektrizität, Gas, Wasserversorgung und andere Versorgungsdienste**	**3.635**	**2,6**
5	**Bauwirtschaft**	**10.285**	**7,4**
6	**Handel, Reparaturdienstleistungen, Gastronomiegewerbe**	**15.862**	**11,5**
6.1	Handel und Reparaturdienstleistungen	14.468	10,5
6.2	Gastronomiegewerbe	1.394	1,0
7	**Verkehr, Lagerei, Kommunikations- und Fernmeldedienste**	**9.356**	**6,8**
7.1	Eisenbahnen	1.066	0,8
7.2	Straßenverkehr	4.346	3,1
7.3	Schiffahrt	68	0,0
7.4	Luftverkehr	207	0,1
7.5	Transportbezogene Dienstleistungen	1.035	0,7
7.6	Lagerei	69	0,0
7.7	Kommunikations- und Fernmeldedienste	2.565	1,9
8	**Finanzdienstleistungen**	**7.429**	**5,4**
9	**Immobilien, Wohnungswirtschaft und professionelle Dienste**	**21.144**	**15,3**
10	**Öffentliche Verwaltung und Verteidigung**	**8.596**	**6,2**
11	**Andere Dienstleistungen**	**10.647**	**7,7**
12	**Bruttowertschöpfung insgesamt**	**138.416**	**100,0**

[a] In laufenden Preisen.

Quelle: Ministry of Statistics & Programme Implementation of India (2018).; eigene Zusammenstellung und Berechnungen.

Zum Vergleich seien hier die Wertschöpfungsstrukturen von Deutschland für das Jahr 2017 wiedergegeben, die deutlich anders aussehen, wobei die Sektoren allerdings etwas anders abgegrenzt sind: Die Land- und Forstwirtschaft sowie Fischerei kommen lediglich auf 0,9 Prozent der deutschen BWS, sie erbringt also nur etwa ein Zwanzigstel des entsprechenden indischen Sektors. Der Bergbau sowie der Energie- und Wasserversorgungssektor kommen zusammengenommen auf 2,8 Prozent. Das Verarbeitende Gewerbe ist in Deutschland mit 23,4 Prozent der BWS wesentlich stärker als in Indien, andere Industrieländer kommen hier freilich auf einen geringeren Anteil. Das Baugewerbe ist mit 4,9 Prozent kleiner als in Indien. Im Dienstleistungssektor erbringen Handel, Verkehr und das Gastgewerbe in Deutschland 16,2 Prozent der BWS, Information und Kommunikation 4,6 Prozent, Finanz- und Versicherungsdienstleistungen 3,8 Prozent, das Grundstücks- und Wohnungswesen 10,7 Prozent, Unternehmensdienstleistungen 10,8 Prozent, Öffentliche Dienstleistungen, Erziehung und Gesundheit 18,0 Prozent und sonstige Dienstleister 3,9 Prozent (Zahlen nach Statistisches Bundesamt 2018).

Noch deutlicher werden die Unterschiede zwischen Indien und anderen Ländern allerdings, wenn man statt der Wertschöpfungsstrukturen diejenigen der Erwerbstätigkeit betrachtet. Die Zahl der Erwerbstätigen umfasst dabei nicht nur abhängig Beschäftigte, also Arbeitnehmer, sondern auch Selbständige. Sie zeigt damit ein umfassenderes Bild der Strukturen der arbeitenden Bevölkerung eines Landes, als wenn man nur auf abhängig Beschäftigte abstellen würde. Gerade für Indien ist dies von Bedeutung, weil hier viele Kleinstbetriebe bestehen, die nur von Selbständigen betrieben werden. Was laut der Quelle allerdings nicht miterfasst wird, sind mithelfende Familienangehörige.

In Tabelle 3 ist die sektorale Struktur der Erwerbstätigkeit in Indien für das Jahr 2012 wiedergegeben – neuere Daten waren bei der International Labour Organization (ILO 2018) nicht vorhanden – soweit die arbeitenden Personen überhaupt von der Statistik erfasst werden. Denn laut Tabelle 1 besteht die Erwerbsbevölkerung, die im Alter von 15 bis 64 Jahren prinzipiell einer Erwerbstätigkeit nachgehen könnte, im Jahr 2017 aus rund 520 Millionen Menschen, im Jahr 2012, auf das sich Tabelle 3 bezieht waren es 477 Millionen. Das heißt, dass nur rund 36 Prozent der indischen Bevölkerung zur Erwerbsbevölkerung gezählt werden. Zudem errechnet sich aus dem Quotienten zwischen der in 2012 erfassten Zahl der Erwerbstätigen in Tabelle 3 und der Erwerbsbevölkerung eine Erwerbsquote von 80 Prozent. Die Differenz von 20 Prozent wird somit von Erwerbslosen gebildet, die jedoch auch, vermutlich in einfachen Tätigkeiten, versuchen, ihren Lebensunterhalt zu verdienen.

Tabelle 3: **Sektorstruktur der Erwerbstätigkeit[a] in Indien 2012[b]**

Sektor Code nach ISIC[c]	Sektor	Erwerbstätige in Tausend Personen	Anteil in Prozent
A	Land- und Forstwirtschaft, Fischerei	180.132	47,0
B	Bergbau	2.234	0,6
C	Verarbeitendes Gewerbe	47.808	12,5
D	Elektrizität, Gas und andere Energieversorgungsdienste	1.116	0,3
E	Wasserversorgung, Abwasserentsorgung, Beseitigung von Umweltschäden	1.006	0,3
F	Bauwirtschaft	41.170	10,7
G	Groß- und Einzelhandel und Reparaturdienstleistungen	38.020	9,9
H	Verkehr und Lagerei	16.988	4,4
I	Gastronomiegewerbe	6.621	1,7
J	Kommunikations- und Fernmeldedienste	3.201	0,8
K	Finanz- und Versicherungsdienstleistungen	3.736	1,0
L	Immobilien, Wohnungswirtschaft	815	0,2
M	Professionelle, wissenschaftliche und technische Dienstleistungen	2.284	0,6
N	Administrative und unterstützende Dienstleistungen	2.705	0,7
O	Öffentliche Verwaltung und Verteidigung, Sozialversicherung	7.019	1,8
P	Erziehung	11.972	3,1
Q	Gesundheits- und Sozialdienstleistungen	3.749	1,0
R	Kunst, Unterhaltung und Freizeit	859	0,2
S	Andere Dienstleistungen	8.549	2,2
T	Dienstleistungen in privaten Haushalten	3.238	0,8
Σ	**Erwerbstätigkeit insgesamt[d]**	383.225	100,0

[a]Arbeitnehmer und Selbständige. – [b]Neuestes verfügbares Jahr. – [c]ISIC = International Standard Industrial Classification of All Economic Activities, Rev.4. – [d]Ohne Gruppe U, Aktivitäten exterritorialer Organisationen und Körperschaften.

Quelle: International Labour Organization (ILO) (2018); eigene Zusammenstellung und Berechnungen.

Deutlich wird hier sofort, dass die Bedeutung der Landwirtschaft für Indien noch viel größer ist, als es ihr schon hoher Anteil an der Wertschöpfung anzeigt: Fast die

Hälfte der indischen Erwerbstätigen waren 2012 in der Landwirtschaft tätig. Selbst wenn man unterstellt, dass dieser Wert seither etwas gefallen ist – 2005 waren es noch wesentlich mehr, nämlich 56,0 Prozent gewesen und 2010 dann 51,5 Prozent – muss man Indien trotz aller industriellen Erfolge, die das Land zu verzeichnen hat, eher als Agrarland bezeichnen. Zum Vergleich: In Deutschland waren es 2012 nur 1,6 Prozent der Erwerbstätigen, aktuell in 2017 sogar nur mehr 1,3 Prozent (ILO 2018), und selbst in China waren es 2012 nur rund die Hälfte des indischen Anteils, nämlich 23,2 Prozent, aktuell 2017 nur noch 17,5 Prozent (Statista 2018).

Umgekehrt sieht es in der Industrie aus, das in der Statistik als Verarbeitendes Gewerbe beschrieben wird. Hier vereinigte die indische Industrie 2012 nur 12,5 Prozent der Erwerbstätigen auf sich. In China war es nach den Angaben in Statista (2018) mit 29,5 Prozent ein mehr als doppelt so hoher Anteil. Und auch in Deutschland waren es im selben Jahr mit 19,7 Prozent deutlich mehr Menschen im Bereich der Industrie tätig als in Indien (Zahlenangaben für Indien und Deutschland nach ILO 2018). Damit ist die Industrie in Indien wesentlich schwächer vertreten als im Nachbarland China. Zusätzlich zeigen die umgekehrten Verhältnisse der Anteile von Landwirtschaft und Industrie an der Wertschöpfung und an der Erwerbstätigkeit, dass zwischen beiden Sektoren eine große Diskrepanz zwischen dem jeweiligen Arbeitsinput und den Ergebnissen dieser Arbeit besteht: Die Produktivität in der Landwirtschaft ist außerordentlich niedrig und viel geringer als in der indischen Industrie. Diese ist freilich im internationalen Vergleich eher klein und damit weniger bedeutend.

3. Außenhandel

Was sich in der Statistik der Wertschöpfung und der Erwerbstätigkeit bereits zeigt, findet seinen Niederschlag auch im Außenhandel. Dabei muss man berücksichtigen, dass der Warenhandel von der Industrie dominiert wird. Wenn man Indiens Integration in die internationale Arbeitsteilung in den letzten Jahrzehnten betrachtet, dann zeigt sich, dass das Land von 1960 bis in die frühen neunziger Jahre nur sehr geringe Export- und Importquoten (Exporte bzw. Importe in Prozent des Bruttoinlandsprodukts) aufwies. Erst ab 1987 begann die Exportquote, sich endlich dauerhaft von der 5-Prozent-Marke nach oben zu lösen, und erst 1994 wurde die 10-

Prozent-Marke überschritten (Schaubild 1). Die Importquoten lagen dabei meist leicht über den Exportquoten.

Diese ersten zaghaften außenwirtschaftlichen Erfolge waren erste Ergebnisse des umfassenden, wenn auch langsamen Reformprozesses in Indien von einer stark regulierten und weitgehend staatlich kontrollierten Wirtschaft hin zu einem etwas offeneren Marktsystem. Dieser begann 1991 unter der Regierung Rao, als Indien in eine Zahlungsbilanzkrise geraten war. Er wurde vom damaligen Finanzminister Manmohan Singh, der später Premierminister wurde, vorangetrieben. Zu Beginn beinhalteten die Reformen (i) eine Abwertung der Rupie, (ii) eine Abschaffung des strengen Importlizenzsystem (die Handelsseite des „Licence Raj"), (iii) das Ende der bürokratischen Exportsubventionen und (iv) eine Liberalisierung des Erwerbs von Devisen für Unternehmen, die zwei Jahre später in der Konvertibilität der Rupie für Handelstransaktionen endete (Das 2012: 215-219). Insgesamt war die Reformgeschwindigkeit freilich eher gering. Die Öffnung des Außenhandels und die Lockerung der entsprechenden Vorschriften gehörten zwar zu den ersten Schritten, diese schritten jedoch nur langsam voran. Dennoch weisen Bhagwati und Panagariya (2014) auf eine leicht steigende Handelsbilanz hin, die sich aus diesen Maßnahmen ergab. Das Wachstum des Außenhandels scheint jedoch in den ersten Jahren nach den Reformen zumindest bis zum Jahrtausend auf einem moderaten Niveau geblieben zu sein, wie auch Schaubild 1 zeigt, vielleicht weil die Wachstumsraten des BIP in den ersten Jahren nach Beginn der Reformen nur langsam gestiegen sind, wie Drèze und Sen (2014: 43-44) betonen.

In den folgenden Jahren stiegen die Export- und mehr noch die Importquoten dann aber immer rascher an, überschritten 2004 die 20-Prozent-Marke und erreichten für die Importe 2012 beinahe 32 Prozent und 2014 für die Exporte etwas mehr als 25 Prozent. Bis zum aktuellen Rand sind sie allerdings wieder etwas zurückgegangen (Schaubild 1). Allerdings, und das ist bemerkenswert, sind die Exportquoten kaum niedriger als in China (Tabelle 1), das ja wegen seiner Exportfähigkeit am Pranger protektionistischer Politiker steht.

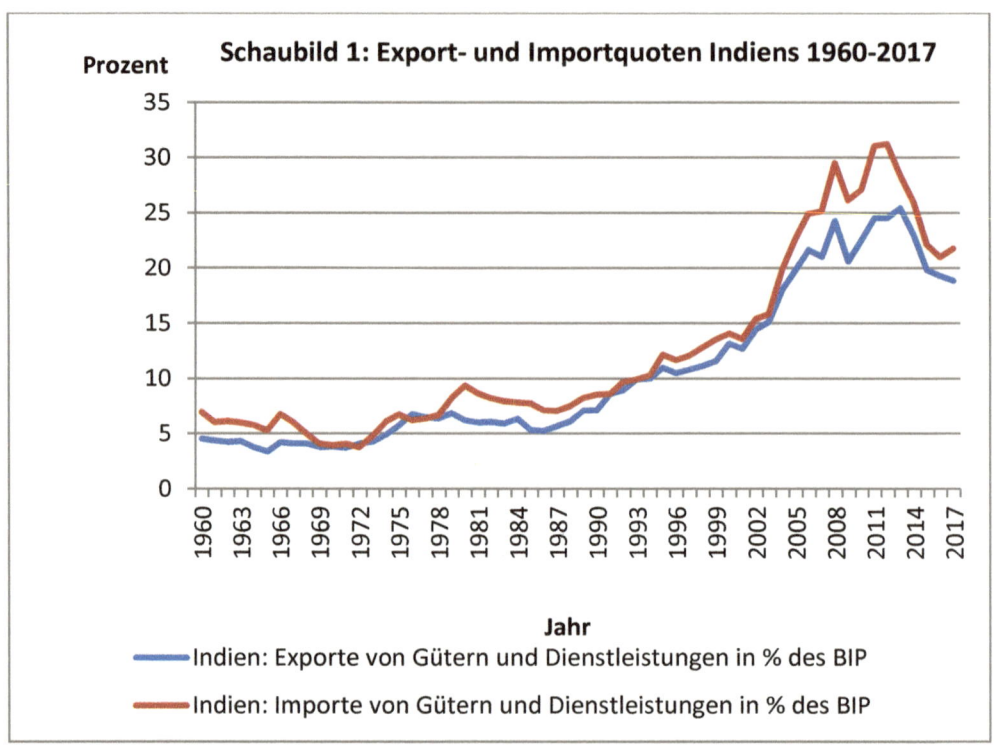

Quelle: World Bank (2018).

Insgesamt stellt sich bei einer detaillierteren Analyse der Handelspartner- und Güterstrukturen der indischen Export- und Importströme heraus, dass die Integration Indiens in die internationale Arbeitsteilung noch lange nicht abgeschlossen ist und viel Raum für Verbesserungen lässt (Laaser und Rosenschon 2018).

Bisher ist Indien mit seinen Exporten nämlich vor allem bei einigen spezifischen Partnern vertreten. Wichtigstes Abnehmerland indischer Exporte sind die USA, obwohl deren Anteil im Laufe der Zeit abgenommen hat und sich die indischen Exporte mehr auf asiatische Handelspartner verteilen. Im Jahr 2014-15, auf das sich die Analyse von Laaser und Rosenschon (2018) bezieht, folgten die Vereinigten Arabischen Emirate, Hongkong und China und weitere arabischen Ländern rund um den Arabischen Golf (Tabelle 4). Dabei haben sich gerade die gegenseitigen Handelsbeziehungen zwischen Indien und China im Beobachtungszeitraum stark verbessert. In diesen zwei Jahrzehnten gewannen China und seine Sonderwirtschaftszone Hong Kong immer mehr an Bedeutung als Handelspartner Indiens. Das gilt sowohl für die Export- (Tabelle 4) als auch die Importseite (Tabelle 5). Dort ist China mittlerweile zur Hauptquelle indischer Importe geworden, gefolgt von den Golfstaaten, aus denen vor allem Rohöl importiert wird.

Tabelle 4: Top20 Zielländer von Indiens Exporten 2014–2015[a]

Rang 2014–2015	Land	Exporte 2014–2015[b]	2014–2015 in Prozent von insg.
1	USA	42.449,21	13,67
2	Vereinigte Arabische Emirate	33.034,10	10,64
3	Hong Kong	13.602,62	4,38
4	China	11.935,54	3,84
5	Saudi Arabien	11.167,18	3,60
6	Singapur	9.999,53	3,22
7	Vereinigtes Königreich	9.322,46	3,00
8	Deutschland	7.536,91	2,43
9	Sri Lanka	6.703,76	2,16
10	Bangladesch	6.464,49	2,08
	Top10	152.215,80	49,01
11	Niederlande	6.324,44	2,04
12	Vietnam	6.257,75	2,01
13	Brasilien	5.963,81	1,92
14	Malaysia	5.819,19	1,87
15	Belgien	5.519,34	1,78
16	Japan	5.385,53	1,73
17	Türkei	5.358,16	1,73
18	Südafrika	5.299,60	1,71
19	Italien	5.092,27	1,64
20	Frankreich	4.956,66	1,60
	Top11-20	55.976,75	18,02
	Top20	208.192,55	67,04

[a]Indische Statistiken beziehen sich auf ein Geschäftsjahr, das von April bis März des folgenden Kalenderjahres reicht. – [b]Millionen US$.

Quelle: Ministry of Commerce & Industry of India (2015); Ministry of Statistics & Programme Implementation India (2015); eigene Zusammenstellung und Berechnungen.

Die Beziehungen zur ehemaligen Kolonialmacht Vereinigtes Königreich sind dagegen nicht mehr so ausgeprägt, ebenso diejenigen mit anderen europäischen Staaten wie etwa Deutschland (Tabellen 4 und 5). Bei beiden Staaten zeigt sich lediglich, dass zumindest die Exportbeziehungen – gemessen anhand eines Gravitationsmodells – immer noch als leicht überproportional gelten können (Laaser und Rosenschon 2018: 29-36).

Tabelle 5: Top20 Herkunftsländer von Indiens Importen 2014–2015

Rang 2014–2015	Land	Importe 2014–2015[a]	2014–2015 in Prozent von insg.
1	China	60.409,76	13,48
2	Saudi Arabien	28.242,01	6,30
3	Vereinigte Arabische Emirate	26.008,43	5,80
4	Schweiz	22.133,16	4,94
5	USA	21.817,53	4,87
6	Indonesien	14.995,58	3,35
7	Qatar	14.604,71	3,26
8	Irak	14.247,66	3,18
9	Nigeria	13.682,97	3,05
10	Südkorea	13.528,51	3,02
	Top10	**229.670,32**	**51,26**
11	Kuwait	13.381,97	2,99
12	Deutschland	12.788,96	2,85
13	Venezuela	11.978,47	2,67
14	Malaisia	11.133,95	2,49
15	Belgien	10.805,92	2,41
16	Australien	10.258,25	2,29
17	Japan	10.131,43	2,26
18	Iran	8.955,02	2,00
19	Singapur	7.124,20	1,59
20	Südafrika	6.496,52	1,45
	Top11-20	**103.054,69**	**23,00**
	Top20	**332.725,01**	**74,26**

[a] Millionen US$.

Quelle: Ministry of Commerce & Industry of India (2015); Ministry of Statistics & Programme Implementation India (2015); eigene Zusammenstellung und Berechnungen.

Auf der Importseite dominieren im Übrigen neben China und den Golfstaaten eine ganze Reihe weiterer mineralölexportierender Staaten, was den „Energiehunger" der wachsenden Volkswirtschaft Indien unterstreicht. Zwei weitere Sonderfälle sind hier zu berücksichtigen: Die USA treten an vorderer Stelle auf und liefern neben Maschinenbauerzeugnissen, Luftfahrzeugen und ebenfalls Mineralölerzeugnissen auch Vorprodukte für die wichtige indische Schmuckindustrie. Und die überraschend große Rolle der Schweiz als Quelle indischer Importe noch vor den USA lässt sich sogar nahezu ausschließlich mit Lieferungen aus der Produktgruppe Juwelen, Schmuck und wertvolle Metalle erklären (Laaser und Rosenschon 2018: 28).

Insofern sind die recht unterschiedlichen Handelsbeziehungen mit dem Ausland mehr oder weniger das Ergebnis des Warenmusters der indischen Export- und Importströme, die in erster Linie den Austausch von Rohöl mit Ölprodukten und Vorprodukten sowie Exporte finalisierter Produkte der Schmuckindustrie umfassten (Tabellen 6 und 7). Auch die Exporte in die USA, die ihre Position als Export-Top-Destination beibehalten haben – wenn auch mit sinkenden Exportanteilen – wurden von den beiden prominenten Produktlinien Schmuck und Mineralölprodukte dominiert.

Betrachtet man die europäischen Partner, so bleibt Indien noch genügend Spielraum für eine stärkere Integration in die internationale Arbeitsteilung mit den meisten europäischen Ländern. Nur auf Indiens Exportseite scheinen die früheren Verbindungen zum Vereinigten Königreich als der alten Kolonialmacht ziemlich intakt zu sein, und auch Deutschland hat überproportionale Verbindungen zu Indien, zumindest in Bezug auf die indischen Exporte.

In Bezug auf die Arbeitsintensität der Exporte hinkt Indien übrigens hinterher. Bei jenen Gütern, bei denen es aufgrund seiner Faktorausstattung mit vielen eher gering entlohnten Arbeitskräften eigentlich einen komparativen Vorteil haben sollte, hat das Land Platz für seine asiatischen Konkurrenten gelassen. Bhagwati und Panagariya (2014) beklagen in diesem Zusammenhang, dass die Exporte insgesamt der Faktorausstattung nicht entsprechen und nicht wenige eher kapitalintensiv produzierte Waren oder solche mit höherem Technologiegehalt enthält, die man eher in der Exportpalette weiter entwickelter Länder erwarten würde, weniger jedoch in der indischen.

Tabelle 6: Top20 Warengruppen in Indiens Warenexportstruktur 2014–2015

HS-Code	Warengruppen	Rang 2014–2015	Exporte 2014–2015[a]	2014–2015 in Prozent von insg.
27	Mineralische Brennstoffe, Mineralöle und Erzeugnisse ihrer Destillation; bituminöse Stoffe; Mineralwachse.	1	57.865,36	18,63
71	Echte Perlen oder Zuchtperlen, Edelsteine oder Schmucksteine, Edelmetalle, Edelmetallplattierungen und Waren daraus; Fantasieschmuck; Münzen.	2	41.549,79	13,38
87	Zugmaschinen, Kraftwagen, Krafträder, Fahrräder und andere nicht schienengebundene Landfahrzeuge, Teile davon und Zubehör.	3	14.473,70	4,66
84	Kernreaktoren, Kessel, Maschinen, Apparate und mechanische Geräte; Teile davon.	4	13.802,92	4,44
29	Organische chemische Erzeugnisse.	5	11.948,91	3,85
30	Pharmazeutische Erzeugnisse.	6	11.584,85	3,73
10	Getreide.	7	9.550,59	3,08
62	Kleidung und Bekleidungszubehör, ausgenommen aus Gewirken oder Gestricken.	8	9.191,96	2,96
85	Elektrische Maschinen, Apparate, Geräte und andere elektrotechnische Waren, Teile davon; Tonaufnahme- oder Tonwiedergabegeräte, Bild- und Tonaufzeichnungs- oder -wiedergabegeräte, für das Fernsehen, Teile und Zubehör für diese Geräte.	9	8.696,63	2,80
72	Eisen und Stahl.	10	8.684,45	2,80
	Top10 Warengruppen		**187.349,16**	**60,32**
52	Baumwolle.	11	7.717,99	2,49
61	Kleidung und Bekleidungszubehör, aus Gewirken oder Gestricken.	12	7.654,10	2,46
73	Waren aus Eisen oder Stahl.	13	7.601,14	2,45
88	Luftfahrzeuge und Raumfahrzeuge, Teile davon.	14	6.159,63	1,98
89	Wasserfahrzeuge und schwimmende Vorrichtungen.	15	5.352,61	1,72
3	Fische und Krebstiere, Weichtiere und andere wirbellose Wassertiere.	16	5.249,17	1,69
39	Kunststoffe und Waren daraus.	17	5.080,72	1,64
2	Fleisch und genießbare Schlachtnebenerzeugnisse.	18	4.929,27	1,59
63	Andere konfektionierte Spinnstoffwaren; Warenzusammenstellungen; Altwaren und Lumpen.	19	4.645,61	1,50
74	Kupfer und Waren daraus.	20	3.359,77	1,08
	Top11-20 Warengruppen		**57.750,01**	**18,59**
	Top20 Warengruppen		**245.099,17**	**78,92**

[a] Millionen US$.

Quelle: Ministry of Commerce & Industry of India (2015); Ministry of Statistics & Programme Implementation India (2015); eigene Zusammenstellung und Berechnungen.

Indien in Zahlen

Tabelle 7: Top20 Warengruppen in Indiens Warenimportstruktur 2014–2015

HS-Code	Warengruppen	Rang 2014–2015	Importe 2014–2015a	2014–2015 in Prozent von insg.
27	Mineralische Brennstoffe, Mineralöle und Erzeugnisse ihrer Destillation; bituminöse Stoffe; Mineralwachse.	1	156.400,98	34,91
71	Echte Perlen oder Zuchtperlen, Edelsteine oder Schmucksteine, Edelmetalle, Edelmetallplattierungen und Waren daraus; Fantasieschmuck; Münzen.	2	62.379,89	13,92
85	Elektrische Maschinen, Apparate, Geräte und and. elektrotechn. Waren, Teile davon; Tonaufnahme- oder Tonwiedergabegeräte, Bild- und Tonaufzeichnungs- oder -wiedergabegeräte, Fernsehen, Teile und Zubehör.	3	33.172,81	7,40
84	Kernreaktoren, Kessel, Maschinen, Apparate und mechanische Geräte; Teile davon.	4	31.731,02	7,08
29	Organische chemische Erzeugnisse.	5	17.751,43	3,96
72	Eisen und Stahl.	6	12.342,04	2,75
39	Kunststoffe und Waren daraus.	7	11.690,41	2,61
15	Tierische und pflanzliche Fette und Öle; Erzeugnisse ihrer Spaltung; geniessbare verarbeitete Fette; Wachse tierischen und pflanzlichen Ursprungs.	8	10.670,00	2,38
99	Diverse nicht näher spezifizierte Waren.	9	7.471,79	1,67
26	Erze sowie Schlacken und Aschen.	10	7.361,05	1,64
	Top10 Warengruppen		**350.971,42**	**78,33**
90	Optische, fotografische oder kinematografische Instrumente, Apparate und Geräte; Mess-, Prüf- oder Präzisionsinstrumente, -apparate und -geräte; medizinische und chirurgische Instrumente, Apparate und Geräte; Teile und Zubehör für diese Instrumente, Apparate und Geräte.	11	7.049,62	1,57
31	Düngemittel.	12	6.381,33	1,42
28	Anorganische chemische Erzeugnisse; anorganische oder organische Verbindungen von Edelmetallen, von Seltenerdmetallen, von radioaktiven Elementen oder von Isotopen.	13	5.135,94	1,15
89	Wasserfahrzeuge und schwimmende Vorrichtungen.	14	4.958,90	1,11
87	Zugmaschinen, Kraftwagen, Krafträder, Fahrräder und andere nicht schienengebundene Landfahrzeuge, Teile davon und Zubehör.	15	4.861,68	1,09
88	Luftfahrzeuge und Raumfahrzeuge, Teile davon.	16	4.708,26	1,05
38	Verschiedene Erzeugnisse der chemischen Industrie.	17	4.177,51	0,93
73	Waren aus Eisen oder Stahl.	18	3.978,62	0,89
76	Aluminium und Waren daraus.	19	3.739,75	0,83
98	Vollständige Fabrikationsanlagen.	20	3.640,61	0,81
	Top11-20 Warengruppen		**48.632,22**	**10,85**
	Top20 Warengruppen		**399.603,64**	**89,19**

[a] Millionen US$.

Quelle: Ministry of Commerce & Industry of India (2015); Ministry of Statistics & Programme Implementation India (2015); eigene Zusammenstellung und Berechnungen.

Abgesehen von den beiden dominierenden Produktgruppen Mineralöl und -erzeugnisse sowie Erzeugnisse der Schmuckindustrie entspricht die Warenstruktur auf der Importseite mehr dem Muster, das man für ein Schwellenland erwarten soll. Investitionsgüter spielen hier offenbar eine größere Rolle.

4. Regionale Unterschiede im Wohlstandsniveau

Bisher wurden die Wohlstands-, Wertschöpfungs-, Beschäftigungs- und Außenhandelsstrukturen für ganz Indien dargestellt. Gerade beim riesigen indischen Subkontinent gehört zu einem umfassenden Bild aber auch eine Darstellung der regionalen Unterschiede. Zwischen Stadt und Land sind sie zum Teil riesig. Aber auch schon zwischen den einzelnen Bundesstaaten und Unionsterritorien sind die Unterschiede groß. Tabelle 8 gibt einen Überblick über die Unterschiede in der wirtschaftlichen Größe (erste zwei Spalten) und (letzte zwei Spalten) im regionalen Pro-Kopf-Einkommen in den indischen Bundesstaaten und Unionsterritorien.

Die indische Regionalstatistik weist dabei sowohl das Bruttoinlandsprodukt (BIP) als auch das Nettoinlandsprodukt (NIP) der Bundesstaaten/Unionsterritorien aus, dokumentiert bei den Pro-Kopf-Zahlen aber nur das NIP, lässt dort also die Abschreibungen auf den jeweiligen Kapitalstock weg.

Die Statistik zeigt dabei zunächst die große Bandbreite bei der ökonomischen Bedeutung der regionalen Einheiten: von den kleinen Andamanen- und Nicobaren-Inseln im Golf von Bengalen mit einem BIP von 66,5 Mrd. INR, dem kleinsten Festlandstaat Mizoram im äußersten Osten mit einem BIP von 176,1 Mrd. INR bis hin zum ökonomisch größten Bundesstaat Maharashtra mit seiner Hauptstadt Mumbai im mittleren Westen mit einem BIP von 22,6 Billionen INR.

Beim *Pro-Kopf-Einkommen*, wobei Tabelle 8 nach dessen Höhe sortiert ist, zeigt sich eine ebensolche Bandbreite: Das relativ kleine Goa führt die Einkommenshierarchie beim NIP/Kopf mit 375,5 Tausend INR (TINR) noch vor der Hauptstadtregion mit 300,7 TINR an.

Tabelle 8: Bruttoinlandsprodukt, Nettoinlandsprodukt und Nettoinlandsprodukt pro Kopf in laufenden Preisen in den indischen Bundesstaaten und Unionsterritorien 2016-17[a,b,c]

Bundesstaat / Unionsterritorium (Lage innerhalb Indiens)	Bruttoinlandsprodukt in Mill. INR	Nettoinlandsprodukt in Mill. INR	Nettoinlandsprodukt pro Kopf in INR	Nettoinlandsprodukt pro Kopf in US-$[d]
Goa (Mitte, Westküste)	626.608	569.341	375.554	5.601
Delhi (Hauptstadtregion, Gangesebene)	6.168.257	5.613.998	300.793	4.486
Sikkim (Norden, Himalaya)	200.205	175.060	270.572	4.036
Chandigarh (Norden, Vorhimalaya)	318.232	271.813	237.599	3.544
Puducherry (Süden, Ostküste)	292.790	267.530	185.141	2.761
Haryana (Nordwesten)	5.473.961	4.940.901	180.174	2.687
Maharashtra (Mitte, Westküste)	22.570.317	19.868.058	165.491	2.468
Kerala (Süden, Westküste)	6.216.998	5.610.798	163.475	2.438
Uttarakhand (Norden, Vorhimalaya)	1.956.061	1.751.022	161.102	2.403
Telangana (Mitte, Zentralindien)	6.590.735	5.995.414	159.856	2.384
Karnataka (Süden, Westküste)	11.323.930	10.217.597	157.436	2.348
Gujarat (Westen)	11.622.865	10.181.897	156.527	2.335
Himachal Pradesh (Norden, Himalaya)	1.260.202	1.084.925	150.285	2.242
Tamil Nadu (Süden, Ostküste)	12.704.902	11.397.899	150.036	2.238
Andaman & Nicobar Islands (Golf von Bengalen)	66.486	58.971	136.824	2.041
Mizoram (Äußerster Osten)	176.132	156.604	128.998	1.924
Punjab (Nordwesten)	4.283.399	3.845.235	128.890	1.922
Andhra Pradesh (Süden, Ostküste)	6.993.072	6.209.743	122.376	1.825

Tabelle 8 (Fortsetzung): Bruttoinlandsprodukt, Nettoinlandsprodukt und Nettoinlandsprodukt pro Kopf in laufenden Preisen in den indischen Bundesstaaten und Unionsterritorien 2016-17[a,b,c]

Bundesstaat / Unionsterritorium (Lage innerhalb Indiens)	Bruttoinlands- produkt in Mill. INR	Nettoinlands- produkt in Mill. INR	Nettoinlandspro- dukt pro Kopf in INR	Nettoinlands- produkt pro Kopf in US-$[d]
Arunachal Pradesh (Äußerster Nordosten, Himalaya)	202.586	184.837	119.481	1.782
Rajasthan (Westen)	7.592.345	6.837.534	92.076	1.373
Nagaland (Äußerster Osten)	214.875	189.263	90.168	1.345
Chhattisgarh (Mitte, Zentralindien)	2.622.634	2.353.777	84.265	1.257
West Bengalen (Norden, Ostküste)	8.791.670	8.020.890	83.126	1.240
Tripura[e] (Äußerster Osten)	343.683	310.583	80.027	1.194
Jammu & Kashmir (Äußerster Nordwesten, Himalaya)	1.268.465	1.066.611	78.163	1.166
Madhya Pradesh (Mitte, Zentralindien)	6.473.037	5.876.231	74.590	1.113
Odisha (Mitte, Ostküste)	3.772.018	3.296.739	74.234	1.107
Meghalaya (Äußerster Osten)	272.280	244.870	73.291	1.093
Assam (Äußerster Osten)	2.543.408	2.256.603	67.303	1.004
Jharkhand (Norden, Gangesebene)	2.355.602	2.160.005	59.799	892
Manipur (Äußerster Osten)	210.659	188.600	58.501	873
Uttar Pradesh (Norden, Gangesebene)	12.502.130	11.095.900	51.014	761
Bihar (Norden, Gangesebene)	4.258.879	3.910.143	34.409	513

[a]Ohne Unionsterritorien Dadra und Nagar Haveli, Daman und Diu sowie Lakshadweep.—[b]Indische Statistiken weisen meist als "Geschäftsjahr" den Zeitraum vom 1. April bis zum 31. März des Folgejahrs aus.—[c]Sortiert nach Nettoinlandsprodukt pro Kopf.—[d]In laufenden Preisen, umgerechnet mit dem durchschnittlichen Wechselkurs 1. April 2016 bis 31.März 2017.–[e]Werte für Tripura für 2015-16.

Quelle: Ministry of Statistics and Programme Implementation (2018). Statewise Domestic Product, auf der Basis von Directorate of Economics & Statistics of respective State Governments, Datei "StatewiseDomesticProduct_3aug18"; eigene Zusammenstellung.

Und der ärmste Staat, das in der östlichen Gangesebene gelegene Bihar, kommt dagegen nur auf 34,4 TINR, also gerade einmal auf ein Elftel des Werts von Goa und ein Neuntel des Werts in der Hauptstadtregion. Nur zum Vergleich sei hier die Pro-Kopf-Einkommen-Spreizung in Deutschland für das Jahr 2017 wiedergegeben: Im reichsten Bundesland, der Freien und Hansestadt Hamburg, betrug das BIP/Kopf knapp 65 T€, im ärmsten, Mecklenburg-Vorpommern, 26,5 T€, was einem Verhältnis von knapp 2,5 entspricht (Zahlen nach Destatis 2018).

Außer Goa und Delhi kommen nur noch Sikkim und Chandigarh in Indien auf ein NIP/Kopf über 200 TINR. Im Gros der Bundesstaaten lag das NIP/Kopf zwischen 120 und 185 TINR. Die recht große Anzahl von 14 Regionen erreicht nur fünfstellige Rupienbeträge beim NIP/Kopf.

B. Indien im internationalen Vergleich verschiedener Rankings

Wie ist es nun um die Rahmenbedingungen und die Infrastruktur für die indische Wirtschaft bestellt? Um auf diese Frage eine Antwort zu erhalten, wird hier nicht ein „Gesetze- und Eisenbahnschwellen-Zählen" durchgeführt, sondern auf ein Hilfsmittel zurückgegriffen, mit dem sich diese Informationen indirekt und bereits durch unabhängige Experten bewertet beschaffen lassen: internationale Rankings zu den Standortbedingungen.

Eine ganze Reihe von supranationalen Organisationen sowie von Nichtregierungsorganisationen veröffentlichen internationale Rankings, bei denen die Position eines Landes bei ausgewählten Indikatoren im internationalen Vergleich ermittelt wird. Dabei wird bei den meisten Rankings auf zahlreiche institutionelle Faktoren, Infrastrukturausstattung bzw. Standortfaktoren abgestellt und letztlich ein Abbild der Qualität der institutionellen Rahmenbedingungen in den betrachteten Staaten gezeichnet. Damit eignen sich diese Rankings für die Beurteilung der dort geltenden Institutionen, wenn man Unterschiede zwischen verschiedenen Staaten herausarbeiten möchte, die Anlass zu Wachstums- und Wohlstandsunterschieden geben können. Die meisten dieser Rankings werden jedes Jahr aufgestellt, so dass meist auch zumindest grobe Vergleiche im Zeitablauf möglich sind. Im Folgenden sollen einige dieser internationalen Rankings herangezogen werden, um die aktuelle Situation in Indien relativ zu anderen Ländern zu dokumentieren.

Bei den hier verwendeten Indices und Rankings handelt es sich um:

- Den Index der menschlichen Entwicklung (Human Development Index), den das Entwicklungsprogramm der Vereinten Nationen alljährlich veröffentlicht,
- Den Globalisierungsindex, der von der KOF Konjunkturforschungsstelle der Eidgenössischen Technischen Hochschule in Zürich ermittelt wird,
- Den internationalen Korruptionsindex, der von Transparency International erhoben wird,
- Den Doing Business Index, der von der Weltbank erstellt wird,
- Den Internationalen Infrastrukturindikator von Donaubauer, Meyer und Nunnenkamp,
- Den Global Competitiveness Report, der von World Economic Forum in Davos herausgegeben wird, und schließlich
- Den Hausmann-Hidalgo-Komplexitätsindex (ECI), der von Hausmann (Harvard University) und Hidalgo (Massachusetts Institute of Technology) ermittelt wird.

Die ersten drei Indices stellen Indikatoren für die Qualität einer großen Vielfalt von harten und weichen Standortfaktoren der betrachteten Länder einschließlich der institutionellen Rahmbedingungen zur Verfügung. Die beiden letzten Indices sind dagegen eher als Maßstab für die Ergebnisse anzusehen, die von den entsprechenden Faktoren auf die institutionellen Rahmbedingungen sowie auf das Produktionspotential eines Landes ausgeübt werden.

1. Human Development Index der Vereinten Nationen

Der **Human Development Index (HDI)** wird im Rahmen des United Nations Development Program (UNDP) alljährlich berechnet und im Human Development Report veröffentlicht. Er soll darlegen, wie der Entwicklungsstand aller Mitgliedstaaten der Vereinten Nationen im Berichtsjahr ist und sich weiterentwickelt hat. Dabei wird nicht allein auf klassische Indikatoren wie das Pro-Kopf-Einkommen abgestellt, sondern auch auf sozio-ökonomische Faktoren wie die Lebenserwartung und die

Dauer der Ausbildung. Ursprünglich entwickelt wurde der HDI von dem pakistanischen Ökonomen Mahbub ul Haq, aber auch Ökonomie-Nobelpreisträger Amartya Sen – trotz seiner angenommenen amerikanischen Staatsbürgerschaft einer der wichtigsten indischen Ökonomen – hat zur Weiterentwicklung des HDI beigetragen. Allein das legt die Verwendung des HDI zur Beschreibung der Situation in Indien nahe.

Der Index bezieht die ökonomische Dimension (Bruttonationaleinkommen in Kaufkraftparitäten (=PPP) pro Kopf statt Bruttoinlandsprodukt pro Kopf), die Lebenserwartung und die Bildung gleichberechtigt ein, letztere differenziert nach der tatsächlichen durchschnittlichen Schulbesuchsdauer Erwachsener und der zu erwartenden Schulbesuchsdauer von Schulanfängern. Die Ergebnisse werden dabei auf das Intervall von 0 bis 1 normiert. Insgesamt enthält die HDI-Datenbank 2018 Angaben für 189 Länder weltweit (UNDP 2018a; 2018b).

In Tabelle 9 mit den Daten für 2018 findet sich Indien mit einem Indikatorwert von 0,640 auf dem 130. Rang weltweit wieder. Vom absoluten Niveau her gehört Indien damit zur Gruppe der Länder mit „mittlerer menschlicher Entwicklung", die nach (UNDP 2018a) alle jene Länder umfasst, deren Indikatorwert zwischen 0,550 und 0,699 liegt. In dieser Gruppe finden sich mehr Entwicklungs- als Schwellenländer (UNDP 2018b). Unter den als Vergleichsmaßstab herangezogenen BRICS-Staaten (= Brasilien, Russland, Indien, China, Südafrika) nimmt es damit den letzten Platz ein. Bezeichnend ist zudem, dass der indische Entwicklungsindex unter demjenigen liegt, der sich als Durchschnitt über alle untersuchten Länder ergibt.

Abgesehen vom markant niedrigsten Pro-Kopf-Einkommen in Kaufkraftparitäten innerhalb dieser Gruppe fällt auf, dass die tatsächlichen Zeiten des Schulbesuchs in Indien mit knapp 1½ Jahren unter denen von Brasilien und China liegen, die bei diesem Kriterium ebenfalls noch unter dem weltweiten Durchschnitt liegen. Zudem ist die Lebenserwartung in Indien innerhalb der BRICS-Gruppe auch nur die zweitschlechteste, nämlich 2½ Jahre kürzer als in Russland und sogar 7 bzw. 7½ Jahre kürzer als in Brasilien und China.

Tabelle 9: Human Development-Index der United Nations für das Jahr 2018

Rang (von 189)	Land	HDI insgesamt	Lebenserwartung bei Geburt	Erwartete Schuljahre bei Einschulung	Durchschnittlich absolvierte Schuljahre	Brutto nationaleinkommen pro Kopf in US-$ PPP
Top 10						
1	Norwegen	0,953	82,3	17,9	12,6	68.012
2	Schweiz	0,944	83,5	16,2	13,4	57.625
3	Australien	0,939	83,1	22,9	12,9	43.560
4	Irland	0,938	81,6	19,6	12,5	53.754
5	Deutschland	0,936	81,2	17,0	14,1	46.136
6	Island	0,935	82,9	19,3	12,4	45.810
7	Hongkong	0,933	84,1	16,3	12,0	58.420
7	Schweden	0,933	82,6	17,6	12,4	47.766
9	Singapur	0,932	83,2	16,2	11,5	82.503
10	Niederlande	0,931	82,0	18,0	12,2	47.900
BRICS-Staaten						
49	Russische Föderation	0,816	71,2	15,5	12,0	24.233
79	Brasilien	0,759	75,7	15,4	7,8	13.755
86	China	0,752	76,4	13,8	7,8	15.270
113	Südafrika	0,699	63,4	13,3	10,1	11.923
130	**Indien**	**0,640**	**68,8**	**12,3**	**6,4**	**6.353**
∅	Welt	0,728	72,2	12,7	8,4	15.295

Quelle: UNDP (2018a; 2018b). Eigene Zusammenstellung aufgrund der UNDP Datenbank.

2. KOF-Globalisierungsindex

Der **KOF-Globalisierungsindex** misst den Grad, mit dem ein Land mit den anderen Ländern dieser Welt verflochten ist, und zwar in ökonomischer, sozialer und politischer Hinsicht. *Ökonomische* Kriterien sind die Intensität der grenzüberschreitenden Handels-, Investitions- und Einkommensströme, jeweils gemessen in Prozent des Bruttoinlandprodukts (BIP), sowie die Hemmnisse, die Handels- und Kapitalverkehrsbeschränkungen auf die Integration ausüben. *Soziale* Globalisierung misst die Konjunkturforschungsstelle der Eidgenössischen Hochschule in Zürich (KOF der ETH) (i) mittels grenzüberschreitender persönlicher Kontakte (Telefonate,

Briefe, Tourismusströme und am Anteil der ausländischen Wohnbevölkerung im Inland), (ii) ferner über grenzüberschreitende Informationsflüsse (Zugang zu Internet, Fernsehen und ausländischen Presseerzeugnissen), (iii) über die kulturelle Nähe zum globalen Mainstream (wie immer man zu diesem „Mainstream" stehen mag) anhand der Anzahl von McDonald's- und Ikea-Filialen sowie (iv) durch die Exporte und Importe von Büchern in Prozent des BIP). *Politische* Globalisierung wird anhand der Anzahl ausländischer Botschaften, der Zugehörigkeit zu inter- und supranationalen Organisationen, der Teilnahme an UN-Friedensmissionen und der Anzahl der seit 1945 abgeschlossenen bilateralen und multilateralen Verträgen gemessen [KOF].

Gesamt- und Teilindices werden auf einer Skala von 0 (überhaupt nicht integriert) bis 100 (voll in die Weltwirtschaft integriert) dargestellt. Mit der neuesten Erhebung von 2018, die Daten für 2015 bereithält, wurde seitens der KOF erstmals eine Unterteilung in einen de-facto- und in einen de-jure-Index vorgenommen (KOF der ETH 2018). Der *de-facto*-Index beschreibt die tatsächliche Integration eines Landes in die Weltwirtschaft. Demgegenüber werden mit dem *de-jure*-Index die zur jeweiligen wirtschaftlichen, sozialen und politischen Dimension gehörigen Regulierungen, Gesetze und sonstige Regeln in dem betreffenden Land beschrieben. Es wird mithin mit letzterem eine direkte Brücke zur Qualität der Institutionen und Organisationen in einem Land geschlagen.

Die aktuellen Ergebnisse des 2018 veröffentlichten KOF-Globalisierungsrankings (mit Daten für 2015), das für 185 von 209 Ländern vollständige Daten enthält, bestätigen in einer Durchschnittsbetrachtung (a) der *de-facto-* und der *de-jure*-Globalisierung sowie (b) der drei Dimensionen „ökonomisch", „sozial" und „politisch" den Eindruck, den man aufgrund der oben zitierten Handelsanalyse der Autoren gewinnen konnte: Von 209 untersuchten Ländern weltweit liegt Indien beim Gesamtindex, also in einer Zusammenschau der ökonomischen, sozialen und politischen Perspektive, mit einem Indexwert von 56,77 abgeschlagen auf dem 102. Platz des „overall"-Durchschnittsranking für „de facto" und „de jure" (Tabelle 10). De facto sieht es etwas besser aus, hier nimmt Indien Rang 86 mit allerdings kaum besseren 57,35 Indexpunkten ein. Dass demgegenüber in der de jure-Betrachtung Indien erst auf Platz 126 (mit 56,20 Punkten) rangiert, zeigt, dass die außenwirtschaftlichen Rahmenbedingungen noch längst nicht genug auf Öffnung gestellt sind. Indien hat bisher also kaum mehr als die Hälfte des Weges zu einer vollen Integration in die weltwirtschaftlichen Verflechtungen hinter sich gebracht. Zum Vergleich: die Werte aller anderen wichtigen „BRICS"-Schwellenländer liegen deutlich vor denen Indiens.

Noch deutlicher wird der Rückstand Indiens im Übrigen, wenn man die drei Teilindices betrachtet (siehe dazu KOF der ETH 2018). Bei der *ökonomischen Globalisierung* liegt Indien mit einem Indexwert von 29,78 nur auf dem 166. Platz von insgesamt 209 Nationen im KOF-Ranking für den Durchschnitt aus „de facto" und „de jure". Dieser hintere Rang entspricht ziemlich genau dem Ergebnis der oben zitierten eigenen Handelsanalyse, wonach Indien bei der Handelsverflechtung in den letzten 20 Jahren zwar Fortschritte gemacht hat, jedoch nach wie vor nur mit einer geringen Zahl an Ländern intensivere Handelsbeziehungen pflegt. Kaum besser sieht es bei der *sozialen Integration in weltweite Verflechtungen* aus, wo Indien mit 45,23 Zählern auf dem 151. Rang liegt. Hier zeigen sich vermutlich Versäumnisse in der Ausstattung mit Kommunikationsinfrastruktur, der „Große-Land-Effekt" (kleine Länder müssen notgedrungen mehr mit ihren Nachbarn kommunizieren, große treiben mehr innere Nabelschau), vielleicht auch der Einfluss des Hinduismus als gemeinsame kulturelle Basis, der sehr auf Indien konzentriert ist. Einzig bei der *politischen Globalisierung* ist Indien Spitze und steht mit einem Indexwert von 95,31 weltweit auf dem 11. Platz im Durchschnitt von „de facto" und „de jure". Hier zeigen sich zum einen die früher eingenommene Rolle als eine der Führungsnationen der blockfreien Staaten, zum anderen die besondere Rolle der „größten Demokratie der Welt". Politisch liegt Indien als ein trotz aller Hindernisse stabil gebliebener demokratisch verfasster Staat also auf Augenhöhe mit den reicheren Industriestaaten.

Tabelle 10: KOF-Globalisierungsindex 2018 (Daten für 2015):
Gesamtindex (Wirtschaftliche, soziale und politische Dimension gemittelt)

Top 10

Rang	Land	Indikator-wert, overall	Rang	Land	Indikator-wert, de facto	Rang	Land	Indikator-wert, de jure
1	Niederlande	90,24	1	Schweiz	90,51	1	Belgien	91,46
2	Schweiz	89,70	2	Niederlande	89,91	2	Finnland	91,22
3	Schweden	88,05	3	Belgien	89,55	3	Niederlande	90,56
4	Österreich	87,91	4	Irland	87,15	4	Frankreich	90,47
5	Belgien	87,87	5	Österreich	87,10	5	Schweden	89,78
6	Dänemark	87,85	6	Schweden	86,33	6	Vereinigtes Königreich	89,78
7	Frankreich	87,34	7	Dänemark	85,94	7	Dänemark	89,76
8	Deutschland	86,89	8	Deutschland	85,93	8	Luxemburg	89,66
9	Finnland	85,98	9	Vereinigtes Königreich	84,97	9	Schweiz	88,89
10	Norwegen	85,81	10	Malaysia	84,95	10	Österreich	88,72

BRICS-Staaten

55	Russische Föderation	69,06	45	Russische Föderation	70,98	72	China	61,24
56	Südafrika	68,63	46	Südafrika	70,74	81	Russische Föderation	67,14
88	China	61,23	72	China	61,24	86	Südafrika	66,52
95	Brasilien	59,64	82	Brasilien	58,47	110	Brasilien	60,81
103	**Indien**	**56,77**	**86**	**Indien**	**57,35**	**126**	**Indien**	**56,20**

Quelle: KOF der ETH (2018) (https://www.kof.ethz.ch/prognosen-indikatoren/indikatoren/kof-globalisierungsindex.html); Gygli, Savina, Florian Haelg and Jan-Egbert Sturm (2018). –Eigene Zusammenstellung anhand der KOF-Datenbank.

3. Internationaler Korruptionsindex von Transparency International

Allerdings hat die indische Demokratie einen Schönheitsfehler: die weit verbreitete Korruption. Das zeigt sich deutlich beim **Internationalen Korruptionsindex**, der von der Nichtregierungsorganisation Transparency International auf der Basis der Einschätzung zahlreicher befragter unabhängiger Beobachter aus Politik, Wirtschaft und Gesellschaft alljährlich erhoben und veröffentlicht wird und der die von den Befragten „gefühlte" Korruption bei Amtsträgern und Politikern nachzeichnet. Auf einer Skala von 0 (völlig korrupt) bis 100 (untadelig) wird dokumentiert, inwiefern den befragten Experten in den jeweiligen Staaten Korruption aufgefallen ist. Beim aktuellen Ranking für 2017 kommt Indien dabei mit einem Indexwert von 40 nur auf den 81. Rang von 180 untersuchten Ländern, nimmt also letztlich eine enttäuschende Position ein (Tabelle 11).

Tabelle 11: Korruptions-Index von Transparency.org für das Jahr 2017

Rang	Land	Indikatorwert
Top 10		
1	Neuseeland	89
2	Dänemark	88
3	Finnland	85
4	Norwegen	85
5	Schweiz	85
6	Singapur	84
7	Schweden	84
8	Kanada	82
9	Luxemburg	82
10	Niederlande	82
BRICS-Staaten		
72	Südafrika	43
77	China	41
81	**Indien**	**40**
96	Brasilien	37
142	Russische Föderation	29

Quelle: Transparency International (2018). Corruption Perceptions Index 2017. Berlin (Via Internet, https://www.transparency.org/news/feature/corruption_perceptions_index_2017). Eigene Zusammenstellung aufgrund der Transparency Datenbank.

Positiv ist lediglich zu vermerken, dass der Indexwert gegenüber den Jahren zuvor leicht von 36 über 38 auf nunmehr 40 gestiegen ist (Transparency International 2018). Bei der Korruption steht Indien aktuell knapp hinter China und deutlich vor

Brasilien. Lediglich Südafrika erreicht einen leicht höheren Indexwert von 43 und schafft es damit auf Platz 72. Russland dagegen fällt bei diesem Ranking völlig ab und steht mit einem Indexwert von 29 auf dem 142. Platz.

4. Ease of Doing Business Index der Weltbank

Insoweit Korruption in Indien ein Problem darstellt, sollte sich dies auch darin niederschlagen, wie leicht oder wie schwer man dort eine geschäftliche oder selbständige Tätigkeit oder Existenz aufbauen und fortführen kann. Genau dieser Fragestellung widmet sich der **Ease of Doing Business Index**, der von der Weltbank erstellt wird. Dabei wird für eine ganze Reihe von Unterkriterien für jedes Land die „distance to frontier" (DTF), also der Abstand zum Idealzustand 100 (= es ist völlig problemlos, ein Geschäft zu führen) gemessen und darauf basierend ein Länderranking aufgestellt. Je näher der Indexwert an 100 liegt, desto einfacher ist die Geschäftsführung insgesamt bzw. in der entsprechenden Unterkategorie. Der Ease of Doing Business Index ist daher ein Maßstab für die Regulierungsdichte eines Landes, wobei nicht nur die Regeln als solche gezählt werden, sondern auch ihre Anwendung und ihr Missbrauch durch korrupte Praktiken. Der aktuelle Report für das Jahr 2018, der schon 2017 mit Daten bis Juni 2017 veröffentlicht wurde, umfasst eine ganze Reihe an Indikatoren, die in 11 Kategorien gruppiert sind und für insgesamt 190 Länder wiedergegeben werden (The World Bank 2017; 2018b).

Ganz den Erwartungen aufgrund des Korruptionsindex entsprechend schneidet Indien hier ebenfalls relativ schlecht ab. Unter den 190 untersuchten Ländern erreicht Indien gerade einmal Platz 100 mit einem Indikatorwert von 60,74 für das Wirtschaftszentrum Mumbai und 60,78 für die Hauptstadt New Delhi, was einem Landesdurchschnitt von 60,76 entspricht. Immerhin hat sich seit dem Jahr 2014 sein Indexwert um 8 Punkte erhöht, also der Abstand zum Idealfall etwas verringert, und gerade gegenüber dem Vorjahr stieg er um 4,7 Punkte. Die anderen BRICS-Staaten liegen aber fast alle deutlich vor Indien: Russland mit einem Indexwert von 75,50 auf Platz 35, China mit 65,29 auf Platz 78 und Südafrika mit 64,89 auf Platz 82. Lediglich Brasilien mit einem Indexwert von 56,45 liegt noch hinter Indien auf Platz 125 (Tabelle 12).

Tabelle 12: World Bank Doing Business Index 2017-18

Rang	Land	Indikatorwert
Top 10		
1	Neuseeland	86,55
2	Singapur	84,57
3	Dänemark	84,06
4	Südkorea	83,92
5	Hongkong	83,44
6	USA	82,54
7	Vereinigtes Königreich	82,22
8	Norwegen	82,16
9	Georgien	82,04
10	Schweden	81,27
BRICS-Staaten		
35	Russische Föderation	75,50
78	China	65,29
82	Südafrika	64,89
100	**Indien**	**60,76**
125	Brasilien	56,45

Quelle: World Bank (2017; 2018b); eigene Zusammenstellung anhand der Doing Business Datenbank.

Der Ease of Doing Business Index setzt sich dabei aus seiner ganzen Reihe von Teilindices zusammen. Indiens Positionierung bei den einzelnen Kriterien weicht dabei beträchtlich von derjenigen beim zusammengefassten Index, also dem Rang 100 von 190, ab. Bei "Starting a Business" steht Indien auf Rang 156 (wenn auch mit geringerer DTF = 75,40), bei "Dealing with Construction Permits" auf 181 (DTF = 38,80), bei "Getting Electricity" freilich auf 29 (DTF = 85,21), bei "Registering Property" auf 154 (DTF = 47,08), bei "Getting Credit" immerhin auf 29 (DTF = 75,00), bei "Protecting Minority Investors" sogar auf 4 (DTF = 80,00), bei "Paying Taxes" auf 119 (DTF = 66,06), bei „Trading across Borders" auf 146 (DTF = 58,56), bei „Enforcing Contracts" auf 164 (DTF =40,76) und bei „Resolving Insolvency" auf 103 (DTF = 40,75).

Ein wenig überraschend ist die gute Platzierung bei der Elektrizitätsversorgung, sind doch Stromausfälle in Indien nichts Ungewöhnliches, und die Ausstattung mit Energieinfrastruktur galt eigentlich lange Jahre als unzureichend. Gute Noten erhalten offenbar auch der Kapitalmarkt und der Schutz von Minderheitseigentümern, was am relativ strengen indischen Regulierungssystem liegen mag (vgl. Bhagwati und Panagariya 2014). Ansonsten liegt Indien sowohl bei der Eröffnung als auch

Durchführung von Geschäften denkbar schlecht, und zwar gerade bei Kategorien, die als relativ korruptionsanfällig gelten können. Ansonsten wird die mangelnde Öffnung der indischen Wirtschaft nach außen auch bei diesem Ranking deutlich.

5. Internationaler Infrastrukturindikator

Dass im Übrigen die Energieinfrastruktur zumindest vor einigen Jahren in Indien unzureichend war, macht auch der **Internationale Infrastrukturindikator** von Donaubauer (Helmut Schmidt Universität Hamburg), Meyer (Christian-Albrechts-Universität Kiel) und Nunnenkamp (Institut für Weltwirtschaft Kiel (IfW)) deutlich, wenn auch die neuesten Daten für diesen aus zahlreichen Unterkategorien aus den verschiedensten Quellen zusammengesetzten Index aus dem Jahr 2010 stammen (KAP 1929/2014). Indien liegt bei Donaubauer et al. insgesamt mit einem Indikatorwert von +0,579 (bei einer Spanne aller Länder von +3,216 bis – 1,435) auf einem gar nicht so schlechten 35. Rang unter 140 untersuchten Ländern. Sehr schlecht kam Indien 2010 allerdings bei der Kommunikations- sowie bei der Energieinfrastruktur weg, wo es nur den 117. bzw. 109. Rang erreichte. Die Qualität der Kapitalmärkte wird auch bei diesem Index durch Indiens 16. Platz unterstrichen.

Verwundern mag nur, dass Dornbauer et al. Indien gerade bei der Transportinfrastruktur weltweit einen sensationell anmutenden 6. Platz zubilligen. Wenn man die dafür benutzten Kriterien anschaut, wird allerdings deutlich, dass auch Maßzahlen verwendet wurden, die man aus verkehrswissenschaftlicher Sicht weniger der Infrastruktur als vielmehr dem Betrieb auf dieser Infrastruktur zurechnen würde. Das wären etwa Starts und Landungen im Beobachtungsland registrierter Passagier- und Frachtflugzeuge oder die Anzahl zugelassener Privat- und Geschäftskraftfahrzeuge, jeweils bezogen auf die Bevölkerungszahl, oder beförderte Personen- und Tonnenkilometer bei der Eisenbahn und die Frachtkapazität der Handelsflotte. Bei den Eisenbahnen ist die hohe Leistungsfähigkeit der indischen Eisenbahn mit ihrem dichten Netz in der Tat ein Plus-Faktor. Insgesamt kommt Indien bei diesem Ranking auf einen etwas besseren Platz als bei den bisher diskutierten.

6. Global Competitiveness Index des World Economic Forum in Davos

Wie steht Indien nun da, wenn man all diese Faktoren berücksichtigt und nach der allgemeinen Wettbewerbsfähigkeit des Landes im internationalen Vergleich fragt? Eine Antwort gibt der **Global Competitiveness Index**, den das World Economic Forum in Davos herausgibt. Er ist dem Ease of Doing Business Index verwandt, geht aber über ihn hinaus, weil er auch Performance-Gesichtspunkte wie die Effizienz von Märkten und Innovationen einbezieht. Er fragt nach der allgemeinen Wettbewerbsfähigkeit eines Landes und den Determinanten von dessen langfristigem Wachstum im internationalen Vergleich auf einer Skala, die von 0 (= schlecht) bis 100 (= ausgezeichnet) reicht. Wie der Index der Weltbank ist er tief untergliedert, zunächst in vier Grundkategorien (i) „Grundlegende Erfordernisse" als notwendige Basisfaktoren für eine funktionierende Wirtschaft, (ii) „Humankapitalfaktoren" wie Gesundheit sowie technische und organisatorische Fähigkeiten, (iii) „Effizienzkriterien", welche die Qualität der Abläufe auf den verschiedenen Märkten beschreiben, und (iv) „Innovations- und Fortschrittlichkeitsindikatoren", die anzeigen, wie reif die betrachtete Volkswirtschaft ist. Diese vier Grundkategorien sind wiederum in insgesamt 12 „Säulen" genannte Unterkategorien aufgeteilt, welche die Wettbewerbsfähigkeit näher umschreiben. Insgesamt beschreibt das World Economic Forum die von ihm untersuchte Wettbewerbsfähigkeit eines Landes als einen Kanon von Institutionen, Politiken und Faktoren, die das Produktivitätsniveau einer Ökonomie bestimmen, das wiederum ausschlaggebend für das erreichbare Wohlstandsniveau und die langfristigen Wachstumsaussichten des betreffenden Landes ist (World Economic Forum 2018a).

Die neueste Ausgabe des Global Competitiveness Index 2018 („Index 4.0") beurteilt nach diesem Schema die Wettbewerbsfähigkeit von insgesamt 140 Ländern weltweit, für die ausreichend Daten verfügbar waren.

Indien liegt beim aktuellen Index 4.0 für 2018 mit einem Indikatorwert von 72,6 auf Rang 58 (Tabelle 13). Beim Ranking für 2017-18, das allerdings noch nach einem völlig anderen Bewertungsschema aufgestellt worden war, hatte Indien noch auf Platz 40 und 2016-17 sogar auf Rang 39 gelegen. Zwischen 2007-08 und 2015-16 hatte das Land mit einem sich wenig verändernden durchschnittlichen Indikatorwerten einen Rang zwischen den Nr. 48 und 71 belegt. Veränderungen im erreichten Rang hatten in dieser Phase also weniger mit einer Entwicklung in Indien zu tun als vielmehr mit solchen in anderen Ländern dieser Welt – Indien hatte mit gleichmäßiger Performance einige Plätze aufgeholt, weil offenbar andere Länder abgefallen waren. 2017-18 scheint sich die Wettbewerbsfähigkeit Indiens etwas verbessert zu haben. Nach der neuen Bewertungsmethode, bei der nunmehr auch Wert auf eine angemessenen Vorbereitung auf die Herausforderungen der Digitalisierung der Wirtschaft gelegt wird, erreicht Indien nunmehr aber nur Rang 58 direkt hinter Griechenland. Wenn man allerdings mit der neuen Methode die Werte für das Vorjahr zurückberechnet, dann hat Indien 2018 5 Plätze und 1,2 Indikatorpunkte gut gemacht (World Economic Forum 2018a).

Tabelle 13: Global Competitiveness Index des World Economic Forum 2017–2018

Rang	Land	Indikatorwert
Top 10		
1	USA	85,6
2	Singapur	83,5
3	Deutschland	82,8
4	Schweiz	82,6
5	Japan	82,5
6	Niederlande	82,4
7	Hongkong	82,3
8	Vereinigtes Königreich	82,0
9	Schweden	81,7
10	Dänemark	80,6
BRICS-Staaten		
28	China	72,6
43	Russische Föderation	65,6
58	**Indien**	**62,0**
69	Südafrika	60,8
72	Brasilien	59,5

Quelle: World Economic Forum (2018a). – Eigene Zusammenstellung anhand der Global Competitiveness Datenbank.

China liegt beim aktuellen Global Competitiveness Index auf Rang 28 mit einem Indikatorwert von 72,6 und Russland mit 65,6 auf Rang 43. Diese beiden Länder können sich also vor Indien platzieren. Südafrika mit 4,32 auf Rang 61 und Brasilien mit einem Indikatorwert von 4,14 auf Rang 80 liegen dagegen hinter Indien.

Der Global Competitiveness Index setzt sich wie die anderen Indices aus zahlreichen Teilaspekten zusammen, die in zwölf Gruppen zusammengefasst sind (Tabelle 14).

In zahlreichen dieser Unterkriterien liegt Indien im Nahbereich seines Durchschnittswerts 62,0, also im Intervall 57,0 bis 67,0. Abweichungen nach oben, also Pluspunkte, fallen auf bei der Marktgröße 92,7, was letztlich aber wenig verwunderlich ist, und bei der makroökonomischen Stabilität mit 89,8 – dahinter stehen recht gute Werte bei der Inflation und der Schuldendynamik – sowie der Entwicklung der Finanzmärkte (69,5). Abweichungen nach unten sind bei den Innovationen mit 4,09 und der technologischen Leistungsfähigkeit mit 3,12 zu verzeichnen. Bei allem Respekt für manche Spitzenleistungen der Industrie wirkt sich hier offensichtlich das niedrige Niveau auf dem flachen Lande aus.

Tabelle 14: Global Competitiveness Index 4.0 2018, Subindikatoren für *Indien*[a]

Index-Komponente	Rang	Indikatorwert
Gesamtindex	**58**	**62,0**
Subindex Grundlegende Erfordernisse	*75*	*61,1*
1 Institutionen	47	57,9
2 Infrastruktur	63	68,7
3 Aneignung von Informations- und Kommunikationstechnik	117	28,0
4 Makroökonomische Stabilität	49	89,8
Subindex Humankapital	*104*	*54,0*
5 Gesundheit	108	59,0
6 Ausbildung und Fähigkeiten	96	54,5
Subindex Entwicklung der Märkte	*29*	*67,9*
7 Effizienz der Gütermärkte	110	50,9
8 Effizienz des Arbeitsmarkts	75	58,3
9 Entwicklungsstand der Finanzmärkte	35	69,5
10 Marktgröße	3	92,7
Subindex Innovationen und Reifeindikatoren	*35*	*57,5*
11 Wirtschaftliche Dynamik und Flexibilität	58	61,2
12 Innovationspotential	31	53,8

[a] Vier Subindikatorgruppen mit insgesamt 12 Kategorien („Pillars").

Quelle: World Economic Forum (2018a, b); eigene Zusammenstellung anhand der Global-Competitiveness-Datenbank.

Unter den hinderlichsten Faktoren listet der Global Competitiveness Report die weit verbreitete Korruption, politische Instabilität, auch der Zentral- und Bundesstaatsregierungen, Inflation, Zugang zur Finanzierungsquellen, unzureichende Infrastrukturversorgung, komplizierte Steuern und lähmende Bürokratie auf (World Economic Forum 2018a).

7. Economic Complexity Index (ECI) von Hausmann und Hidalgo

Ein weiteres Länderranking, welches Auskunft über die Qualität und Vielfalt des Produktionspotentials eines Landes gibt, ist der **Economic Complexity Index (ECI)**, der von den Harvard/MIT-Ökonomen Hausmann und Hidalgo berechnet und seit einer Reihe von Jahren regelmäßig veröffentlicht wird. Hintergrund des ECI ist die sogenannte Komplexitätstheorie der beiden Autoren. Danach ist das Verarbeitende Gewerbe nach wie vor die Quelle für Forschung und Entwicklung, Innovationen und letztlich das Wachstumspotential eines Landes. Hausmann und Hidalgo definieren ökonomische Komplexität als den Bestand und die Vielfalt von Wissen, Fähigkeiten und Kenntnissen, die in einem Land vorhanden sind und die es ihm ermöglichen, innovative Wachstumspfade einzuschlagen. Alle diese Fähigkeiten stehen in engem Zusammenhang mit der Produktion individueller Güter. Hausmann und Hidalgo erheben die entsprechenden Fähigkeiten für alle Länder, für die entsprechende Daten erhältlich sind, errechnen daraus den ECI – je vielfältiger das Wissen in einem Land ist, desto höher ist sein Indexwert – und erstellen ihr Länderranking. Letztlich gibt ihr ECI Auskunft über die Vielfalt der Produktionsmöglichkeiten in einem Land, künftige Produktivitätszuwächse und das Wachstumspotential eines Landes. Die aktuellsten Werte beziehen sich auf das Jahr 2016, für das die Daten von insgesamt 128 Ländern ausgewertet werden konnten (Hausmann und Hidalgo 2018). Bei den Wertangaben ist zu beachten, dass sich der Indikatorwert aus der Differenz zwischen der nationalen Komplexitätsmatrix und der Durchschnittsmatrix des gesamten Datenbestandes, geteilt durch die Standardabweichung des Datenbestandes ergibt. Ein Wert von „1" heißt somit, dass ein Land gerade um den Betrag der Standardabweichung besser als der Durchschnitt ist. Ein Wert von „0" zeigt gerade durchschnittliche Fähigkeiten an, und unterdurchschnittliche Fähigkeiten werden durch negative Werte angezeigt. Um den Wertebereich zu dokumentieren, sind in Tabelle 15 auch die Indikatorwerte der Länder mit den geringsten Produktionsfähigkeiten angegeben.

Tabelle 15: ECI Komplexitätsindex (Qualität des gesamtwirtschaftlichen Produktionspotentials) nach Hausmann-Hidalgo für 2016

Rang	Land	Indikatorwert
Top 10		
1	Japan	2,2616
2	Schweiz	2,1724
3	Südkorea	2,0269
4	Deutschland	2,0137
5	Singapur	1,8907
6	Österreich	1,7437
7	Tschechische Republik	1,7070
8	Schweden	1,6524
9	Finnland	1,5657
10	USA	1,5543
Länder mit den niedrigsten Werten (mit verfügbaren Daten)		
124	Elfenbeinküste	−1,6418
125	Guinea	−1,6640
126	Nigeria	−1,6988
127	Gabun	−1,7026
128	Papua Neu Guinea	−1,7323
BRICS-Staaten		
18	China	1,1575
28	Hongkong (Chima)	0,9735
48	Russische Föderation	0,2350
49	**Indien**	**0,1906**
53	Brasilien	0,1375
66	Südafrika	−0,1815

Quelle: Hausmann und Hidalgo (2018).

Indien liegt damit im Jahr 2016 mit einem ECI von 0,1906 auf Rang Nr. 49 nicht allzu weit vom Durchschnitt der 128 untersuchten Länder entfernt, der durch den Indikatorwert „0" repräsentiert wird. China dagegen schafft es mit 1,1575 auf Rang 18 und seine Sonderwirtschaftszone Hongkong ist mit 0,9735 von den Produktionsmöglichkeiten her praktisch um den Betrag der Standardabweichung besser als der Durchschnitt. Die Russische Föderation platziert sich mit 0,2350 unmittelbar vor Indien, währen Brasilien mit 0,1375 vier Plätze hinter Indien rangiert. Im Falle Südafrikas zeigt sich am Wert von −0,1815, dass das lokale Wissen, die Fähigkeiten und die Kenntnisse zur Produktion einer großen Vielfalt von Gütern sogar nur unterdurchschnittlich vorhanden sind.

Im zeitlichen Verlauf der Entwicklung des ECI zeigt sich im Übrigen, dass Indien im Gegensatz zu China, das einen steil ansteigenden Indikatorwert aufweist, und Hongkong, dessen Produktionspotential ebenfalls an Qualität gewonnen hat, kaum eine Verbesserung zu verzeichnen hat – von einem Anstieg aus dem negativen (= unterdurchschnittlichen) Bereich auf gut 0,2 zwischen 1995 und 2000 abgesehen. Seither allerdings stagniert der Wert im Nahbereich von 0,2 (Schaubild 2).

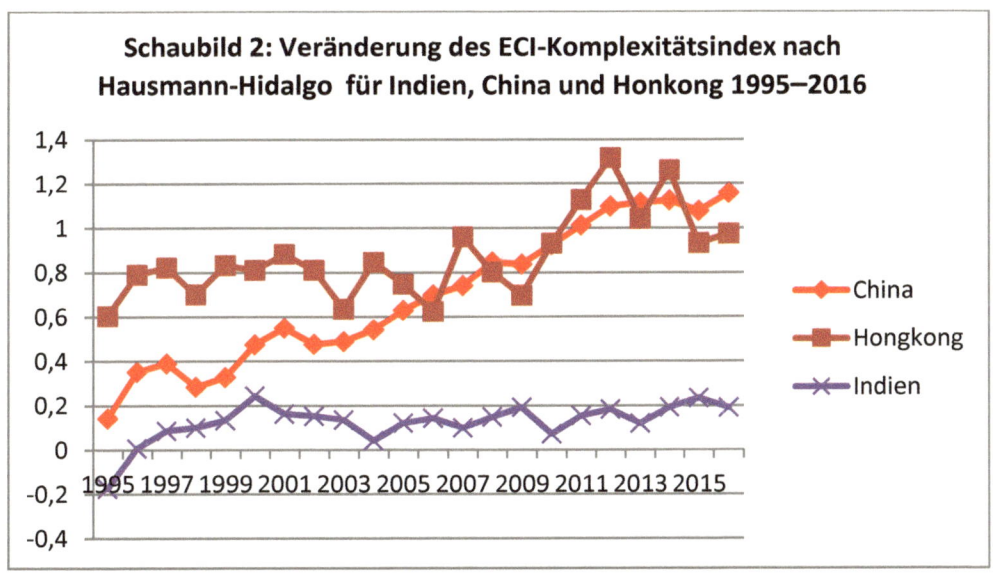

Quelle: Hausmann, R., and C. A. Hidalgo, (2018). The Atlas of Economic Complexity (online version). Country rankings: 2016. Center for International Development at Harvard University. Download 14/05/2018. http://atlas.cid.harvard.edu/rankings.

Zwar werden beim ECI von Hausmann und Hidalgo die Produktionsmöglichkeiten eines Landes stets im Vergleich zum Durchschnitt aller untersuchten Länder gemessen. Ein sinkender Wert heißt dann nicht notwendigerweise, dass man in dem Land „verlernt" hat, wie man seine Exportgüter herstellt, sondern eher, dass man in anderen Ländern mehr dazugelernt und gegenüber dem betrachteten Land aufgeholt hat. Und ein praktisch konstanter Wert wie im Falle Indiens bedeutet dann, dass selbst eigene positive Lernerfolge keinen weiteren Vorsprung vor anderen

Ländern erbringen, weil in diesen anderen Ländern im Durchschnitt mindestens genauso schnell und viel gelernt wurde. Oder: wenn alle voranschreiten, bedeutet ein Mitgehen lediglich Stagnation.

C. Fazit

Der kurze – und angesichts der Vielschichtigkeit des Landes eigentlich viel zu kurze – Ausblick auf Indien im Spiegel der Statistik und internationaler Rankings liefert ein Bild mit zahlreichen Facetten dieses interessanten Landes, und auch mit vielen Widersprüchen. Indien gehört zu den größten und bevölkerungsreichsten Ländern der Erde und liegt bei der Bevölkerungszahl nur knapp hinter China. Ökonomisch ist es allerdings weitaus weniger bedeutend und weist ein deutlich niedrigeres Pro-Kopf-Einkommen als China auf. Letztlich steht Indien nach wie vor noch auf der Stufe eines Schwellenlandes, allen industriellen Erfolgen vor allem in seinen Metropolregionen zum Trotz. Seine Wirtschaftsstruktur ist noch stark von der Landwirtschaft geprägt, die zudem über eine sehr niedrige Produktivität verfügt. Die Industrie ist im Vergleich zu den fortgeschrittenen Industriestaaten und auch zu China dagegen eher klein dimensioniert.

Dementsprechend gibt es auch noch erhebliche ungenutzte Potentiale beim indischen Warenhandel, in dem sich letztlich die Lücken der industriellen Entwicklung widerspiegeln. Zwar hat die Integration Indiens in die Weltwirtschaft seit den ersten zaghaften ökonomischen Liberalisierungsmaßnahmen Anfang der 1990er-Jahre deutlich zugenommen, die Export- und Importquoten sind mittlerweile nicht mehr viel niedriger als diejenigen in China. Dennoch kann Indiens Integration in die Weltwirtschaft keineswegs als abgeschlossen angesehen werden und bietet noch viel Verbesserungspotential. Der indische Außenhandel konzentriert sich verstärkt auf asiatische Partner, ist stark von einzelnen Handelspartnern – etwa den Golfstaaten – abhängig und wird bei der Warenpalette stark vom Energiehandel oder fast exotisch anmutenden Warengruppen wie Juwelen, Schmuck und Edelmetallen geprägt.

Was Indien als großes Land ferner prägt, ist die große Diskrepanz im Wohlstand zwischen den einzelnen Regionen. Viel hat dabei mit dem Stadt-Land-Gefälle und mit räumlichen Lagenachteilen gerade von Binnenregionen zu tun. Aber selbst wenn man nur die durchschnittlichen Pro-Kopf-Einkommens-Unterschiede zwischen den einzelnen Bundesstaaten und Unionsterritorien heranzieht, für die relativ leichter Daten zu erhalten sind als für Städte oder Regionstypen, dann offenbart sich ein riesiger Abstand zwischen den reichsten und ärmsten Regionen: 11 mal höher ist das Pro-Kopf-Einkommen in Goa und der Hauptstadtregion New Delhi als im Armenhaus Bihar in der Gangesebene. Insofern kann man Indien nicht nur als ein Schwellenland, sondern auch als ein Konglomerat aus einigen Regionen eines schon etwas wohlhabenderen Industrielandes und Gebieten eines besonders armen Entwicklungslandes einstufen.

Eine derartige Einschätzung kann man auch den verschiedenen internationalen Rankings entnehmen, mit denen die Wohlstands-, Infrastruktur-, Regulierungs- und soziale Situation in Indien im Vergleich zu den anderen Staaten weltweit abgebildet wird. Nach dem Human Development Index (HDI) ist Indien auf Platz 130 von 189 bestenfalls ein Land „mittlerer menschlicher Entwicklung" und findet sich im Ranking in Gesellschaft vieler armer Entwicklungsländer wieder. Der KOF-Globalisierungsindex zeigt in Übereinstimmung mit den oben dargestellten ausbaufähigen außenwirtschaftlichen Beziehungen Indiens, dass Indien als einhundertdrittes unter 185 untersuchten Ländern kaum mehr als die Hälfte seines Weges zu einer vollen Integration in die Weltwirtschaft hinter sich gebracht hat. Vor allem die ökonomische und die soziale Globalisierung lassen noch zu wünschen übrig, während die politische viel weiter fortgeschritten ist. Hier ist die „größte Demokratie der Welt", einst auch Anführer der blockfreien Staaten, schon recht gut in der Welt verankert.

Einen Schönheitsfehler hat die indische Demokratie allerdings, und das ist die weit verbreitete Korruption. Beim Korruptionsindex von Transparency International liegt Indien weltweit nur auf einem Mittelplatz mit einem eher enttäuschenden niedrigen Indexwert von 40 von 100 Punkten. Ganz diesem Bild entsprechend schneidet Indien daher auch beim Ease of Doing Business Index der Weltbank ab, der anzeigt, wie problemlos man ein Geschäft eröffnen und fortführen kann, und bei dem Indien ebenfalls nur einen enttäuschenden Mittelplatz annimmt. Die Regulierungsdichte wird also von Beobachtern als eher hoch angesehen, es ist demzufolge relativ schwer, sich dauerhaft erfolgreich wirtschaftlich zu betätigen. Aber auch die komplementäre Infrastruktur weist Mängel auf.

Insofern steht Indien beim Global Competitiveness Index des World Economic Forums Davos auch nicht besonders gut da, nämlich auf Rang 58 von 140 untersuchten Ländern. Als besonders hinderlich werden die Korruption, politische Instabilität – auch der Zentral- und Bundesstaatsregierungen –, Inflation, Zugang zur Finanzierungsquellen, unzureichende Infrastrukturversorgung, komplizierte Steuern und lähmende Bürokratie genannt. Wenn man dann mittels des ECI-Komplexitätsindices von Hausmann und Hidalgo die Qualität des indischen Produktionspotenzials mit derjenigen anderer Länder vergleicht, dann kommt Indien auch bei diesem Maßstab nur auf einen mittleren Platz 49 mit einem bestenfalls durchschnittlichen Produktionspotential – wobei dieser Durchschnitt eben auch viele arme Entwicklungsländer umfasst. Was noch mehr wiegt, ist der Umstand, dass die Verhältnisse in Indien im Vergleich zu China und Hongkong, die sich im Laufe der Zeit deutlich verbessert haben, seit vielen Jahren stagnieren.

Daher hat Indien sicher viele Fortschritte in der wirtschaftlichen und sozialen Entwicklung gemacht, aber der Weg zu mehr Wohlstand ist doch noch sehr weit.

TEIL IV. Die klassische und immer noch zeitgemäße Idee einer offenen, spontanen und natürlichen Ordnung – ein kybernetisches Lernsystem

A. Adam Smith als Wegbereiter einer idealen Ordnung für menschliches Zusammenleben

Nach der Bestandsaufnahme der indischen Wirtschaft und Gesellschaft in den Teilen I bis III stellt sich nun die Frage nach Verbesserungspotentialen. Dazu bedarf es eines allgemeinen Referenzsystems, das die Welt beschreibt, wie sie sein sollte und das für alle Länder dieser Erde bedeutsam ist. Eine solche ideale Ordnung für menschliches Zusammenleben hat die klassische ökonomische Wissenschaft entwickelt, deren Ursprünge auf den schottischen Moralphilosophen und Nationalökonomen Adam Smith (1724 bis 1790) zurückgehen. Er legte die geistigen Grundsteine für eine offene, spontane und natürliche Ordnung, die wie ein kybernetisches Lernsystem funktioniert.

Im Zentrum stehen (a) das am Markt durch vier Schranken gezügelte Selbstinteresse des Menschen, das dem Gemeinwohl dient und (b) die optimale Arbeitsteilung zwischen den institutionellen Grundelementen Markt, Staat und Ethik. Das sind die treibenden Kräfte für die Evolution, wie diese für die Entwicklung von Wirtschaft und Gesellschaft typisch ist. Darüber hinaus befindet sich das gesamte Universum in Evolution.

Die geistige Elite Indiens sollte dieses klassische Ordnungsmodell als Hindu-Dharma im neuzeitlichen Gewand propagieren, das das alte hinduistische Denken – wie wir es skizzierten – ablöst. Auf Gott oder Götter braucht ein neues Weltbild für Indien nicht zu verzichten. Im Gegenteil: Eine Gottheit ist integraler Bestandteil des klassischen Systems und verbirgt sich hinter der „Unsichtbaren Hand".

1. Sein Werk und eine kurze Charakteristik seiner Person

Smith's Gesamtwerk, das eine offene, spontane und natürliche Ordnung begründet, ruht auf drei literarischen Eckpfeilern: der „Theorie der ethischen Gefühle", dem „Wohlstand der Nationen" und den „Aufsätzen zu philosophischen Themen". Der renommierte Smith-Interpret Horst-Claus Recktenwald schreibt:

> „Während Smiths Ethik und damit seine Verhaltenslehre mit Schwerpunkt in der „Theorie" erörtert wird, enthält der „Wohlstand" seine analytischen Einsichten in Wirtschaft und Staat, kurz, seine Politische Ökonomie. Sie markiert einen Durchbruch im wirtschaftlichen Denken zur Theorie individueller Freiheit, die Entscheidung und Verantwortung verbindet. Seine lebensnahe Ordnungstheorie verknüpft diese drei „Systeme", nämlich Ethik, Markt und Staat, sinnvoll miteinander.
>
> Nur in einer solchen Gesamtschau kann man Smiths Trilogie, seine Moral-, Wirtschafts- und Staatstheorie, auch in ihrem historischen Bezug letztlich verstehen. Und nur in dieser Einordnung lässt sich prüfen, wo fundamentale Kritik gerechtfertigt ist. Denn auf diese Weise ... kann man am besten klären, a) wo wirklich Schwächen in einem der Systeme zu suchen sind und b) warum solch grobe Missdeutungen und Verdrehungen des Gesamtwerkes bis heute möglich waren, soweit sie nicht in unscharfen Denken, unzureichender Analytik oder oberflächlicher Lektüre der Kritiker ihre Wurzeln haben oder auf Vorurteilen beruhen" (Recktenwald 1985, S. 2 f.).

Die folgende kurze Charakteristik von Adam Smith durch Horst Claus Recktenwald zeigt bereits, wie es um die Kompetenz jener steht, die behaupten, Smith sei – fernab von Empathie und Rücksichtnahme – Steigbügelhalter eines zügellosen Egoismus.

> „Erst vor dem historisch-biographischen Hintergrund des äußeren Lebensweges kann man Adam Smith`s literarisches Werk wirklich verstehen, als Ganzes wie auch in seinen Teilen.
>
> Es ist das klassische Werk eines reinblütigen Schotten des 18. Jahrhunderts,

- eines intellektuell-vornehmen Junggesellen in einer gesicherten Umgebung, von Mutter und Cousine umsorgt,
- eines gründlichen und umfassend gebildeten, mitunter zerstreuten Universitätsprofessors, dem jeder Bildungs- und jeder Standesdünkel fremd sind,
- eines am geistig-kulturellen wie am wirtschaftlichen und politischen Leben seiner Epoche höchst Interessierten, ja Engagierten, der mit dem Maler Joshua Reynolds, dem Philosophen David Hume, dem Nationalökonomen Jacques Turgot, dem Naturwissenschaftler James Watt, dem Politiker William Pitt befreundet ist und der in Glasgow, London, Edinburgh und Frankreich die Wirtschaft und die Kultur seiner Epoche beobachtet hat,
- eines Autors mit hohen literarischen und moralischen Qualitäten, stets offen für Natürlichkeit und Humor,
- eines scharfen und klugen Beobachters, der weder Selbstsucht, Dummheit und Voreingenommenheit in der Welt über-, noch Nächstenliebe, Klugheit und Offenheit unterschätzt,
- eines realistischen Humanisten mit einem ungebrochenen Verhältnis zu allen Schichten der Bevölkerung, der, hilfsbereit, aber ohne Pathos für die einfachen Menschen, die „labouring poor", überzeugt eintritt,
- eines eigensinnigen wie freimütigen Kritikers falscher Theorien und Übelstände seiner Zeit, und nicht zuletzt und vor allem
- eines Forschers und Polyhistors, der noch die Methoden der Natur- und Geisteswissenschaft seiner Zeit als eine Einheit zu begreifen vermag" (Recktenwald 1985, S. 1 f.).

2. Adam Smith's „Unsichtbare Hand" – auch bei Teilhard de Chardin

Der schottische Moralphilosoph und geistige Vater moderner Ökonomie Adam Smith prägte die Metapher von der „Unsichtbaren Hand", die hinter allen Erscheinungen steht und die die Dinge in die richtigen Bahnen lenkt. Smith glaubte an die segensreichen Wirkungen einer offenen, spontanen, natürlichen Ordnung, die auf kontrollierter Freiheit von Bürgern beruht, die vor Gott gleich sind. Sie bedarf eines Staates, der seine eigentlichen Pflichten erfüllt und einer komplementären Ethik.

Dann dient der Einzelne am Markt automatisch dem Gemeinwohl, wenn er sein Selbstinteresse verfolgt und die für humanitäre Zwecke verfügbaren Ressourcen sind dann maximal. Die „Vision einer möglichen Koordinierung der freiwilligen Handlungen von Millionen Einzelpersonen ohne zentrale Lenkung, allein durch das Preissystem", verdankt die Wirtschaftswissenschaft letztlich dem Konzept der „Unsichtbaren Hand" von Adam Smith, worauf Milton Friedman hinweist (Friedman 1985, S. 218).

„Man hat Smith oft als Hohepriester des Egoismus und der Selbstsucht betrachtet und kritisiert. Das trifft bei weitem nicht zu. Er war in erster Linie ein vom „Staunen" getriebener Wissenschaftler, der ... Einzelphänomene zu einer Kette zusammenzufügen trachtete, um durch ihre Verknüpfung mit etwas Vorangegangenem den gesamten Ablauf des Un iversums zu einem sinnvollen Ganzen zu machen" (Friedman 1985, S. 219). Smith dachte in Kategorien der Evolution nicht nur des Gemeinwesens, sondern auch des gesamten Universums.

Der Evolutionsgedanke findet sich auch bei Teilhard de Chardin (1881 bis 1955). In seinem Denken sind Glauben und Wissen, Geist und Materie, Gott und Welt, Mensch, Welt und Kosmos miteinander verbunden und streben auf einen Zustand der Vollendung hin (sogenannter Omega-Punkt). „Die Natur erscheint diesem Denker, der unter starkem Einfluss der vitalistisch-spirituellen Philosophie Henri Bergsons (1859-1941) und seiner Vorstellung von der schöpferischen Evolution ... steht, als riesiger Entwicklungsprozess, der, in Jahrmilliarden stufenweise sich vorwärtstastend, durch immer stärkere Komplexität und Verinnerlichung der Materie der Erfüllung zureift. Gott ist für ihn nicht nur Ursprung und Ziel der Schöpfung. Er ist selber in Evolution, macht diese Evolution mit, von den Elementarteilchen und unermesslichen Weiten des Kosmos über die Biosphäre der Pflanzen- und Tierwelt bis in die Noosphäre des menschlichen Geistes" (Küng 2008, S. 114 f.).

3. Adam Smith's Idee – immer wieder verdreht, verstümmelt und verfälscht dargestellt

„Von gewissen Vorurteilen über Smith ...(scheint) eine derart zeitlose Faszination auszugehen, dass sie vielerorts gegenüber allen wissenschaftlichen Einwänden immun bleiben" (Witte und Gläser 1985, S. 264). Die Kritiker werfen Smith – jenseits aller Fakten – vor allem Egoismusmoral, blinden Harmonieglauben, schrankenloses Laissez-faire und Kosmopolitismus statt Rücksichtnahme auf nationale Interessen vor. Dabei handelt es sich nicht nur um Kritik, die das Attribut „pseudowissenschaftlich" verdient. Falsche Vorurteile sind auch in Lehrbüchern und Monographien verbreitet. So findet sich etwa fast das gesamte Spektrum an Fehlmeinungen bei Friedrich List (1789–1846) (2014).

Das verzerrte Bild der historischen Schule rund um List ist durch die ältere Smith-Forschung – so etwa durch August Oncken – widerlegt worden. „Ihm gebührt der Verdienst, die Mehrzahl der Listschen Vorwürfe systematisch entkräftet bzw. widerlegt zu haben. Oncken wies nach, dass es der Smithschen Lehre weder an ethischem Gehalt noch an sozialen Elementen mangelt. Er zeigte, dass Smith keinen „bodenlosen Kosmopolitismus" vertritt und bei Zielkonflikten der Politik den Primat gegenüber der Ökonomie zuerkennt. Oncken verteidigt Smith auch gegenüber den Vorwürfen, anarchistische bzw. desorganisierende Bestrebungen verfolgt und vornehmlich das Privatinteresse der Unternehmer im Auge gehabt zu haben. Im Unterschied zu den „Herren Manchestermännern" sei Smith, wie Oncken mehrfach betont, kein Apostel des unbedingten „Laissez-faire"-Prinzips gewesen; wir finden auch schon bei ihm den Hinweis, „dass dieses Schlagwort im ganzen „Wohlstand" auch nicht ein einziges Mal vorkommt"" (Eberhard Wille, Martin Gläser 1985, S. 266 f.). Über Staatsaufgaben bei Adam Smith, die den angeblich von ihm favorisierten „Nachtwächterstaat" ad absurdum führen, erfährt der Leser bald Näheres.

Im 1985 erschienenen Sammelband „Ethik, Wirtschaft und Staat" von Horst Claus Recktenwald schrieben Eberhard Wille und Martin Gläser auf S. 272:

„Wer jedoch die moderne Literatur nach Aussagen über Adam Smith durchforstet, muss nicht lange suchen, um die alten Vorurteile nahezu vollständig wiederzufinden. Eine bis zur Verzerrung simplifizierende Darstellung der klassischen Lehre und eine naive Kritik am ökonomischen Liberalismus scheinen speziell in zahlreichen Lehrbüchern en vogue; die Smith-Forschung der letzten einhundert Jahre wird dabei souverän negiert".

Die Autoren des vorliegenden Buches haben den Eindruck, dass seither Adam Smith eher noch stärker in Misskredit geraten ist. Es spricht Bände, dass jüngst auf dem Weltwirtschaftsforum in Davos Referenten auftreten durften, die unwidersprochen behaupten konnten, Smith habe das Mitgefühl ausgeblendet und er propagiere die Selbstsucht.

B. Die ordnungspolitischen Eckpfeiler im Weltbild von Adam Smith

1. Mitgefühl, ethische Normen, Gesetze und Konkurrenz – am Markt herrschende Zügel für das natürliche Selbstinteresse

Im Zentrum der Ordnungsidee von Adam Smith steht der Mensch, dem die Selbstliebe angeboren ist. Sie ist also eine unumstößliche Tatsache oder ein Axiom, denn sie ist die natürliche Folge der Subjekt-Objekt-Trennung, durch die sich der Mensch als Individuum fühlt. Der siamesische Zwilling der Selbstliebe ist laut Smith das Mitgefühl. Es ist nicht selbstbezogen, sondern altruistisch motiviert. Das Gefühl der Selbstliebe wird zum Selbstinteresse, wenn es durch die Vernunft gefiltert wird und durch Schranken kontrolliert wird. Das Selbstinteresse ist Motiv für Leistungswillen und die Aktivität der Menschen:

> „Die Antriebskraft oder der Motor für die ökonomische, politische und kulturelle Entwicklung eines Gemeinwesens ist das Streben des einzelnen Menschen, a) seine Existenz zu sichern, b) seine Wohlfahrt zu steigern und c) seine Stellung und Anerkennung in der Gemeinschaft zu verbessern. Dieses auf Eigenliebe gegründete Selbstinteresse und nicht etwa der Egoismus oder gar die Selbstsucht ist das tragende Fundament einer solchen Ordnung. Es ist nicht nur im Wirtschaftsleben Leitmotiv für den Leistungswillen. Überall, wo der Mensch handelt, in Politik, Kunst, Wissenschaft, selbst im Sozialen und Religiösen, kommt der selbstbezogenen Aktivität entscheidende Bedeutung zu" (Recktenwald 1985, S. 112).

Wenn das Selbstinteresse in Schach gehalten wird, dann ist es moralisch positiv zu beurteilen, weil es die Evolution vorantreibt. Selbstbezogene Aktivität ist unter den nachfolgend dargestellten Bedingungen automatisch auch im Sinne der Allgemeinheit. Was sind nun die Kontroll- und Sanktionsmechanismen, die am Markt gesellschaftlich wünschenswerte Ergebnisse des individuellen Handelns herbeiführen? Das Schaubild 3 von Horst Claus Recktenwald verdeutlicht die Zusammenhänge:

Mitgefühl, ethische Normen, Gesetze und Wettbewerb sorgen demnach dafür, dass das natürliche, da angeborene Selbstinteresse kontrolliert bzw. „geläutert" wird. Fehlen diese Regulative, kann das Selbstinteresse in zwei Richtungen hin „entarten": Es kann in „Egoismus" umschlagen. Man kann auch von „Selbstsucht" oder „Narzissmus" sprechen. Oder es degeneriert in Richtung Desinteresse, Faulheit oder gar Leistungsverweigerung. Smith zeigt, dass automatisch dem Gemeinwohl gedient wird, wenn der einzelne sein natürliches und durch Kontrollen gezügeltes Selbstinteresse verfolgt.

Schaubild 3: Freiheitliche Ordnung der Klassik: Moral, Selbstinteresse, Gemeinwohl (für den Markt, nicht für den Staat)

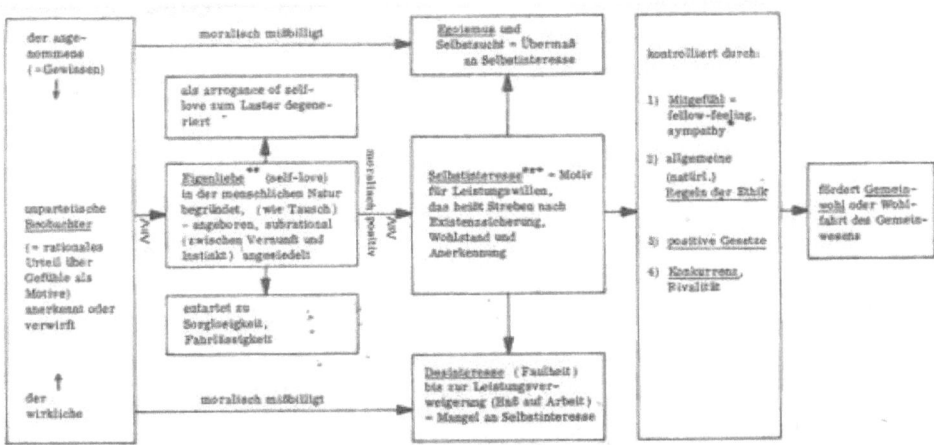

Quelle: Recktenwald (1985); wiederabgedruckt mit freundlicher Genehmigung des Verlags.

Berühmt ist das folgende Zitat von Smith aus „Der Wohlstand der Nationen": „Nicht dem Wohlwollen des Brauers, Bäckers oder Metzgers verdanken wir unser Essen, sondern der Tatsache, dass diese ihre eigenen Interessen verfolgen". Wird das am Markt verfolgte Selbstinteresse durch Wettbewerb, Gesetze, ethische Normen und Mitgefühl gezügelt, führt das nicht nur zu einem Höchstmaß an Effizienz, sondern auch zu einem Höchstmaß an Wohltätigkeit oder privater Caritas.

Lassen wir den Smith-Interpreten Horst Claus Recktenwald zu Wort kommen:

> „Das Eigeninteresse wird somit auch *sozial* nützlich. Diese ... moralische Rechtfertigung ist dann begründet, wenn vier Bedingungen in der Wirklichkeit näherungsweise erfüllt sind, um das persönliche Mühen und Streben zu *disziplinieren*. Nur innerhalb dieses Rahmens deckt sich Eigeninteresse mit Gemeininteresse.
>
> Zu den vier kontrollierenden Kräften oder Schranken gehören: a) Das Mitgefühl (fellow-feeling, sympathy) auch als Sinn für Gerechtigkeit, b) freiwillige Regeln der Ethik, c) positive Gesetze, deren Beachtung einen Staat (mit Zwangsgewalt) erfordert und d) Konkurrenz oder Rivalität.

a) Mitgefühl

Die ethische Anlage des Mitfühlens, also die Fähigkeit des Nachempfindens fremder Gefühle, und die menschliche Disposition, sich die „Zustimmung seiner Mitmenschen„ zu sichern, wenn er „nach den Quellen der Freude sucht und Schmerz vermeiden" will, befähigen den Menschen, unparteiisch die Verdienste und Nachteile seines Handelns zu beurteilen. Als (angenommener oder wirklicher) „neutraler" Beobachter, bei Kant ist es das Gewissen, erkennt er das Übermaß oder den Mangel an Eigeninteresse, und er hilft so mit, das *über-* oder *unter*entwickelte Selbstinteresse zu disziplinieren. Doch scheint diese individuelle Barriere zu schwach zu sein, um das Eigeninteresse so einzuschränken, dass es nicht zur Selbstsucht oder zum Desinteresse (Faulheit, Hass auf Arbeit) wird. Das zu erreichen ist nicht immer einfach, zumal die menschliche Eigenliebe eine stärkere Leidenschaft ist als Mitgefühl oder gar Wohlwollen gegenüber den anderen.

b) Regeln der Ethik

Ein weiterer Mechanismus zur Sicherung der Ordnung im Gemeinwesen gegenüber der „Arroganz der Eigenliebe" sind allgemeine *Regeln* der Ethik oder Maßstäbe akzeptierten Verhaltens, die „…aufgrund der Erfahrung gebildet werden, dass alles Handeln einer bestimmten Art oder auf eine bestimmte Weise geprägt, anerkannt oder abgelehnt wird". Natürlich können sich diese Regeln als Sitten oder Gebräuche nach Ort und Zeit ändern. Je kleiner die Gruppe ist, in der er lebt, umso stärker werden diese Regeln beachtet.

c) Gesetze

Für die Klassiker, ausgesprochene Realisten und Pragmatiker, sind auch diese Sanktionen öffentlicher Missbilligung oder Anerkennung nicht immer stark genug, um den Menschen zurückzuhalten, „in seinem Rennen nach Wohlstand, Ehren und Bevorzugung …, wenn er die Regeln des „fair play" verletzt, indem er seinen Mitmenschen nicht nur als Konkurrenten und aus Neid Schaden zufügt. Um solche Verstöße gegen die Gerechtigkeit zu verhindern, ist ein System von *positiven* Gesetzen erforderlich. Ungerechtigkeit erzeugt in uns das Gefühl des Ressentiments, das natürlicherweise eine Bestrafung gutheißt. Und um diese positiven Regeln der Gerechtigkeit anzuwenden und um ihre Beachtung zu erzwingen, ist ein Staat erforderlich, der, angemessen, Macht besitzt, um strafen zu können.

d) Konkurrenz

Da Mitgefühl und Wohlwollen ebenso abnehmen wie die Anerkennung ethischer und positiver Regeln, wenn die Größe der „Gesellschaft" von der Familie, dem Freundeskreis, der Gemeinde bis hin zur Nation oder zur Weltgemeinschaft zunimmt, und da damit die Wirksamkeit dieser Schutzeinrichtungen in einer unpersönlichen Atmosphäre schwächer wird, kommen dem Wettbewerb und der Rivalität eine wichtige Schutzaufgabe zu. Das Phänomen der Distanz zwischen den Menschen, schon Plato wohlbekannt, wird neuerdings in der Theorie des öffentlichen Gutes zu Recht wieder in den

Vordergrund gerückt, indem man zwischen kleinen und großen Gruppen unterscheidet (Coase). Der tatsächliche und potentielle Druck der Konkurrenz hält das egoistische Verhalten laufend, unverzüglich und wirkungsvoll in gebotenen Grenzen. Er schützt die Schwachen, dient als Selbstverteidigung und straft sofort und wirksam" (Recktenwald 1985, S. 114 ff.).

Adam Smith hat ein Ordnungssystem geschaffen, mit dem man trotz unvollkommener Menschen hervorragende Ergebnisse sowohl für den Einzelnen als auch für die Allgemeinheit erzielen kann. Die vier Schranken kehren die guten Eigenschaften der Menschen hervor und unterdrücken die schlechten. Es bedarf dazu keiner neuen Menschen, wie sie nur Utopisten vorschweben können.

2. Markt, Staat und Ethik – institutionelle Fundamente der Wirtschaft und Gesellschaft und Wurzeln der Evolution

Der Ökonom und Finanzwissenschaftler Horst Claus Recktenwald, der den ökonomischen Klassiker von Adam Smith ins Deutsche übertragen hat (erstmals erschienen in München 1974), kommt in seinem Buch „Ethik, Wirtschaft und Staat" zu dem Ergebnis, dass ein optimales Steuerungssystem für Wirtschaft und Gesellschaft auf drei Säulen ruht, die er als Smith's „Trilogie" bezeichnet:

- eine freie und durch Wettbewerb und Gesetze kontrollierte Marktwirtschaft,
- ein ideales Staatswesen, das nur diejenigen volkswirtschaftlich wichtigen Aufgaben erledigt, die der Markt nicht lösen kann, und
- Regeln der Ethik, religiöse Offenheit und Toleranz.

Ein marktwirtschaftliches System allein reicht für möglichst hohe Wohlfahrt also nicht aus. Der Markt kann nicht alle Probleme lösen. Es gibt Aufgaben, bei denen er versagt und der Staat gefordert ist. Und der Markt kann auch nur dann ideal funktionieren, wenn Staat und Ethik oder Religion ihre ureigenen Aufgaben erfüllen, wenn sie also die richtigen Rollen spielen. Staaten sollten nicht Aufgaben an sich ziehen, die man besser dem Markt überlassen sollte. Das ist die effiziente Allokation privater Güter, bei deren Verkauf Preise erhoben werden können.

Smith`s Metapher von der „Unsichtbaren Hand" bezieht sich also nicht allein auf die segensreiche Wirkung der Marktkräfte, sondern – im weiten Sinne – auf die

„Histoire Raisonée". Das ist die höhere Vernunft, die hinter der Evolution von der Steinzeit bis in die Moderne steht und die auch ein kluges Staatswesen und eine hohe Ethik erfordert. Smith dachte in den Kategorien einer umfassenden Wirtschafts-, Wissenschafts-, Kultur-, Natur-, Ideen- und Menschheitsgeschichte. Die Evolution im menschlichen Dasein ist – um es zu wiederholen – nicht allein auf Leistungen von Privaten auf Märkten zurückzuführen, sondern sie ist auch Produkt eines organisierten Gemein- oder Staatswesens sowie eines ethisch-religiösen-philosophischen Systems.

Die Trilogie – also das bestmögliche Zusammenspiel von Markt, Staat und Ethik/Religion – ist nötig, weil die natürlichen Ressourcen und die Güter in der realen Welt jenseits des Paradieses knapp sind und weil die Knappheit durch die richtige institutionelle Rollenverteilung, kluge Planung und Kreativität möglichst gut überwunden werden kann. Dass die menschlichen Bedürfnisse – auch nach immateriellen „Gütern" oder Werten wie Nächstenliebe – stets größer sind als die zu ihrer Befriedigung verfügbaren Mittel, ist also ein Grundproblem der Menschheit. Es ist eine axiomatische Tatsache.

Zur Überwindung der Knappheit ist es in der Menschheitsgeschichte zu bahnbrechenden Erfindungen gekommen: Um die knappen Hilfsquellen möglichst sparsam einzusetzen oder möglichst ergiebig zu nutzen, hat die Menschheit schon früh die Spezialisierung erfunden. Erste Formen hat es vermutlich schon in der menschlichen Frühgeschichte gegeben: Während die Männer versucht haben, das Mammut in die Fallgrube zu treiben, haben die Frauen Beeren gesammelt und das Mahl zubereitet. Während der domestizierte Hund Wache gehalten hat, konnten sich die Menschen regenerieren, die dann als Gegenleistung dem treuen vierbeinigen Freund etwas von ihrer Beute abgetreten haben.

Das hinter der Spezialisierung stehende Prinzip ist also denkbar einfach: Jeder konzentriert sich auf die Herstellung jener Güter und Dienste, für die er besonders begabt ist. Leistungen, die andere rascher, billiger und besser erbringen können, überlässt er diesen. Anschließend wird getauscht bzw. gehandelt. Was mit der Arbeitsteilung zwischen Mann und Frau oder zwischen Mensch und Hund begonnen hatte, kulminierte in der Arbeitsteilung zwischen Ländern. Schon in vorchristlicher Zeit sind Waren aus dem fernen China auf dem Landwege über die Seidenstraße in den Mittelmeerraum gelangt. Ebenso legendär ist der Seeweg von Indien über

Arabien bis ins alte Rom, der erst Ende des 15. Jh. vom portugiesischen Seefahrer Vasco da Gama wiederentdeckt worden ist.

Während man früher komplette Güter ausgetauscht hat, wird heute die Produktion eines Gutes in viele Arbeitsschritte zerlegt, die in unterschiedlichen Ländern erfolgen. Auch sind aufgrund des internationalen Tourismus, der sich zu einem Massenphänomen entwickelt hat, Dienstleistungen – sie müssen am Ort ihrer Erzeugung konsumiert werden – handelbar geworden.

Eine archaische Erfindung von fundamentaler Bedeutung ist ferner das Geld. Denn eine Geldwirtschaft ist erheblich effizienter als ein System mit Naturaltausch. Man muss lediglich danach Ausschau halten, wer das gewünschte Produkt anbietet. Eine flächendeckende Geldwirtschaft setzt allerdings bereits ein organisiertes Staatswesen voraus. Weitere Erfindungen im Dienste der Effizienz sind hoheitliche Institutionen wie etwa die Zentralbank oder die unabhängigen Gerichte oder die Sozialversicherung. Fazit: Nicht nur Märkte, sondern auch Staaten können Effizienzgewinne für sich verbuchen. Freilich können Hoheitsträger Macht auch missbrauchen.

Eine andere fundamentale Erfindung ist das Eigentum, weil es die Menschen zu Leistung und Kreativität anspornt. Vor allem in einem dicht besiedelten Flächenstaat setzt Eigentumsschutz ebenfalls einen funktionierenden Staat voraus, der gleichzeitig für Wettbewerb bzw. Offenheit der Märkte sorgen muss. Eigentumsschutz ist nämlich kein Ziel an sich, sondern ein Mittel, das – zusammen mit dem Wettbewerb – eine möglichst effiziente Versorgung der Allgemeinheit mit Gütern und Diensten herbeiführt. Eine besondere Rolle spielt das vorübergehende Eigentum an einer kreativen Idee, durch die Knappheitsbarrieren übersprungen werden: Während der Patentlaufzeit wird der Innovator mit einer Knappheitsprämie belohnt, ist aber die „Schonfrist für junge Füchse" (Herbert Giersch) um, schmilzt die Prämie dahin, weil Nachahmer auf den Markt drängen. Damit kommt die Allgemeinheit kostenlos in den Genuss des Effizienzgewinns. Dieses strategische Spiel – erst mit Gewinn locken, dann die Früchte der individuellen Anstrengung kollektivieren – braucht den Staat als Mitspieler.

3. Staatsaufgaben bei Adam Smith – Die Mär von Laissez-Faire und Nachtwächterstaat

Im „Wohlstand der Nationen" umreißt Adam Smith die Aufgaben, die er dem Staat zubilligt, wie folgt: „ Im System der natürlichen Freiheit hat der Souverän lediglich drei Aufgaben zu erfüllen, die sicherlich von größter Wichtigkeit und dazu einfach und dem normalen Verstand zugänglich sind: Erstens die Pflicht, das Land gegen Gewalttätigkeit und Angriff anderer unabhängiger Staaten zu schützen, zweitens die Aufgabe, jedes Mitglied der Gesellschaft soweit wie möglich vor Ungerechtigkeit und Unterdrückung durch einen Mitbürger in Schutz zu nehmen oder ein zuverlässiges Justizwesen einzurichten, und drittens die Pflicht, bestimmte öffentliche Anstalten und Einrichtungen zu gründen und zu unterhalten, die ein einzelner oder eine kleine Gruppe aus eigenem Interesse nicht betreiben kann, weil der Gewinn die Kosten niemals decken könnte, obwohl er häufig höher sein mag als die Kosten für das ganze Gemeinwesen".

Diese Definition kommt keinesfalls einer engen Begrenzung der Staatätigkeit gleich: „Smith subsumiert unter seine dritte Staatsaufgabe expressis verbis den Bau von Straßen, Brücken, Kanälen und Häfen, die Errichtung von Münzanstalt und Post, die Gründung von Botschaften, Forts und Garnisonen, gesundheitspolitische Maßnahmen, schulische und universitäre Bildungsaufgaben und die Erwachsenenbildung in Form von religiöser Unterweisung. Allein die Aufzählung dieser staatlichen Aktivitäten, die über die Landesverteidigung und die Sicherung rechtsstaatlicher Verhältnisse hinausgehen, widerlegt bereits anschaulich die These von der minimalen Staatätigkeit" (Wille und Gläser 1985, S. 277 f.).

Dass Adam Smith die Staatsaktivität begrenzt, ist völlig legitim. Dieses Vorgehen erklärt sich schon aus den zahlreichen empirischen Beispielen, in denen staatliches Handeln der nationalen Wohlfahrt abträglich ist. So kritisiert er zu Recht vor allem „Prämien, Abgaben und Schranken für den internationalen Handel, Lehrzeit- und Niederlassungsgesetze, gesetzlich zugelassene Monopole, Erbfolgegesetze, die den freien Handel im Lande behinderten" (Viner 1985, S. 93). Smith nennt zahlreiche Beispiele, in denen Staaten jenseits von Schutz und Gerechtigkeit dem Gemeinwohl zuarbeiteten. „Die englische Regierung seiner Tage war aber in den Händen einer Gilde, dem korrupten, zynischen und klassenbefangenen Auswuchs des britischen Adels" (Viner 1985, S. 96). Smith hat die Versuche Privater, sich des

Staates zu bemächtigen, um den unbequemen, aber für Effizienz und Gerechtigkeit sorgenden Wettbewerb auszuschalten, empört angeprangert. Er hatte einen ausgeprägten Sinn sowohl für die Mängel des Systems privater Initiative als auch der Regierung und Bürokratie. Trotz eingeräumter Marktschwächen lag für Adam Smith „nicht notwendigerweise der Schluss nahe, staatliche Intervention sei dem Laissez-faire vorzuziehen. Übel aufgrund unkontrollierter Selbstsucht könnten geringer sein als Übel aufgrund einer unfähigen und korrupten Regierung" (Viner 1985, S. 96).

Anderen Staatstätigkeiten wie etwa den öffentlichen Ausgaben für Verkehr und Bildung misst er hingegen wachstumsstimulierende Wirkungen bei. Smith beurteilt staatliches Handeln also sehr differenziert. So sehr er an manchen Stellen seines ökonomischen Klassikers befürchtet, dass öffentliche Verschwendung und eine exzessive Ausweitung unproduktiver Staatsleistungen (im Verteidigungs-, Justiz- und Verwaltungssektor) den Spielraum für wachstumsnotwendige Ausgaben über Gebühr einengen, so sehr lobt er an anderen Stellen staatsmännisches Handeln und die Weisheit des Staates.

Für Ausgaben, die auf Umverteilung abzielen, fehlten zu Zeiten von Adam Smith die öffentlichen Mittel. Verteilungsziele wurden über das Steuersystem abgestrebt. Adam Smith hat für einen Freibetrag bei der Einkommensbesteuerung in Höhe des Existenzminiums plädiert, ferner für eine Grundsteuer, für Luxussteuern und für ermäßigte Steuersätze auf lebensnotwendige Güter (Näheres bei Peacock 1985). Auch umweltpolitische Aktivitäten von Staaten waren damals noch nicht erforderlich.

Nach Eberhard Wille und Martin Gläser ist Smith's Theorie der Staatswirtschaft sehr ausgereift, zumal er im Rahmen einer „historischen Stufenlehre" „sorgfältig zwischen der Entstehung einer Staatsaufgabe, dem Ursprung ihrer Budgetbelastung und der Entwicklung ihrer Ausgabenhöhe" trennt. So stellten Sicherheit nach innen und außen lange vor ihrer Etatisierung öffentliche Angelegenheiten dar, während die Bildungspolitik im Hinblick auf die Grundschulausbildung von Anfang an haushaltswirksam wurde. Alle drei Staatsaufgaben sind durch Fortschritte bei der Arbeitsteilung induziert. Die Höhe der Staatsausgaben hängen bei Smith vom Entwicklungsstand einer Gesellschaft ab, wobei „die Höhe des öffentlichen Budgets für Smith sogar einen Indikator für den Reichtum einer Nation darstellt. Er lässt dabei allerdings offen, ob er nur an ein absolutes oder gar an ein relatives Wachstum der Staatsausgaben dachte" (Wille und Gläser 1985, S. 279).

C. Der Ordo-Liberalismus

Diese in Deutschland in der ersten Hälfte des 20. Jh. entstandene Geistesströmung, die auch den Namen „Freiburger Schule der Nationalökonomie" trägt, greift auf die von Adam Smith begründete, hochentwickelte Ordnungstheorie des 18. Jh. zurück und passt sie dem höheren Entwicklungsstand von Wirtschaft und Gesellschaft an. Mit dem Ordo-Liberalismus sind die Namen der Gründungsväter Walter Eucken, Franz Böhm, Leonhard Micksch und Hans Großmann-Doerth verknüpft. Zu dieser Denkrichtung werden aber auch Alexander Rüstow, Wilhelm Röpke und später Friedrich August von Hayek gezählt. Im Zentrum des ordo-liberalen Denkens steht die menschenwürdige Gesellschaft, in der die Freiheit des einzelnen gewährleistet ist, solange er die Rechte anderer nicht verletzt. In der wirtschaftlichen, geistigen und politischen Freiheit der Bürger wird ein göttliches Recht der Menschen bzw. ein Naturrecht gesehen, das ein starker Staat sichern muss.

Ordo-liberales Denken ist sowohl durch die negativen Erfahrungen mit dem zügellosen Manchester-Liberalismus des 19. Jh. geprägt, der durch staatliche Enthaltsamkeit in der Wirtschaftspolitik (Laissez-faire) gekennzeichnet war, als auch mit den staatsinterventionistischen Regimen im Hitler-Deutschland sowie in der Sowjetunion, die die Freiheiten der Bürger strangulierten. Ordo-liberal ist eine Wirtschaftsordnung, in der ein staatlicher Ordnungsrahmen und Regeln gewährleisten, dass sich die Menschen auf Märkten frei entfalten können und Wettbewerb herrscht, der sie diszipliniert. Eine staatliche Lenkung der Wirtschaftsprozesse wird hingegen entschieden abgelehnt.

Die konstituierenden Eckpfeiler der Wettbewerbsordnung sind „ein funktionsfähiges Preissystem, freier Zugang zu den Märkten, Privateigentum an Produktionsmitteln, Vertragsfreiheit, Haftungsprinzip und eine Konstanz der Wirtschaftspolitik. Da Eucken es für unmöglich hielt, eine Wettbewerbsordnung zu verwirklichen, ohne dass der Geldwert ausreichend stabil ist, ordnete er der Währungspolitik das Primat zu.

Nach Eucken gibt es Bereiche, in denen die konstituierenden Prinzipien der Wettbewerbsordnung nicht ausreichen, um die Wettbewerbsordnung funktionsfähig zu halten. Er nennt Sozialpolitik, effizienzbedingte Monopolstellungen, Einkommensverteilung, Arbeitsmärkte und Umweltproblematik" (Wikipedia). Eucken gibt einer Sozialpolitik den Vorzug, die Selbsthilfe der Individuen ermöglicht. Wie schon Smith sieht Eucken die Gefahr, dass Private versuchen, den Wettbewerb auszuschalten. Deshalb kommt dem Staat die Aufgabe zu, durch Kartell- und Wettbewerbsgesetze, durch freien Marktzugang und Markttransparenz Marktmacht zu unterbinden. Ferner hält Eucken aus sozialpolitischen Gründen eine progressive Einkommensteuer für vertretbar. Am Arbeitsmarkt sind nach Eucken monopolartige Strukturen auf beiden Marktseiten zu verhindern. Auch in der Umweltpolitik wird staatliches Eingreifen als notwendig erachtet.

Deutschland hat nach dem 2. Weltkrieg einen stürmischen Aufschwung erlebt, der als das „deutsche Wirtschaftswunder" in die Geschichtsbücher eingegangen ist. Der Architekt des Aufschwungs Ludwig Erhard hat sich dabei an zwei Leitlinien orientiert, nämlich 1) an den ordo-liberalen Maximen und 2) am Modell der Sozialen Marktwirtschaft von Müller-Armack, der freie Initiative und sozialen Fortschritt, der durch wirtschaftliche Entwicklung ermöglicht wird, miteinander verknüpft.

D. Exkurs: Mitgefühl und Altruismus – Produkte der wirtschaftlichen Entwicklung

Mitgefühl und Altruismus waren beim Urmenschen ursprünglich nur rudimentär vorhanden. In ihrer breiten Verankerung sind sie erst ein Produkt vor allem der wirtschaftlichen Entwicklung. Sie sind, wenn man so will, ein Ableger des Wohlstandes der Nationen. Man kann auch von einem Seitentrieb der Evolution sprechen, die man sich als Verzweigbaum vorstellen kann.

Diese Behauptung ist empirisch belegt. Ein sensibler Zeitgenosse, der Sinn für den Nächsten hat, braucht nur beim Militär an einem Überlebenstraining oder an einer Ranger-Ausbildung teilzunehmen: Wer gezwungen ist, sich die elementare Existenzgrundlage täglich neu zu erkämpfen, verspürt dann am eigenen Leibe, wie schnell er verroht und Mitgefühl und Nächstenliebe weitgehend über Bord wirft. Da zählt vor allem das nackte „Ego". Jeder will als erster Hunger und Durst überwinden und sich an der Feuerquelle wärmen. Erst dann kommen die Kameraden.

Ähnliche Erfahrungen machen vermutlich auch die vielen Menschen dieser Erde, die durch Krieg und Terror in ihrer Heimat zur Flucht gezwungen werden. Freilich stellen die Beziehungen innerhalb des Familienverbandes, den man als übergreifende „Wir-Einheit" begreifen kann, einen Sonderfall dar. Denn Liebe zwischen Eltern und Kindern ist ein mächtigeres Gefühl als Freundschaft. Es ist daher normal, wenn Väter auf der Flucht erst ihre Frauen und Kinder in Sicherheit bringen, bevor sie an sich selbst denken. Mit den anderen Flüchtlingen rivalisieren sie aber um Überlebenschancen. Hier gelten die Gesetze, wie sie gerade für das Überlebenstraining oder die Ranger-Ausbildung angesprochen worden sind.

Die wirtschaftliche Entwicklung, die sich in säkular steigenden Pro-Kopf-Einkommen ausdrückt, wird von neuem Wissen und technischem Fortschritt angetrieben. Diese Triebkräfte der Evolution wurzeln im natürlichen Streben des Menschen, sein irdisches Los zu verbessern. Er verfolgt logischerweise erst einmal sein Selbstinteresse, wenn er unter Hunger, Durst, Hitze, Kälte, Überlebensangst leidet, bevor er an andere denken kann. Nur durch eigene Anstrengung kann er sich von diesen Qualen befreien. Fakt ist, dass es keine Gruppe, sondern ein Individuum ist, das spürt, wenn es weh tut und dass es folglich realitätsfremd ist, in Notsituationen Altruismus von ihm zu erwarten oder zu fordern, wie Moralapostel dies tun. Sehen wir die Dinge realistisch: Der Urmensch war ursprünglich ein roher Geselle. Die soziale und kulturelle Entwicklung, die es in der Geschichte gegeben hat, ist ein Ableger der wirtschaftlichen Evolution. Das Durchfüttern kranker Familien- und Clanmitglieder war ökonomisch wohl erst dann eine Option, als sich die Urzeitmenschen bescheidenen Wohlstand erwirtschaftet hatten, der eine Umverteilung von Ressourcen von den Starken zu den Schwachen ermöglichte. Humanität ist – da beißt die Maus keinen Faden ab – eine Folge kreativer Knappheitsüberwindung.

Zu Lebzeiten von Adam Smith waren wohl erheblich weniger Ressourcen für humanitäre und soziale Zwecke verfügbar, als dies heute in den modernen Industrieländern der Fall ist. Es ist daher auch nicht verwunderlich, wenn es im „Wohlstand der Nationen" primär um das Erwerbsstreben geht, nicht um das Teilen mit anderen. Dass Leben oft ein Kampf ums Dasein ist, ist eine Einsicht, die modernen Moralisten offensichtlich abhandengekommen ist.

E. Markt, Staat und Ethik – Instrumente im Dienste der Bewältigung von Knappheit und Lebensrealität

Bevor die optimale Rollenverteilung zwischen Markt, Staat und Ethik als Weichenstellung für die Evolution näher beleuchtet wird, müssen ein paar ökonomische Grundzusammenhänge oder Axiome erläutert werden.

1. Knappheit und ökonomische Naturgesetze – Axiome im menschlichen Dasein

a) Knappheit – Eine unumstößliche Tatsache

Auf der Erde besteht kein paradiesischer Zustand. Vielmehr herrscht ein fortwährendes Missverhältnis zwischen den Bedürfnissen der Menschen und den knappen Gütern und Diensten, die zu ihrer Befriedigung verfügbar sind. Die Spannung zwischen dem, was man dringend braucht oder sich wünscht, und dem, was man sich leisten oder was man realisieren kann, ist ein Ewigkeitsproblem der Menschheit. Es ist unabhängig von Raum und Zeit gültig. Wo sich die Menschen die materiellen Güter, die sie fürs rein physische Überleben benötigen, hart erarbeitet oder kriegerisch erkämpft haben, entwickeln sie Zukunftsphantasien oder Visionen von einer weniger harten Realität, einer schöneren und besseren Welt. Sie streben nach geräumigeren und schöner eingerichteten Behausungen, abwechslungsreicherer und höherwertiger Nahrung und einer Bekleidung, die dem Kriterium der Ästhetik entspricht. Ferner wünschen sie sich Techniken, die ihnen die Arbeit und den Ortswechsel erleichtern. Doch nicht nur Dinge, die man anfassen und sehen kann, wie etwa Autos, Flugzeuge, Dampfmaschinen, Kühlschränke, Staubsauger, Möbel, Modeartikel und Schmuck stehen auf dem Wunschkatalog von Gesellschaften, die höhere Stufen der ökonomischen Entwicklungsleiter erklommen haben: Auch streben die Menschen nach mehr menschlicher Zuneigung und Zuwendung, besserer Gesundheit und höherer Sicherheit, nach Kultur, Abwechslung und Entspannung sowie nach neuen Erlebnissen und Erkenntnissen, um sich ein Bild von dieser Welt und dem Sinn, den sie hat, machen zu können. Die im Evolutionsprozess neu entstehenden Bedürfnisse sind also immer weniger greifbar oder sichtbar. Sie haben mehr und mehr ein unsichtbares oder immaterielles „Gesicht" oder besser: Wesen.

Markt, Staat und Ethik – Instrumente im Dienste der Bewältigung von Knappheit und Lebensrealität

Die Bedürfnisse der Menschen sind – auch wenn manche Zeitgenossen das bestreiten – wegen genetisch verankerter menschlicher Neugier und Vorstellungskraft unbegrenzt, während die Mittel zu ihrer Befriedigung – insbesondere auf kurze Sicht – knapp sind. Das zwingt die Menschen zum Wirtschaften, um aus den beschränkten Mitteln das Beste zu machen, und zur Suche nach neuen Erkenntnissen, um die Knappheitshürde kreativ zu überspringen. So entsteht Fortschritt, so werden Träume und Visionen wahr. Erfüllungsgehilfen sind dabei Märkte, Ethik und ein Staat, der seinen Pflichten nachkommt sowie natürlich aktive Menschen, die nach der Verbesserung ihrer Lage sowie der Welt und der Lage ihrer Mitmenschen streben.

Es gibt viele Menschen, die die Knappheit leugnen. Sie können sich dieses Fehlurteil aber nur leisten, weil sie asketisch und von milden Gaben oder von Erbschaften leben oder weil sie sich in geschützten Positionen befinden und vom Steuerzahler alimentiert werden. Sie sind im Lager der Wissenschaften und Politik ebenso angesiedelt, wie im Lager der Religion. Buddhismus und Hinduismus etwa stehen der erfolgreichen Realitätsbewältigung distanziert, wenn nicht gar ablehnend gegenüber. Gewarnt wird vor „Anhaftung" oder „Gier", die der „Erlösung" im Wege stünden. Ideal sei vielmehr der Rückzug in spirituelle Sphären, um das Grundrauschen des Universums zu vernehmen und die Einheit mit Gott und der Welt zu verspüren. Wenigen Mönchen und Sadhus mag dieses Privileg vorbehalten bleiben und auch vergönnt sein. Die Masse der arbeitenden Bevölkerung kann sich diesen Luxus aber nicht leisten. Denn Beruf, Familie und Freundeskreis erfordern volles Engagement – selbst auf die Gefahr hin, Karma anzuhäufen und die Erlösung auf den Sankt Nimmerleinstag zu verschieben. Einzuräumen ist freilich, dass „platter Materialismus", „Geldgier" und Protzkonsum nicht erstrebenswert sind. Aber das sind in den entwickelten Marktwirtschaften der westlichen Welt, wo manche diese Oberflächlichkeiten vermuten, Ausnahmeerscheinungen, keinesfalls aber die Regel, wie jene glauben machen wollen, die ökonomisches Handeln an den Pranger stellen. Denn sie meinen fälschlicherweise, dies bringe sie von den wahren Zielen und wirklichen Werten ab. Darauf werden wir noch zu sprechen kommen.

Was bedeutet nun Knappheit? Knappheit bedeutet, dass Güter sowie die zu ihrer Erzeugung nötigen Ressourcen (Arbeit, Wissen, Kapital, natürliche Hilfsquellen) miteinander konkurrieren. Die Entscheidung, das Gut A anzubieten und nachzufragen, hat zur Folge, dass das Gut B oder C nicht erzeugt oder verbraucht oder genutzt werden kann. Mit der Produktion und dem Konsum eines Gutes gehen also verlorene Produktionserträge und Konsumnutzen einher, weil man eine andere Alternative nicht realisiert hat. Die Ökonomen sprechen von Opportunitäts- oder Alternativkosten. Beispielsweise entgehen einem Anbieter von Samosas Einnahmen, wenn er sich zur Verbesserung seines Karmas auf Pilgerreise begibt. Wenn er zwei Pilgerziele näher ins Visier nimmt und sich beispielsweise für Varanasi entscheidet, muss er auf das andere Vorhaben – etwa den Besuch des Jagannath-Tempels in Puri – verzichten.

Die konkurrierenden Beziehungen zwischen den knappen Gütern und Ressourcen auf dieser Welt erzwingen das Wirtschaften als „Denken und Handeln in Alternativen" (Horst Claus Recktenwald). Dies erfordert, alle realisierbaren Alternativen durch eine Bewertung in eine Rangordnung zu bringen und die beste auszuwählen. So ist es eine ökonomisch richtige Entscheidung, von einem Gut nicht mehr anzubieten oder nachzufragen, wenn die direkten Erträge der zusätzlich eingesetzten Produktionsfaktoren oder die direkten Nutzen der vermehrt konsumierten Güter niedriger sind als die Opportunitätskosten. So wird man bei einem Buffet keinen zusätzlichen Hühner-Spieß mehr in sich hineinschlingen, wenn man mehr Appetit auf eine Eiscreme hat.

Auch ist es ein Gebot der ökonomischen Vernunft, dass sich beispielsweise ein unverheirateter Atomphysiker länger der Forschung widmet, statt sich Zeit für die Hausarbeit zu nehmen. Dafür engagiert er besser eine Haushälterin. Allgemein gilt: Jeder Mensch sollte sich auf die Herstellung jener Güter und Dienste konzentrieren, für die er besonders begabt ist. Leistungen, die andere rascher, besser und billiger erbringen, sollte er diesen überlassen. Dieses Prinzip gilt auch für die Arbeitsteilung zwischen Nationen, die sich auf die Produktion jener Güter spezialisieren, bei denen sie komparative Kostenvorteile besitzen. Anschließend wird getauscht. Analytisch geht das hinter der internationalen Arbeitsteilung stehende Prinzip der komparativen Kostenvorteile auf den britischen Ökonomen David Ricardo (1772-1823) zurück. Er hat in einem Modell gezeigt, dass es sinnvoll ist, wenn sich England auf die Produktion von Tuch und Portugal auf die von Wein spezialisiert und beide Nationen anschließend in Warentausch miteinander treten.

Die Wahl zwischen Alternativen hat auch eine zeitliche Dimension. Sie folgt ebenfalls aus der Knappheit. Was heute (morgen) verbraucht wird, ist morgen (heute) nicht verfügbar. Somit stellt sich die Frage, ob knappe Hilfsquellen für den gegenwärtigen oder zukünftigen Konsum verwendet werden sollen. Wird heute weniger verbraucht, also mehr gespart, kann mehr investiert, also Kapital gebildet werden. Dadurch steigen die Konsummöglichkeiten in der Zukunft – und zwar stärker, als es dem Konsumverzicht in der Gegenwart entspricht. Denn durch Kapitalbildung wird ein „mehrergiebiger Produktionsumweg" (Eugen von Böhm-Bawerk) eingeschlagen. Mehr Sachkapital – das sind letztlich Werkzeuge – erhöht nämlich den Ertrag menschlicher Arbeit ebenso wie mehr berufliches Know-how aufgrund verbesserter Ausbildung (sogenanntes Humankapital). Investieren schafft auf diese Weise einen Mehrwert, aus dem die Zinsen auf das Sparen bezahlt werden können. Denn die Sparer, die Konsumverzicht leisten, müssen ja dafür entschädigt werden, dass sie sicheren Nutzen in der Gegenwart gegen unsicheren Nutzen in der Zukunft eintauschen. Wer etwa Geld beiseitelegt, um in Zukunft die beschwerliche Pilgerreise nach Badrinath anzutreten, weiß nicht, ob dann noch die Gesundheit mitspielt. Er geht also das Risiko ein, dann nur noch eine für ihn weniger gute Alternative realisieren zu können, und möchte dafür eine Entschädigung von seiner Bank, die die Ersparnisse gewinnbringend anlegt. Es lohnt sich, mehr zu sparen, wenn die Zinsen höher sind als der Betrag, den man als Entschädigung für den Konsumaufschub verlangt.

b) Sättigung, sinkende Grenzproduktivitäten von Hilfsquellen und sich verschlechternde Austauschbarkeit von Gütern als Naturgesetze

Es ist eine Tatsache, dass der zusätzliche Nutzen, den eine zusätzliche Konsumeinheit stiftet – Ökonomen sprechen von Grenznutzen –, mit steigendem Konsum fällt. So schmeckt das erste Glas Kingfisher Bier oder Sula Wein bekanntlich am besten, mit weiteren Gläsern geht ein weniger großer Genuss einher. Teilnehmer an einer Alkoholorgie wissen, dass der Grenznutzen auch negativ werden kann... Man bezeichnet diesen Zusammenhang nach dem Ökonomen Herrmann Heinrich Gossen (1810-1858) als 1. Gossensches Gesetz. Diese mit zunehmendem Verbrauch eines Gutes eintretende Sättigung bedeutet, dass Einkommenszuwächse für neue Verwendungsalternativen zur Verfügung stehen. Sie schließen neben dem Erwerb von materiellen Gütern den Erwerb von neuem Wissen und zusätzlichen

Qualifikationen ebenso ein wie auch soziales Engagement und philanthropes Handeln sowie Umweltschutz und Tierpflege. Vertreter der Religionen, die fürchten, dass die Menschen im Wirtschaftsleben der „Gier" oder „Anhaftung" anheimfallen und ins Hamsterrad der sinnlosen Leben (Samsara) geraten könnten, brauchen also keine Angst zu haben. Das 1. Gossensche Gesetz sorgt nämlich dafür, dass im ökonomischen Entwicklungsprozess auch jene Güter nicht zu kurz kommen, die Kritiker der Marktwirtschaft aus dem Lager der Intellektuellen oder der Religionen als „höherwertig" apostrophieren. Deren Vorwurf, die Marktwirtschaft verführe zu plattem Materialismus und vernachlässige die höheren Werte, zielt also in Leere.

Aus dem 1. Gossenschen Gesetz heraus lässt sich unmittelbar herleiten, wie ein Konsument bereit ist, ein Gut durch ein anderes auszutauschen, weil dieses denselben Nutzen stiftet wie das Gut, auf das er verzichtet. Aus Vereinfachungsgründen wird hier eine beliebige Teilbarkeit beider Güter unterstellt (Beispiele: Kingfisher Beer und Sula-Wein). Wird das Gut A sukzessive durch das Gut B ersetzt – Ökonomen sprechen bei diesem Austausch von Substitution –, muss der Verzicht auf eine Einheit von Gut A durch immer größer werdende Mengen von B kompensiert werden. Denn der Verbrauch des knapper (reichlicher) werdenden Gutes ist mit einem immer höheren (niedriger) werdenden Grenznutzen verbunden. Es ist also ebenso ein Faktum oder Naturgesetz, dass die subjektive Tauschrelation mit zunehmendem Knappheitsgrad des Gutes, das man hergibt, fällt (siehe Schaubild 4). Ökonomen sprechen von einer fallenden Grenzrate der Substitution. Sie spiegelt das Verhältnis zwischen dem sukzessiven Verzicht auf eine Einheit des einen Gutes zur erforderlichen Kompensationsmenge vom anderen Gut wider. Die Grenzrate der Substitution zwischen zwei Gütern ist umgekehrt proportional zu den Grenznutzen, die der Nachfrager der letzten Einheit den jeweiligen Gütern beimisst.

Werfen wir einen Blick auf die Produktionssphäre: Auch hier ist es eine Tatsache, dass der zusätzliche Ertrag pro Zeiteinheit sinkt, wenn man den Einsatz eines Produktionsfaktors bei Konstanz aller übrigen ausweitet. Wenn beispielsweise ein Unternehmer, der über eine Zuckerrohrpresse verfügt, eine zweite erwirbt, kann er nicht die doppelte Menge Zuckerrohrsaft erzeugen, sondern weniger als das Doppelte. Denn sein Arbeiter muss nunmehr zwischen zwei Maschinen hin und her pendeln, wodurch Zeit verloren geht.

Schaubild 4: Subjektive Austauschbarkeit von Gut A durch Gut B oder Gütersubstitution (= Sicht der Konsumenten)

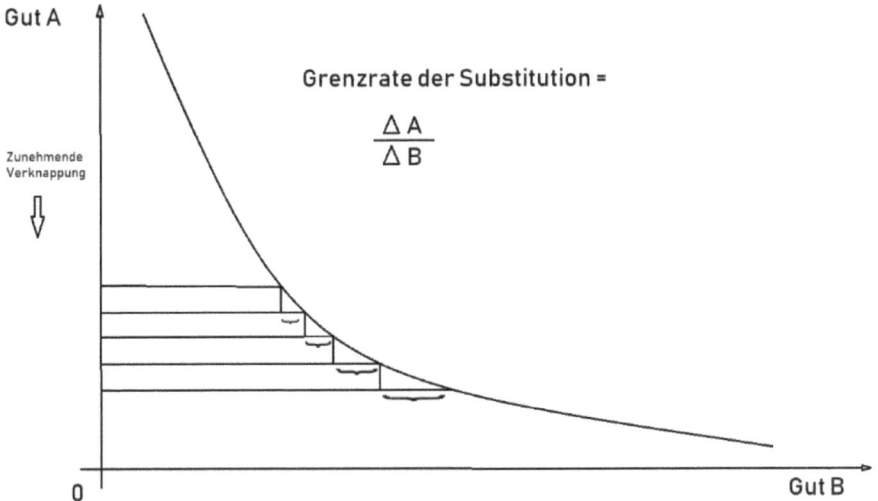

Den zusätzlichen Ertrag bezeichnen Ökonomen als Grenzertrag des Kapitals und diesen – ins Verhältnis gesetzt zum zusätzlichen Kapital – als Grenzproduktivität des Kapitals. Auch die Beschäftigung von zusätzlichen Arbeitskräften stiftet bei konstantem Sachkapital einen sinkenden Grenzertrag – den Grenzertrag der Arbeit. Wenn beispielsweise ein Kartoffelacker bisher von einem Landarbeiter bearbeitet wurde und es kommt ein zweiter hinzu, dann kommen sich die beiden teilweise in die Quere. Es gilt also das Gesetz der abnehmenden Grenzproduktivität von Kapital und Arbeit. Dies gilt auch für andere Ressourcen: Je mehr Dünger etwa in der Landwirtschaft zum Einsatz kommt, umso niedriger sind die zusätzlichen Ernteerträge und umso rascher laugt der Boden aus.

Aus der sinkenden (steigenden) Grenzproduktivität bei vermehrtem (verminderten) Einsatz eines Faktors folgt eine fallende Grenzrate der Substitution eines Faktors durch einen anderen. Diese Austauschbarkeit in Grenzen besteht zumindest auf lange Sicht. Wird der Arbeitseinsatz sukzessive vermindert, sind immer mehr Kapitaleinheiten erforderlich, um den Ertragsausfall zu kompensieren. Denn je knapper (reichlicher) Arbeit (Kapital) ist, umso höher (niedriger) ist die Grenzproduktivität der Arbeit (des Kapitals).

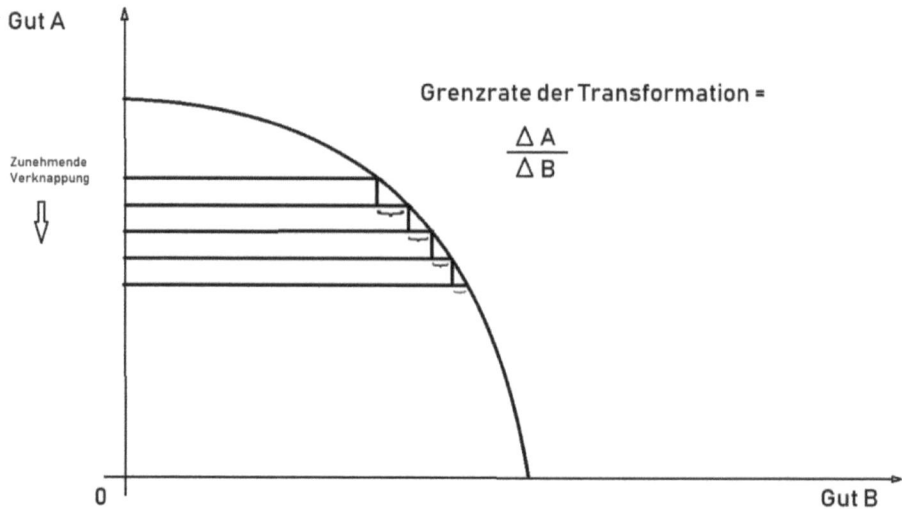

Schaubild 5: Objektive Austauschbarkeit von Gut A durch Gut B oder Gütertransformation (= Produktionstechnik)

Wie ist es nun um die technische – also objektive – Austauschbarkeit zwischen Gütern bestellt, wenn Ressourcen aus der Produktionsrichtung A abgezogen und stattdessen in der Produktionsrichtung B eingesetzt werden? Wird Gut A sukzessive durch Gut B ausgetauscht – Ökonomen sprechen von Transformation – dann sinken die zusätzlich erzeugbaren Mengen des Gutes B. Denn wenn Gut A (Gut B) knapper (reichlicher) wird, dann gehen erhöhte (verminderte) Grenzproduktivitäten aller Faktoren damit einher. Die Grenzrate der Transformation steigt also (siehe Schaubild 5). Die Grenzrate der Transformation ist umgekehrt proportional zu den jeweiligen Preisen beider Güter.

Fassen wir zusammen: Während die Konsumenten steigende Mengen von Gut B als Kompensation für den sukzessiven Verzicht auf Gut A fordern, lässt sich das

Gut A objektiv immer schlechter durch das Gut B ersetzen. Während der relative Nutzen oder Konsumwert eines Gutes mit zunehmender Verknappung steigt, sinkt der relative Kostenwert von Gütererzeugungen, aus denen Produktionsfaktoren abgezogen werden. Das sind naturgesetzliche Zusammenhänge, die aus der unumstößlichen Tatsache der Knappheit folgen.

2. Der Markt – ein geniales Informations- und Steuerungssystem

Der Markt ist ein geniales und ebenso einfaches Instrument, um die Wünsche der Menschen mit den realen Gegebenheiten und objektiven Möglichkeiten optimal in Einklang zu bringen. Er erscheint den meisten Betrachtern als chaotisch, weil unzählige Menschen auf einer unüberschaubaren Zahl von Teilmärkten frei agieren und ihre – teils widerstreitenden – Ziele verfolgen. Aber dieses vermeintliche Chaos – man spricht auch von Katallaxie – ist nur eine Maske, hinter der sich Ordnung verbirgt. Denn der Markt steuert die wirtschaftlichen Aktivitäten geräuschfrei und automatisch über Preise. Sie dienen den Individuen als Orientierungsmarken für ihre Angebots- und Nachfrageentscheidungen, koordinieren die einzelnen Pläne der Akteure, harmonisieren die konträren Interessen auf beiden Marktseiten und lenken die knappen Hilfsquellen so, dass sie die höchstmöglichen Nutzen oder Erträge für alle Beteiligten stiften. Über flexible Preise sind die Teilmärkte interaktiv miteinander vernetzt. Der Markt ist also ein kybernetisches System, das zur Selbstorganisation befähigt ist. Der Mechanismus der relativen Preise bringt letztlich eine „Koordination ohne Zwang" (Milton Friedman) hervor. Er ermöglicht eine „dezentralisierte Planung durch verschiedene Personen" (Friedrich August von Hayek).

a) Preise – Orientierungsmarken für wirtschaftliche Entscheidungen der Konsumenten und Produzenten

Nehmen wir den Preis etwas näher in den Fokus. Der Preis eines Gutes oder Faktors teilt dem Nachfrager mit, welche Mengenentscheidung rational ist. Bei einem Konsumgut ist das die Menge, bei der der Grenznutzen dem Preis entspricht, die letzte Einheit also genauso viel kostet, wie sie Nutzen stiftet. Bei allen vorigen Konsumeinheiten übersteigen die damit verbundenen Nutzen die Kosten. Eine weitere Steigerung des subjektiven Nutzenüberhangs über die Kosten ist nicht mehr möglich, jede zusätzliche Ausweitung des Konsums wäre mit einem Kostenüberhang verbunden. Die optimale Verbrauchsmenge geht also mit einem Maximum an Nutzengewinn – Ökonomen sprechen von der Konsumentenrente (siehe Schaubild 6) – einher. Die Anpassung an den Preis – oder genauer: an Preisverhältnisse zwischen miteinander konkurrierenden Gütern – harmonisiert nicht allein Grenznutzen und monetäre Grenzkosten. Sie stimmt auch Grenznutzen und Opportunitätskosten – also die Nutzenverluste in der nächst besseren Alternative – aufeinander ab. Die Grenznutzen beider Konsummöglichkeiten sind somit äquivalent (sogenanntes 2. Gossensche Gesetz vom Ausgleich der Grenznutzen). Auch der Anbieter des Gutes passt sich optimal an den Preis an: Er weitet sein Angebot so lange aus, bis die Kosten der letzten Mengeneinheit dem Preis des Gutes entsprechen. Alle vorigen Angebotsmengen kosten weniger, als sie an Erlös erbringen. Jedes zusätzliche Angebot würde einen Verlust einfahren.

Die Argumentation lässt sich analog auf den Faktormarkt, der sich aus Arbeits- und Kapitalmarkt zusammensetzt, übertragen. Auf der Nachfrageseite befinden sich die Unternehmen, auf der Angebotsseite die Arbeitskräfte und die Kapitalgeber, hinter denen letztlich die Sparer stehen. Ein Unternehmer fragt so lange zusätzliche Arbeitskräfte (zusätzliches Sachkapital) nach, bis der Ertrag, den die zuletzt eingesetzte Arbeitskraft (Kapitaleinheit) erbringt, mit dem Lohnsatz (Zinssatz) übereinstimmt. Alle übrigen Einsatzmengen sind mit einem Überhang des Ertrags über die Kosten verknüpft, so dass auch Produzenten ein Residuum – Ökonomen sprechen von der Produzentenrente (siehe Schaubild 6) – abschöpfen. Bei dieser Angebotsmenge ist die Produzentenrente maximal, jeder darüber hinausgehende Einsatz von Produktionsfaktoren ginge mit einem Verlust einher. Auch die Arbeitskräfte und Sparer erzielen maximale Renten, wenn sie sich an den Lohn- und den Zinssatz oder die Rendite anpassen. Die Arbeitskräfte stehen vor der Alternative, mehr Einkommen oder mehr Freizeit zu erzielen. Sie weiten ihr Arbeitsangebot solange aus, wie der Nutzen aus dem zusätzlichen Einkommen sowie die Freude an der zusätzlichen Arbeit höher sind als der Lohnsatz, der für Arbeitsleid entschädigt und der die Opportunitätskosten der Arbeit in Form verlorener Freizeitnutzen widerspiegelt. Für die Sparer lohnt sich zusätzliches Sparen so lange, wie die subjektiven Kosten, die mit dem Konsumaufschub verbunden sind, niedriger sind als der Zinssatz oder die Rendite.

Anbieter und Nachfrager auf allen Märkten haben konträre Interessen. Während sich Nachfrager möglichst niedrige Preise wünschen, können die Preise aus der Sicht der Anbieter nicht hoch genug sein. Während die Nachfrage steigt, wenn der Preis fällt, geht das Angebot zurück, weil dann immer weniger potentielle Anbieter wettbewerbsfähig sind. Wenn umgekehrt der Preis steigt, geht die Nachfrage zurück. Denn erstens erfordert ein höherer Preis einen höheren Grenznutzen oder Grenzertrag des einzelnen Nachfragers, was eine verminderte Menge des Gutes oder Produktionsfaktors impliziert. Und zweitens können sich immer weniger potentielle Nachfrager das Gut (den Produktionsfaktor) leisten, je teurer es (er) ist. Hingegen nimmt mit steigendem Preis das Angebot zu, weil zusätzliche Anbieter auf den Markt drängen, die ungünstigere Kostenstrukturen haben als die etablierten.

b) Marktpreise sorgen für Marktausgleich, maximalen Umsatz und höchstmögliche Tauschgewinne aller Akteure

Nun haben wir die Bausteine zusammengetragen, um erklären zu können, wie sich der Marktpreis bildet. Er ist spontanes Ergebnis des wirtschaftlichen Verhaltens von Nachfragern und Anbietern. Das Schaubild 6 zeigt, wie die Unsichtbare Hand der Marktkräfte – automatisch und ohne Zwang – das Knappheitsproblem bestmöglich löst. Die Nachfragekurve verläuft von links oben nach rechts unten, je niedriger also der Preis ist, umso mehr wird nachgefragt. Die Angebotskurve verläuft von links unten nach rechts oben, bei steigendem Preis nimmt somit das Angebot zu. Im Schnittpunkt beider Kurven bildet sich der Marktpreis. Er wird nicht von einer Informationszentrale mitgeteilt, sondern kommt durch Versuch und Irrtum, Verhandeln und Vergleichen zustande. Bei ihm entspricht die nachgefragte Menge der angebotenen, der Markt wird also geräumt. Es bilden sich weder zunehmende Lager- noch Auftragsbestände. Mit dem Marktgleichgewicht geht die bestmögliche Versorgung und höchste Wohlfahrt einher: Denn es wird der maximale Umsatz realisiert und Konsumenten, Arbeitskräfte, Sparer und Produzenten erzielen maximale Tauschgewinne. Diese jeweiligen Residuen werden in der Ökonomie auch als Renten bezeichnet. Das Interesse der Haushalte am höchstmöglichen Nutzen und das Interesse der Unternehmen am höchsten Gewinn stehen also optimal miteinander im Einklang.

Schaubild 6: Marktgleichgewicht bei einem Gut

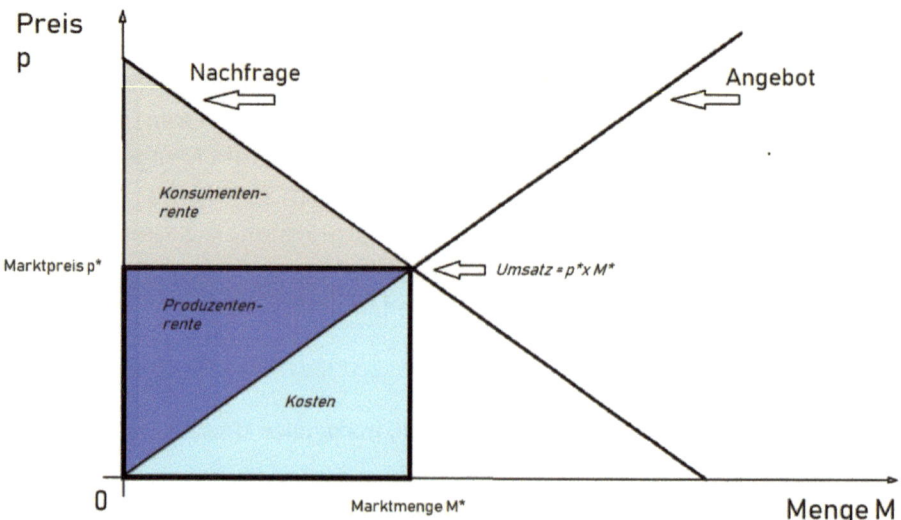

Für den Grenznachfrager, der die letzte auf den Markt kommende Einheit kauft, sind Kaufsumme und Marktpreis miteinander identisch, beim Grenzanbieter, der mit der letzten Mengeneinheit am Markt gerade noch zum Zuge kommt, entspricht der Gesamterlös den Produktionskosten. Alle anderen Anbieter und Nachfrager schöpfen Renten in unterschiedlichster Höhe ab, die aber für jeden Akteur bei seinem jeweiligen Einkommen, seinen persönlichen Wertvorstellungen und Vorlieben und gegebenen Preisen der anderen Güter maximal sind. Beim Marktpreis sind die Grenznutzen, die das betreffende Gut stiftet, und die Grenzkosten, die es beim Produzieren verursacht, miteinander im Einklang. Sie stimmen überdies mit den Opportunitätskosten überein, die in einer Welt der Knappheit und der Rivalitäten zwangsläufig anfallen, wenn Haushalte und Unternehmen eine Entscheidung treffen. Denn die Wahl einer Alternative bedeutet automatisch, dass eine andere nicht zum Zuge kommt. Die Aussage über den Teilmarkt A impliziert also auch eine Aussage über den Teilmarkt B (C, D, E…), auf dem die nächstbessere Alternative zu Gut A (B, C, D…) nachgefragt und angeboten wird. Beim Marktpreis oder besser: den gegebenen Marktpreis-Relationen stimmen die Grenzraten der Gütersubstitution und der Gütertransformation überein. Sie sind identisch mit den negativen

Kehrwerten der Preisrelationen. Das Schaubild 7 zeigt dieses Prinzip für das vereinfachte Beispiel von nur zwei miteinander konkurrierenden Gütern wie etwa Kingfisher Bier und Sula Wein oder Linsen und Kartoffeln oder Ghee und Senföl.

Schaubild 7: Marktgleichgewicht im 2-Güter-Modell

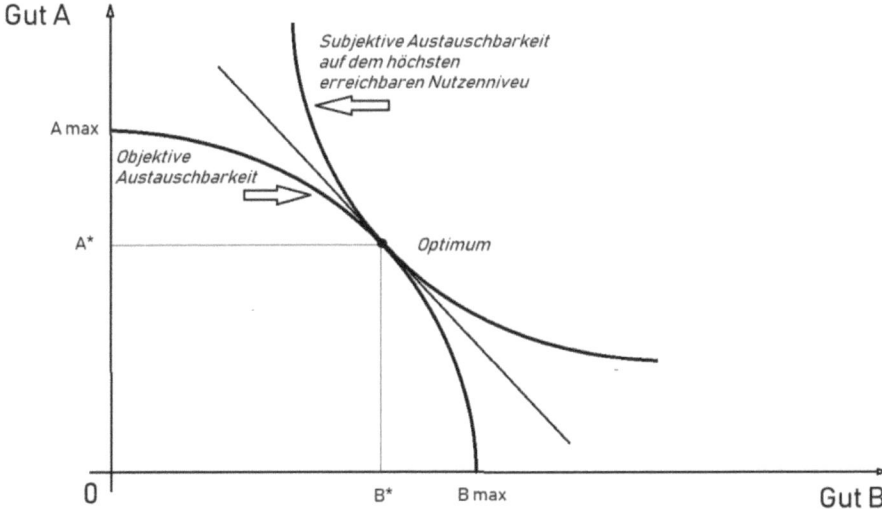

Fassen wir zusammen: In der Realität sind alle Teilmärkte miteinander vernetzt, weil Preise darüber informieren, wie Güter ineinander umrechenbar sind und wie sie gegeneinander ausgetauscht werden. Teilmärkte sind also über Preise wie kommunizierende Röhren miteinander verbunden, sie sind in einen interaktiven Simultanzusammenhang – also in ein übergeordnetes Ganzes – harmonisch integriert. Die Analogie zum Menschen liegt nahe, der in den Simultanzusammenhang des Universums eingebettet ist, das eine Einheit ist.

c) **Der Markt in einer Welt des Wandels – Deus ex machina bei der Bewältigung der Knappheit**

Außer den unveränderlichen Naturgesetzen scheint alles in der Welt einem Wandel zu unterliegen. „Panta rhei" (alles fließt) resümierte bereits der griechische Philosoph Heraklit. Auch Buddha war zu dieser Einsicht gelangt. Nicht nur der Mensch wird älter und reift an seinem wachsenden Erfahrungsschatz. Auch werden aufgrund neuer wissenschaftlicher Erkenntnisse laufend bessere Technologien entwickelt, die zu stetem Produktivitätsfortschritt beitragen und den Menschen zu steigenden Einkommen verhelfen. Innovationen bringen auch eine zunehmend reichhaltigere Güterpalette hervor und erhöhen die Zahl der Alternativen, die sich stellen. Ferner entwickeln sich laufend neue Bedürfnisse, die immer feinsinniger und immaterieller werden. Während sich in wirtschaftlich noch nicht so entwickelten Ländern wie Indien die Bevölkerung verjüngt, altert sie in reifen Volkswirtschaften wie Japan und Deutschland. Diese Entwicklungen finden ihren Niederschlag im System der relativen Preise, die einem laufenden Wandel unterliegen und Anpassungen erzwingen. Insofern wohnt dem Geschehen am Markt eine Tendenz zu einem dynamischen Gleichgewicht hin inne.

Steigt der Preis eines Gutes oder Produktionsfaktors, signalisiert dies, dass es/er knapper geworden ist. Das kann man etwa an den Preisen für Nahrungsmittel nach einer Dürreperiode sehen oder bei einem neuen Gut eines Pionieranbieters, auf das sich plötzlich alle Konsumenten stürzen: So ist ein allseits begehrter Modeartikel deutlich teurer als ein „Ladenhüter". Die Marktkräfte beseitigen geräuschlos und automatisch diesen Engpass. Werden etwa Kartoffeln teurer, weil es zu Ernteausfällen gekommen ist, steigen die Haushalte auf billigere Güter wie etwa Linsen oder Brot um. Die hohe Knappheitsprämie, die ein Pionierunternehmer erzielt, lockt Nachahmer an, zusätzliche Angebote kommen auf den Markt – die Angebotskurve im Schaubild verschiebt sich nach rechts –, dadurch sinkt der Preis. Diese marktimmanente Tendenz zur Preissenkung hat man auf den Computermärkten deutlich gesehen. Die für das zusätzliche Angebot erforderlichen Ressourcen werden dort abgezogen, wo Alternativen „ausgelistet" und Güter billiger geworden sind. Mit dem Marktgeschehen geht also ein laufender Strukturwandel einher. Nur dort, wo Strukturwandel möglich ist, kann es Wachstum geben. Herbert Giersch (1983) bemerkte dazu:

„Alles, was wächst, ändert seine Proportionen; und alles, was in seinen Proportionen erstarrt, weil es sich nicht anpassen kann oder will, hört auf zu wachsen. Dies gilt für alle Lebensbereiche, also auch für Wirtschaftsunternehmen und für Konglomerate von Unternehmen und Haushalten, wie wir sie innerhalb einer Region, eines Landes oder der Welt insgesamt vorfinden."

Werfen wir einen Blick auf die Produktionsfaktoren: Steigt der Lohn, weil das Arbeitskräfteangebot zurückgeht, entwickeln Unternehmen arbeitssparende Technologien, die dem sonst eintretenden Rückgang der Produktion entgegenwirken. Ebenso waren die vormals hohen Ölpreise die Auslöser für die Entwicklung der Fracking-Technologien. So hat diese vor allem in den USA verbreitete neue Technologie die dortige Standortqualität deutlich verbessert.

Kurzum: Hohe Marktpreise spiegeln also Versorgungsengpässe wider und lenken das Verhalten der Individuen in jene Bahnen, die die Hürde des Mangels überwinden helfen. Auf Märkten werden auch Verträge abgeschlossen, die die Zukunft betreffen, so dass in die Marktpreise Erwartungen über die Zukunft einfließen. Durch dieses Frühwarnsystem gewinnen die Menschen zusätzlich Zeit, drohenden Mangel durch Kreativität abzuwenden. „Wir müssen das Preissystem…als einen Mechanismus zur Mitteilung von Informationen verstehen, wenn wir seine wirkliche Funktion verstehen wollen" (Friedrich August von Hayek).

d) Zur Rechtfertigung der Gewinne

Der Markt belohnt geistige Pionierleistungen und Risikofreude und schafft somit ein günstiges Klima für Fortschritt im Dienste der Menschen. So zahlt sich die Entwicklung einer kostensparenden Technologie oder eines besseren Materials auch für den kreativen Ingenieur aus. Und jener, der eine Marktnische entdeckt oder geheime Konsumentenwünsche erahnt und das herbeigeträumte Gut als erster auf den Markt bringt, verdient natürlich eine Knappheits- und Risikoprämie. Das ist ein Aufschlag auf die marktübliche Rendite. Wer diese Einkommen für ethisch fragwürdig hält, der übersieht, dass die Nachfrager sie freiwillig zahlen und dass Kreativität und Risikofreude erlahmen, wenn man ihnen keinen Lohn zubilligt. Zudem hat die Gewinn-Medaille auch eine Kehrseite: nämlich den Verlust. Wer viel gewinnt, riskiert auch viel. Ferner sind Knappheits- und Risikoprämien keine finanziellen Ruhekissen oder ewigen Renten: Denn nach Ablauf der Patentfrist locken sie Imitationskonkurrenz an. Dadurch wird – auf mittlere Sicht – das Angebot zum Vorteil der Verbraucher erweitert und verbilligt. Der überdurchschnittlich hohe Gewinn ist also ein vorübergehendes Phänomen. Wollen Unternehmer dauerhaft überdurchschnittlich hohe Renditen erzielen, so müssen sie sich laufend etwas Neues einfallen lassen, da die Nachahmer den Pionieren stets dicht auf den Fersen sind. Kennzeichen dynamischer Märkte, die ein Segen für die Bevölkerung sind, ist somit der Wettlauf zwischen den schöpferischen und den nachahmenden Kräften, der durch die Aussicht auf Gewinn in Gang gehalten wird. Oskar Lange bemerkt hierzu treffend: „Das System des freien Wettbewerbs ist eigenartig. Es beruht darauf, dass die Unternehmer zum Narren gehalten werden. Um zu funktionieren, bedarf es des Strebens nach einem maximalen Gewinn, aber wenn mehrere danach streben, wird der Gewinn zerstört".

Kritiker, die das Streben von Unternehmern nach Gewinnen als „Profitgier" diffamieren und durch religiöse „Läuterungen"– bekämpfen wollen, übersehen die volkswirtschaftlich wichtigen Funktionen, die erfolgreiche Unternehmer erfüllen. Wer die Systemzusammenhänge durchschaut, muss dem Bekenntnis des verstorbenen amerikanischen Großunternehmers Paul Ghetty beipflichten: „Ich habe keine Komplexe wegen meines Reichtums. Ich habe hart für mein Geld gearbeitet, indem ich Sachen produziert habe, die die Leute brauchen. Ich glaube, dass der fähige Unternehmer, der Wohlstand und Arbeitsplätze schafft, mehr historische Beachtung verdient als Politiker und Soldaten". „Das Streben nach Gewinn ist die einzige Möglichkeit, bei der man den Bedürfnissen der anderen gerecht werden kann, ohne diese anderen zu kennen" (Friedrich August von Hayek).

e) Exkurs: Wie wirken Eingriffe in die Preisbildung?

Obwohl Marktpreise in einer Welt der Knappheit – also jenseits des Paradieses – ein unverzichtbares Lenkungsinstrument sind, können viele Menschen ihnen oft wenig abgewinnen. Aus der Sicht der Nachfrager gelten Marktpreise für Wohnungen ebenso als „zu hoch" wie Preise für Kredite, für Grundnahrungsmittel sowie für Gesundheitsdienste. Manche – vor allem aus dem religiösen Lager – halten einen Zins für Sparer für moralisch fragwürdig. Das Zinsverbot im Islam ist hierfür ein Beispiel. Als „zu niedrig" gelten hingegen vor allem Löhne. Ganz allgemein verleihen alle Anbieter den Marktpreisen dieses Attribut. Man denke an die Beurteilung der Nahrungsmittelpreise durch die Bauern. Die mit den Marktpreisen unzufriedenen Menschen ermuntern Politiker, zu ihren Gunsten in die Märkte zu intervenieren, um die „gerechten" oder „richtigen" Preise oder Löhne herzustellen. Politiker meinen zudem oft, sie hätten erzieherische Aufgaben und müssten verzerrte Präferenzen der Nachfrager korrigieren. Sie finden Preise für Güter, die sich nur Wohlhabendere leisten können, ebenso als „zu niedrig" wie Preise für Schnaps und Zigaretten, während sie hingegen Preise für Kultur oder für das, was als solches gehalten werden soll, in der Regel als „zu hoch" einstufen.

Das Instrumentarium, das die Politiker – auch aufgrund von falschem Rat durch vermeintliche „Experten" – einsetzen, besteht im Kern aus Höchst- und Mindestpreisen sowie aus Steuern und Subventionen. Wie wirken diese Interventionen? Ein Höchstpreis liegt unter dem Marktpreis. Er geht mit steigender Nachfrage bei gleichzeitig sinkendem Angebot einher, also mit einer Versorgungslücke und mit verminderten Tauschgewinnen. Mangel wirft grundsätzlich eine Verteilungsfrage auf. Es liegt auf der Hand, dass jener zum Zuge kommt, der gute Beziehungen hat oder der ein Bestechungsgeld zahlen kann. Es ist also fraglich, ob jenen der Höchstpreis nutzt, für die er gedacht ist. Das sind – wie am Wohnungsmarkt – in der Regel die sozial Schwachen. Wird hingegen ein Mindestpreis fixiert, geht die Nachfrage zurück und das Angebot nimmt zu. So hatte die Europäische Union (EU) lange Zeit durch staatliche Garantiepreise auf Kosten der Steuerzahler „Butterberge" und „Milchseen" erzeugt, die anschließend auf den Weltmärkten verschleudert worden sind. Subventionen und Steuern gehen ebenfalls mit Preisverzerrungen einher. In der „ersten Runde" stellen sich die Wohlfahrtsverluste ein, die sich bei statischer Betrachtung ergeben. Viel gravierender sind jedoch die langfristigen Wirkungen, die sich erst in der „zweiten Runde" einstellen. Durch Subventionsvergabe werden nämlich menschliche Anreize zerstört. Leistungswille, Phantasie und Kreativität erlahmen und Kostendisziplin lässt nach, wenn der Staat Zuschüsse zahlt. Stattdessen rennen Lobbyisten Politikern die Türe ein, es entfaltet sich also eine rege Nachfrage nach Alimenten. Das nachlassende Wirtschaftswachstum zieht dann in der dritten Runde neue Staatsinterventionen nach sich, die weiter auf das Wachstum drücken. Die chronische Wachstumsschwäche in den reicheren Ländern ist die Folge solcher sich aufschaukelnden Interventionsspiralen. Freilich spielen auch andere Gründe wie ein sinkendes Potential an Erwerbspersonen eine Rolle.

f) Exkurs: Muss ein Land subventionieren, weil ein anderes Land dies tut?

Verantwortungsvolle Politiker aufstrebender Nationen wie Indien, die reichen Ländern Domänen wie etwa den Flugzeugbau streitig machen wollen, fragen natürlich zu Recht, ob Staatshilfen für einen Newcomer nicht deshalb nötig wären, weil die Etablierten wie Boeing und Airbus staatliche „Finanzspritzen" injiziert bekämen. Es stellt sich jedoch die Gegenfrage, ob die Marktgiganten tatsächlich einen Konkurrenzvorteil haben, weil sie bezuschusst werden. Das aber muss bezweifelt werden, denn die Eigenanstrengungen dürften wohl nachlassen, wenn Staatsgelder fließen. Der Zuschuss geht also wahrscheinlich mit einer verminderten Produktivität einher, so dass die Stückkosten wahrscheinlich unverändert oder vielleicht sogar höher sind. Bei dauerhafter Subventionierung ist anzunehmen, dass Politiker verstärkt in die Betriebsführung hineinreden. Die verantwortlichen Politiker aufstrebender Nationen sollten also nicht mit Zuschüssen für einen heimischen Marktneuling liebäugeln und das begehrte Gut lieber importieren, wenn dieser preislich nicht wettbewerbsfähig sein sollte. Ein auf sich gestellter Newcomer hat bessere Chancen, den Wettlauf um die Zukunft zu gewinnen als staatlich verzogene Marktgiganten, in deren Aufsichtsräten Politiker sitzen. Außerdem gibt es bessere Verwendungsmöglichkeiten für Steuergelder als aktive Industriepolitik. Zu denken ist an die Herstellung von Chancengleichheit für die Bevölkerung.

g) Exkurs: Gehören Netzbetriebe in staatliche Hand?

Es gibt in der Realität Fälle, in denen bei einer Bedienung des Marktes durch mehrere Anbieter Ressourcen vergeudet würden. Sie liegen im Eisenbahn-, im Energie- sowie im Informations- und Kommunikationssektor vor, wo die Errichtung von Parallelnetzen durch mehrere Konkurrenten unsinnig wäre. Es stellt sich die Frage, ob solche Unternehmen in staatliche Hand gehören, um die Bürger vor Ausbeutung durch gewinnsüchtige Privatmonopolisten zu schützen. Diese Gefahr ist nicht von der Hand zu weisen, da ein Monopolist – anders als ein Wettbewerber – Einfluss auf den Preis hat. Während für den Wettbewerber der Marktpreis ein Datum ist, kann der Monopolist durch Verknappung des Angebotes den Marktpreis in die Höhe treiben. Er kann sich also an den Kunden bereichern, indem er eine Menge auf den Markt bringt, die niedriger ist als jene, die sich bei Konkurrenz einstellt.

Ohne Zweifel ist in dieser Situation der Staat herausgefordert. Seine Aufgabe liegt aber nicht darin, selbst den Betrieb zu übernehmen. Vielmehr hat er das Netz bereitzustellen und das Netzmonopol vom Betriebsmonopol zu trennen. Der Staat muss einen Privaten, der als Sieger aus einem Ausschreibungsverfahren hervorgegangen ist, befristet mit der Aufgabe des Betriebs betrauen. Hält dieser nicht, was er verspricht, kommt ein Konkurrent zum Zuge. So ist für Kostendisziplin und für moderate Preise gesorgt. Tritt hingegen der Staat als Produzent in Aktion, dessen Macht dauerhaft abgesichert ist, dann ist ökonomischer Schlendrian programmiert, zu dem sich oft hoheitliches Imponiergehabe gesellt.

h) Exkurs: Sollte sich die Daseinsvorsorge in staatlicher Obhut befinden?

Verbreitet ist die Ansicht, dass die sogenannte Daseinsvorsorge staatlichen Monopolisten überantwortet werden sollte. Beispiele dafür sind der soziale Wohnungsbau, der öffentliche Personennahverkehr oder städtische Versorgungs- und Entsorgungsbetriebe (Gas, Strom, Wasser und Abwasser, Müllabfuhr). Es wird geglaubt, dass ein Staatsmonopolist besser dem Gemeinwohl dient als private Anbieter, weil er nicht nach Profit strebt, sondern „nur" die Kosten decken möchte. Wer den Bürger beim staatlichen Anbieter in besserer Hand sieht als beim gewinnorientierten Wettbewerber, übersieht aber wichtige Tatsachen und ökonomische Zusammenhänge. Denn 1) ist gerade das Gewinnstreben – von Linken, Moralaposteln und Religionsvertretern als „Profitgier" diffamiert – Garant für Kostendisziplin, technischen Fortschritt sowie für Produkt- und Verfahrensinnovationen. In innovativen Unternehmen entsteht neues Wissen, das auch der Wissenschaft dient. 2) verhindert der Wettbewerb, dass überhöhte Preise durchgesetzt werden können und er sorgt für einen permanenten Druck auf die Preise. 3) wird übersehen, dass das Gewinnstreben nur ein Sonderfall des allgemeinen Strebens der Menschen nach Verbesserung des irdischen Loses ist. Wer es ablehnt, müsste konsequenterweise auch das Streben der Arbeitnehmer nach höheren Löhnen und mehr Freizeit ablehnen. 4) können die Kosten des öffentlichen Monopolisten unkontrolliert wuchern, weil die Anreize und Strafen, die am Markt wirken, fehlen und Verluste auf die Steuerzahler abgewälzt werden können. De facto hängen nicht wenige öffentliche Monopolisten am Subventionstropf. Staatlich angebotene Güter wie etwa Sozialwohnungen sind oft sogar teurer als vergleichbare Wohnungen am freien Markt, der ohne staatliche Finanzspritzen auskommen muss.

i) Der Markt ist auch ein gerechtes, soziales und humanes System

Am Markt herrscht Leistungsgerechtigkeit. Jene, die überdurchschnittliche Leistungen erbringen, die Risiken eingehen, die Arbeitsleid auf sich nehmen und die auf Freizeit verzichten, erzielen überdurchschnittlich hohe Einkommen. Der Markt, der auf Spezialisierung und Tausch fußt, ist aber auch sozial. Durch Kopfarbeit der geistigen Elite, durch außerordentliche handwerkliche Talente, durch kreative Ideen und durch den Mut, auf eigenes Risiko Neues zu wagen, entstehen Arbeitsplätze und Einkommen auch für die schwächeren Mitglieder einer Gesellschaft: Ihr Part ist, die zu den Spitzenleistungen komplementäre Handarbeit oder die einfachen Dienstleistungen zu erbringen. Freilich verdient das Gros der ausführenden Kräfte, die keine Qualifikationen erworben haben, weniger als die Zugpferde der Wirtschaft. Doch leben die sozial Schwächeren in einer dynamischen Wirtschaft und Gesellschaft, die überdurchschnittliche Einkommen ihrer Leistungselite toleriert, allemal besser als in einem System, das durch egalitäre Umverteilung den Fortschritt abwürgt und Eigeninitiative der Transferempfänger verkümmern lässt. Bei näherer Betrachtung wird also offenkundig, dass das vermeintlich sozialere und gerechtere System eklatant gegen die „Gerechtigkeit-als-Fairness-Regel" des amerikanischen Philosophen John Rawls verstößt: Derzufolge hat Gerechtigkeit dort eine Grenze, wo es den Armen trotz, aber auch wegen der Umverteilung schlechter geht als zuvor. Auf Neid beruhende Umverteilung ist also letztlich weder gerecht noch sozial noch human. In der Wirklichkeit beruhen allerdings nicht alle überdurchschnittlich hohen Einkommen auf Fleiß, besonderen Talenten, Risikofreude, Kreativität und Sparsamkeit. Hohe nicht marktgerechte Einkommen bei gleichzeitiger wirtschaftlicher Diskriminierung breiter Schichten hat aber der Staat zu verantworten, der ordnungspolitisch versagt hat. Davon später.

Die Reichen auf dieser Welt fallen zwar mitunter durch Protzkonsum, Verschwendungssucht und Egomanie auf. Auch gehen nicht alle Unternehmer oder Manager gut mit ihren Mitarbeitern um. Aber „schwarze Schafe" gibt es in allen Bevölkerungsgruppen. Man darf diese negativen Beispiele nicht verallgemeinern. Es gibt ebenfalls viele bescheidene und philanthropische Unternehmer. Der amerikanische Milliardär Bill Gates und seine Frau Melinda beispielsweise unterstützen die Bekämpfung und Behandlung von Krankheiten in der ganzen Welt sowie die Entwicklung der Landwirtschaft. Die Stiftung fördert auch die Bildung benachteiligter Jugendlicher in den Vereinigten Staaten. Die Stiftung ist 1994 gegründet worden. Bis

Ende des Jahres 2015 sind für diese Zwecke 36,5 Milliarden Dollar geflossen. Der indische Unternehmer Azim Premji hat nicht nur das Softwareunternehmen Wipro an die Weltspitze katapultiert und ist in die Riege der reichsten Menschen dieser Welt aufgestiegen. Er hat auch große Teile seines Privatvermögens in die Ausbildung junger Menschen gesteckt. Soziales Engagement zeichnet auch den indischen Unternehmer Narayana Murthy aus, der die IT-Firma Infosys zum Weltunternehmen gemacht hat. Ferner hat die Tata-Gruppe – sie ist 1870 vom Parsen Janshedji Tata gegründet worden – große Summen in soziale Projekte, Krankenhäuser und Bildungseinrichtungen gesteckt. Es ließen sich Bücher füllen mit der Aufzählung philanthropischer Unternehmer.

Fazit: Wer in der Marktwirtschaft einen Tummelplatz für Egoisten und Ausbeuter sieht und vor „Anhaftung" oder „Gier" warnt, der übersieht ihre segensreichen Wirkungen und ihr überaus soziales wie humanes Wesen. Die philanthropischen Aktivitäten der zahlreichen – von „social entrepreneurs" ins Leben gerufenen – NGOs („Non-Governmental Organizations") zeigen dies deutlich. In Wirklichkeit ist der Markt die erfolgreichste soziale Einrichtung, die der menschliche Geist je entdeckte. In einer solchen Ordnung entfalten sich Tatkraft, Phantasie und Kreativität, um die Zukunft, die sich hinter dem „Schleier der Ungewissheit" (John Rawls) verbirgt, bestmöglich zu gestalten. Die Marktwirtschaft ist letztlich die Voraussetzung dafür, dass Zukunftsvisionen wahr werden.

Freilich weicht die Marktwirtschaft in der Realität von ihrem idealen Modell ab und hat zahlreiche Mängel. Doch liegt – wie wir noch sehen werden – die Verantwortlichkeit für Marktversagen im politischen System begründet oder geht auf Erziehungsfehler und Ethikdefizite zurück.

3. Die eigentlichen Aufgaben des Staates

Es ist nicht Aufgabe des Staates, laufend in angeblich versagende oder korrekturbedürftige Märkte zu intervenieren, den konjunkturellen Wagenlenker zu spielen, Preise künstlich zu manipulieren oder Güter und Dienste zu produzieren, bei denen Preise erhoben werden können und die deshalb ohne weiteres durch Private auf Märkten herstellbar sind. Denn der Staat hat die Informationen nicht, die nötig wären, um es besser zu machen als der Markt. Es ist auch nicht geboten, durch wuchernde Bürokratie wirtschaftliche Aktivitäten verkümmern zu lassen. Ferner sollten der Schutz von Marktteilnehmern vor unbequemer Konkurrenz und die Gewährung von Privilegien zu den Tabus des Staates zählen. Schließlich sollte der Staat in der Sozialpolitik nur subsidiär tätig werden. Überzogene Sozialpolitik ist Verführung statt Hilfe. Sie verdrängt Leistung und macht abhängig vom „Sauerstoffzelt staatlicher Fürsorglichkeit" (Joseph Alois Schumpeter).

In einem Land wie Indien, das lange sozialistisch ausgerichtet war, steht zunächst die Rücknahme der ordnungspolitischen Sünden der Vergangenheit auf der Agenda, also die Befreiung von den bürokratischen Fesseln, die der wirtschaftlichen Aktivität von Individuen und dem freien Spiel der Marktkräfte angelegt worden sind. Es geht vor allem um die Deregulierung und Liberalisierung der Wirtschaft, die Privatisierung von Staatsbetrieben, den Abbau von Subventionen und sonstigen Privilegien, die Bekämpfung der Korruption und die Entbürokratisierung.

Vielmehr ist es originäre Aufgabe des mit Zwangsgewalt ausgestatteten Staates, für äußere und innere Sicherheit zu sorgen, die ordnungspolitischen Weichen zu stellen und die Grundvoraussetzungen zu schaffen, damit wirtschaftende Menschen, die ihr Eigeninteresse verfolgen, gleichzeitig dem Wohl ihrer Mitmenschen dienen. Es geht darum, die Rahmenbedingungen für eine funktionierende Wettbewerbswirtschaft zu schaffen, die auf Fleiß, Kreativität, Lernbereitschaft, Sparsamkeit, Weitblick, Wagemut und Selbstverantwortlichkeit der einzelnen Marktpartner fußt. Zu den eigentlichen Aufgaben des mit Zwangsgewalt ausgestatteten Staates gehört also, dafür zu sorgen, dass die Individuen in Ruhe ihren wirtschaftlichen Aktivitäten nachgehen können. Es liegt auf der Hand, dass Menschen nur dann ungehindert produzieren und tauschen können, wenn sie wissen, dass keine Gefahr droht. Durch Landesverteidigung, Polizeischutz und Rechts- und Justizwesen müssen Leben, Gesundheit und Eigentum geschützt und Rechtsverstöße geahndet werden. Auch muss der Souverän dafür sorgen, dass Verträge eingehalten werden, dass Verursacher von Schäden haften und dass Spielregeln eingehalten werden wie z.B. Mindestbeträge für das erforderliche Eigenkapital eines Unternehmens oder die Verpflichtung, eine Lebens-, Kranken-, Unfall- und Arbeitslosenversicherung abzuschließen. Dazu gehört dann auch die Durchsetzung von Regeln. Denn Regeln, die nur auf dem Papier stehen, sind wertlos.

Ein wichtiges öffentliches Gut ist ferner der Schutz des Wettbewerbs. Menschen streben meist nach dem Schutz vor dem Wettbewerb, und private Initiative würde niemals Offenheit der Märkte und Wirtschaftsfreiheit hervorbringen, sondern Ausschluss von Konkurrenz. Bereits Adam Smith hat die „hinterlistigen Machenschaften unbedeutender Krämer, ... den unverschämten Neid der Händler und Handwerker ... und die gemeine Habgier und den Monopolgeist" empört angeprangert. Der französische Ökonom Frédéric Bastiat beschrieb die „unselige Neigung, welche mehr oder weniger alle Menschen in sich fühlen, das gemischte Los des Lebens und die Gesetze der Natur dahin zu korrigieren, dass sie alle Arbeit den anderen und allen Genuss sich selber zuteilen". Es ist wohl eine der wichtigsten und zugleich die schwierigste Aufgabe des Staates, den Nachfragern nach Protektionismus und Privilegien eine Absage zu erteilen und für Offenheit der Märkte nach innen und außen zu sorgen. Dies erfordert Politiker, die sich nicht durch Wählerstimmen machtvoller Interessengruppen bestechen lassen. Der neutrale Schiedsrichterstaat ist in der Tat ein starker Staat. Denn er muss immun gegen Bestechung sein. Eine Utopie ist dies freilich nicht. Denn die geschädigte Allgemeinheit ist in der Mehrheit. Man muss sie nur mobilisieren. Dies erfordert auch, die von Lobbyisten vorgetragenen Scheinargumente zu widerlegen.

Der Schutz des Wettbewerbs beinhaltet zudem, dass der Staat dort einschreitet, wo Unternehmer versuchen, Kartelle zu schmieden. Große Unternehmen, die den Markt unter sich aufteilen, neigen dazu, die Preise, Qualitäten und sonstigen Verkaufskonditionen (Lieferfristen, Service etc.) abzusprechen, um bei überhöhtem Einkommen bequem auf Kosten der Nachfrager zu leben. Schon Adam Smith konstatierte: „Geschäftsleute des gleichen Gewerbes kommen selten, selbst zu Festen und zur Zerstreuung, zusammen, ohne dass das Gespräch in einer Verschwörung gegen die Öffentlichkeit endet oder irgendein Plan ausgeheckt wird, wie man die Preise erhöhen kann". Doch werden diese Pläne meist durch Wettbewerber durchkreuzt. Problematisch sind Großanbieter. Um Absprachen zwischen diesen zu verhindern, bedarf es einer Monopol- oder Kartellbehörde, die die verdächtigen Unternehmen ins Visier nimmt und ein privates Komplott gegen die Öffentlichkeit hart bestraft. Das wirkt zugleich abschreckend auf potentielle Sünder. Disziplinierend wirkt ferner die Offenheit der Märkte. Denn die besten Hoffnungsträger dafür, dass Kartelle oder Monopole nicht das ewige Leben haben, sind neue Anbieter, die sich von einer langfristigen Interessengemeinschaft mit den Nachfragern mehr versprechen als von kurzfristigen Ausbeutungsstrategien. So hat das Erdölkartell OPEC letztlich wegen der Konkurrenz an Bedeutung verloren.

Gefragt ist der Staat auch bei der Finanzierung der Grundlagenforschung, die ebenso den Kriterien für öffentliche Güter entspricht: So sind neue naturwissenschaftliche Erkenntnisse oft – von Missbrauchsgefahren abgesehen – ein Segen für die Menschheit, denn diese kann das Problem der Knappheit umso besser bewältigen, je mehr sie versteht, die Geschenke der Natur zu nutzen. Werden beim Produzieren verstärkt Naturkräfte wie etwa Elektrizität eingesetzt, wird menschliche Arbeit ergiebiger und weniger mühsam. Obwohl der Unterschied im Lebensstandard des modernen Menschen und eines Primaten letztlich auf der Nutzung von Naturkräften fußt, bezahlen nur wenig Menschen freiwillig für die Grundlagenforschung. Dies liegt am Freifahrerproblem, denn Ergebnisse von Grundlagenforschung führen in der Regel nicht zu direkt verwertbaren und damit patentierbaren Produkten, die unmittelbare Erträge abwerfen. Erst auf langen Umwegen verwandeln sich die wissenschaftlichen Neuerungen in ein handfestes Produkt, das dem Pionierunternehmen einen überdurchschnittlich hohen Gewinn beschert, der Nachahmer anlockt.

Der Staat muss zudem Sorge dafür tragen, dass die medizinische Grundversorgung aller Bürger gesichert ist, ferner dass alle Kinder eine Elementarausbildung bekommen und dass alle entsprechend Begabten einen freien Zugang zu weiterführenden Schulen, Hochschulen und Berufsbildungsstätten haben und auch über die Mittel verfügen, die die Inanspruchnahme dieser Leistungen kostet. Auch fällt neben der Infrastruktur im Gesundheits- und Bildungswesen, die für Chancengleichheit sorgen soll, die Infrastruktur im Transport-, Informations- und Kommunikationswesen in den staatlichen Verantwortungsbereich. Öffentliche Kompetenz in diesen Sektoren bedeutet aber nicht, dass der Staat auch als Produzent und Financier auftreten muss. In Teil VI präsentieren wir die Idee der privaten Finanzierung von Bildung und Gesundheit, die für Indien besondere Relevanz haben dürfte, weil dort die Steuergelder äußerst beschränkt sind und das Budgetdefizit sehr hoch ist. Der Staat hat also – um das zu wiederholen – vor allem organisatorische Aufgaben zu erfüllen. So muss er etwa dafür sorgen, dass Grund und Boden leicht übertragbar sind und dass gesamtwirtschaftlich bedeutsame Projekte nicht am Widerstand einzelner Privateigentümer scheitern. Sollen etwa wichtige Straßen gebaut werden, so muss der Staat privaten Investoren Wegerechte übertragen und sie zur Zahlung einer marktüblichen Entschädigung verpflichten. In Indien liegt hier einiges im Argen.

Ein Gemeinwesen sollte auch eine soziale Grundsicherung für jene Menschen garantieren, deren Einkommen unter dem Existenzminimum liegt. Dafür sprechen sowohl ökonomische wie auch humane Gründe. So wagt ein potentieller Unternehmer den Sprung in die Selbständigkeit und die Übernahme von Risiken nur, wenn er weiß, dass er bei Eintritt des Risikofalles durch ein soziales Netz aufgefangen wird. Außerdem ist es in einem humanen Gemeinwesen Konsens, dass auch für die schwächsten Menschen, die sich selbst nicht helfen können, gesorgt ist. Allerdings darf diese Überlebenshilfe nicht zu hoch angesetzt werden, um keine Arbeitsanreize zu zerstören. Liegt die anonym gewährte Unterstützung zu nahe am Marktverdienst der unteren Lohngruppen, tendiert sie dazu, Verführung statt Hilfe zu sein – nämlich Verführung dazu, Eigenanstrengung zu unterlassen, um so die Kriterien für Hilfsbedürftigkeit herzustellen. Bequemes Nehmen geht letztlich mit einem Verlust an Selbstverantwortlichkeit und Selbstverantwortung einher. Auch jene, die die staatliche Wohltätigkeit finanzieren müssen, werden entmutigt, was nicht zuletzt auch zu Lasten der unteren Einkommensschichten geht. Je mehr der Staat wirtschaftliche Aktivitäten belastet, um Sozialausgaben tätigen zu können, umso weniger leisten Private und umso geringer fällt ihre Hilfsbereitschaft aus.

Die vorwiegend ordnungspolitischen Aufgaben des Staates, die bisher angesprochen worden sind, fallen organisatorisch auf zentraler Ebene an. Was die konkrete Umsetzung anbelangt, sind in vielen Fällen die nachgelagerten Staatsebenen einzubinden, die sich mit der jeweiligen Zentrale abstimmen sollten – etwa im Polizeiwesen oder bei der Infrastruktur. Die Landesverteidigung und der rechtliche Rahmen, die friedliches Zusammenleben in Wirtschaft und Gesellschaft garantieren, sind aber klassische Aufgaben des Zentralstaates.

Auf zentraler Ebene ist zudem die Aufgabe einer stabilitätsorientierten Geldversorgung durch eine unabhängige Notenbank anzusiedeln. Sie muss die Geldmenge im Gleichschritt mit den realen Produktionsmöglichkeiten erhöhen. Lässt sie hingegen die geldpolitischen Zügel locker, führt dies – mit zeitlicher Verzögerung – zu

Inflation. Geldentwertung stört jedoch den Mechanismus der relativen Preise bei seiner Funktion, Versorgungsengpässe zu beseitigen. Wenn ein Gut teurer geworden ist, dann können die Marktteilnehmer nämlich nicht mehr genau unterscheiden, inwieweit sich dahinter der Anstieg des allgemeinen Preisniveaus oder eine höhere Knappheit des betreffenden Guts im Vergleich zu anderen Gütern verbirgt. Die Gefahr liegt auf der Hand, dass die Mengenanpassung an den Preis nicht den oben erörterten Optimalitätsregeln entspricht. Bei Inflation können also Preise ihre Funktion als Knappheitsindikator nicht mehr richtig erfüllen: „Der Sender, der die relativen Preise überträgt, wird durch die Geräusche des Senders für Inflation gestört"(Milton Friedman). Zudem erleiden die Sparer bei unerwarteter Inflation Zins- und Vermögensverluste, während Staat und private Schuldner entsprechend profitieren. Während die Sparaktivität erlahmt, ufert die Verschuldung aus. Fazit: Es ist für eine Volkswirtschaft überragend wichtig, dass ein unabhängiger- und für die Regierung sicher „unbequemer" – Notenbankpräsident nominiert wird, der der Preisstabilität verpflichtet ist. Wird allerdings ein Notenbankpräsident eingesetzt, der der Regierung zu Diensten ist, dann ist programmiert, dass er die Notenpresse ankurbelt, um Haushaltsdefizite aufgrund ausufernder Staatsausgaben und Wahlgeschenke zu finanzieren und um die Staatsschulden zu entwerten.

Für Indien sind große räumliche Ungleichgewichte typisch. Während es in den ärmlichen ländlichen Regionen kaum Arbeitsplätze und Einkommenschancen außerhalb der Landwirtschaft gibt, boomen die stark wachsenden Megastädte, in denen die Software-Schmieden und die Industriepaläste des 3. Jahrtausends wie Pilze aus dem Boden schießen. Dort sind die Zeichen der Überhitzung unübersehbar, die Infrastruktur ist stark überfordert und ein hoher Anteil der städtischen Bevölkerung wohnt in Slums. Diese Disparitäten oder Parallelwelten sind eine Herausforderung für die Regierungen der einzelnen Bundesländer sowie der nachgelagerten Organisationsebenen. Ihnen kommt die regionalpolitische Aufgabe zu, Entwicklungskonzepte für das ländliche Indien zu konzipieren und entsprechende privatwirtschaftliche Initiativen zu organisieren, zu koordinieren und zu moderieren. Es geht um die gezielte Anwerbung von wirtschaftlichen Zugpferden, also von Unternehmen, zu denen möglichst viele andere Wirtschaftsaktivitäten komplementär sind, die dann – nach entsprechender Schulung – von der Landbevölkerung durchgeführt werden können und die möglichst umweltfreundlich sind. Das ist vor allem im Dienstleistungssektor der Fall. Außerdem sollte die Landbevölkerung – statt lethargisch auf Staatshilfe zu warten - arbeitstechnisch am Ausbau der Infrastruktur beteiligt werden, soweit die dafür erforderlichen Qualifikationen leicht erlernbar sind.

Es wäre verfehlt, zu glauben, dass die Welt automatisch heil ist, wenn der Markt bestmöglich funktioniert und die Annahme idealtypischer Politiker und Bürokraten, die ihre ordnungspolitischen Hausaufgaben gemacht haben, zutrifft: Denn die Aktivitäten von Individuen finden ja nicht allein auf Märkten und in der Politik statt. Auch im Privat- und Familienleben und im gesellschaftlichen Miteinander ist Machtmissbrauch möglich und besteht Raum für unlautere Handlungsmotive. Gerade in Indien gibt es im Nicht-Markt-Sektor viel Gewalt von Männern gegenüber Frauen und von privilegierten Kastenmitgliedern gegenüber Shudras, Dalits und Adivasis. Auch manche Kinder wachsen in lieblosen oder mit der Erziehungsaufgabe überforderten Elternhäusern auf. Geschätzte 40 Millionen werden ganztags zur Kinderarbeit statt in die Schule geschickt. Für diese Fälle sollte es – neben Polizei und Justiz – staatliche Beschwerde- und Beratungsstellen sowie Auffangstationen geben, die eng mit NGOs zusammenarbeiten. Diese Institutionen sollten an unterster Staatsebene angesiedelt sein, die aber mit höheren Ebenen vernetzt sein sollten. Die Beschwerden sollten automatisch nach oben weitergeleitet werden, wobei sporadische Kontrollen erfolgen sollten.

Realiter gibt es aber auch unter den Staatsdienern solche, die ihre Macht auskosten und versuchen, sich unrechtmäßig zu bereichern. „Macht korrumpiert. Absolute Macht korrumpiert absolut" (Lord Acton). So hat Indien ein massives Korruptionsproblem und der Staat ist gefordert, etwas dagegen zu tun. Die allgegenwärtige Bestechlichkeit spiegelt z.T. nicht zuletzt die gigantische Dimension der staatlichen Genehmigungspflichten wider. Wären wirtschaftliche Aktivitäten automatisch erlaubt, die bestimmte Voraussetzungen erfüllen, und müsste der Staat – um die Tätigkeit zu verbieten – im Einzelfall nachweisen, dass dies nicht der Fall ist, dann wäre dieses Problem wohl weniger akut. Begleitend könnte der Staat eine von ihm finanzierte Stiftung ins Leben rufen, die verschiedene Angebote testet und bewertet und die Ergebnisse zum Nulltarif veröffentlicht. Dann könnten die Interessenten die schwarzen Schafe am Markt, die die Minimalstandards nicht einhalten, gezielt meiden. Eine andere Ursache für Korruption ist die mangelnde Kontrolle Staatsbediensteter. So ist es häufig, dass Täter Polizisten bestechen. Dem kommt man bei, indem man Shudras, Dalits, Adivasis und Frauen zu Polizisten macht und ihr Tun einer internen Kontrolle unterwirft. Informations-, Kontroll- und Sanktionsmechanismen sollten auch dort eingebaut werden, wo Staatsdiener entscheiden, welches private Unternehmen einen öffentlichen Auftrag erhält.

Politiker unterliegen zwar insoweit der Kontrolle, als demokratische Wahlen stattfinden. Doch sind letztlich auch demokratisch gewählte Politiker bestechlich, weil sie Wahlgeschenke an jene verteilen können, von denen sie sich die meisten Stimmen erhoffen. Sie verdanken ihre Macht der Umverteilung oder der Bevorzugung derjenigen, die sie wählen. Und zwar zu Lasten der desinformierten Allgemeinheit, zu der letztlich auch die Günstlinge zählen. Nach dem Motto: Von der linken Tasche in die rechte, nach Abzug aller Verwaltungskosten und anreizmindernden Effekte. Dieses Spiel mit einer negativen Spielsumme ist das Grundproblem moderner Demokratien, die sich offensichtlich die programmierte Wertvernichtung durch den öffentlichen Sektor leisten können, weil ihr Marktsektor so effizient und robust ist. Gefälligkeitsdemokratien sind das Gegenteil des oben skizzierten idealen Staatswesens. Der Zentralstaat kann sich allerdings selbst vor der Falle eines nichtneutralen Interventionsstaates schützen, indem er den Grundsatz der Neutralität gegenüber den Bürgern zu einer Verfassungsnorm erklärt und dies auch einhält. Es ist zudem wünschenswert, dass ein Wettbewerb zwischen den einzelnen Bundesländern herrscht, weil dann die Bürger auch mit den Füssen abstimmen können.

4. Der hohe Stellenwert der Ethik

Wo Menschen agieren, besteht grundsätzlich die Gefahr, dass sie versuchen, andere zu beherrschen oder sich zu deren Lasten zu bereichern. Dies gilt vor allem, wenn Macht im Spiel ist und Missbrauch der Macht nicht wirksam bestraft wird. Als Beispiel wird zumeist ein Monopolist am Markt herangezogen oder mächtige Großanbieter, die die Preise absprechen. Die anderen Fälle von Machtmissbrauch werden in der öffentlichen Diskussion meist unter den Teppich gekehrt, obwohl sie erheblich sind. Es sind nämlich auch Politiker und Bürokraten in machtvollen Positionen: Kein Bürger kann sich wirksam zur Wehr setzen, wenn es zwischen den Parteien den Konsens gibt, die Steuern zu erhöhen. Auch muss der Bürger die geforderte Bestechungssumme wohl oder übel bezahlen, wenn ihm der „Staatsdiener" die benötigte Genehmigung nur so erteilen will. Ferner können die schwarzen Schafe unter den Brahmanen, Ayatollahs und Kirchenfürsten als vermeintliche Autoritäten, die im Besitz der absoluten Wahrheit sind, Gläubige beherrschen und ausbeuten. Zudem unterstellt man Wissenschaftlern und Bildungseliten höhere Einsicht in die Systemzusammenhänge, so dass sie beträchtlichen Einfluss ausüben und Schaden anrichten können – vor allem, wenn sie die Politik beraten. Nicht zuletzt sind Kinder von den Eltern abhängig, Babys sind diesen sogar völlig ausgeliefert. Es gibt immer wieder Eltern, die ihre Kinder oder Schutzbefohlenen sträflich vernachlässigen und schikanieren. Neben Marktversagen gibt es also auch Staatsversagen, Religionsversagen, Wissenschaftsversagen und Erziehungsversagen.

Als Gegengewicht zur Macht ist – neben hoheitlichen Maßnahmen, die auch den Staat selbst disziplinieren – Ethik unabdingbar. Moralische Grundregeln – wie etwa die Zehn Gebote im Juden- und im Christentum – sorgen dafür, dass der Mensch nicht nur unter Fremd-, sondern auch unter Selbstkontrolle steht. Ethik kann religiös fundiert sein, sie muss es aber nicht. Auch jene, die Gottes Existenz anzweifeln, können aus ihrer Vernunft heraus Regeln ableiten, die für die Harmonie innerhalb eines Gemeinwesens erforderlich sind. Die Grundlagen der Ethik werden vor allem durch Eltern, Lehrer und religiöse Instanzen sowie philosophische Bücher vermittelt.

a) Der neutrale Beobachter als Kontrollinstanz und als Wurzel der Ethik

Ethik verdankt ihre Existenz der Fähigkeit des Menschen, sich in andere hineinversetzen zu können. Nach Adam Smith überprüft und bewertet der Mensch seine Möglichkeiten, zu handeln, aus der Perspektive eines neutralen Beobachters. Man kann auch „Gewissen" dazu sagen. Hinter dieser Instanz können sich imaginierte Mitmenschen ebenso verbergen wie Gott. Auch Immanuel Kant fühlte sich von einem inneren Richter beobachtet. Sein Kategorischer Imperativ lautet: „Handle nur nach derjenigen Maxime, durch die du zugleich wollen kannst, dass sie ein allgemeines Gesetz werde." Der neutrale Beobachter würde es missbilligen, wenn der Mensch seinen Mitmenschen Schaden zufügt, und er würde es begrüßen, wenn der Mensch seinen Mitmenschen Gutes tut. Daher halten sich die meisten Menschen an die Grundregeln harmonischen Zusammenlebens, die aus ethischen Verboten sowie aus Tugenden bestehen.

Ein harmonisches Zusammenleben erfordert, dass der Mensch einem anderen kein Leid antut, also dessen Naturrecht auf Leben, freie Entfaltung und Menschenwürde achtet und ihm nichts wegnimmt. Dazu zählt – neben seinem Lebenspartner – sein materielles Eigentum, soweit es fair, also unter Wettbewerbsbedingungen, erworben worden ist, sowie – innerhalb einer Patentfrist – sein geistiges Eigentum.

Einkommen und Vermögen, die hingegen auf ökonomischer, politischer und religiöser Macht gründen, sind unrechtsmäßig erworben. Dabei ist zu beachten, dass ökonomische Macht stets auf Politik- oder Ethikversagen gründet. Die Politik darf nicht einzelne vor dem Wettbewerb schützen und ihnen – aus Steuergeldern finanziert – Geschenke machen, um wieder gewählt zu werden. Vielmehr muss sie durch umfassende Öffnung der Märkte den Wettbewerb garantieren und jedem Bewerber eine faire Chance geben.

Konkurrenz – bzw. freie Marktwirtschaft – hat nichts gemein mit Sozialdarwinismus, seelischem Deformationsprinzip oder Ellenbogensystem – auch wenn Intellektuelle immer wieder solche Unwahrheiten behaupten. Konkurrenz ist vielmehr mit dem Wettlauf der Antike (concurrere = miteinander laufen) eng verwandt, bei dem das Überflügeln des Mitbewerbers nichts, aber auch gar nichts mit Unfairness zu tun hatte, solange man dem Mitbewerber kein Bein stellte, also die Konkurrenz ausschaltete. Der Wettbewerb ist wie der Wettlauf der Antike dynamisch. Und ein besonders guter Start ist keineswegs eine Garantie für den Sieg. Oft gewinnt ein vermeintlicher Außenseiter, weil der Favorit träge und überheblich geworden ist und weil die Außenseiterposition besonders zu Höchstleistungen anregt.

Zur Analogie zwischen Wettkampf und Wettbewerb sagte Adam Smith in seiner „Theorie der ethischen Gefühle:

„Im Wettlauf nach Reichtum, Ehre und Avancement, da mag er rennen, so schnell er kann. Sollte er aber einen von ihnen niederrennen, dann wäre es mit der Nachsicht der Zuschauer [als neutrale Beobachter, die Verfasser] ganz und gar zu Ende. Das wäre eine Verletzung der ehrlichen Spielregeln, die sie nicht zulassen könnten".

Während ethische Verbote die allgemeinen Maßstäbe für das „Böse" konkretisieren, gründet das „Gute" auf dem menschlichen Mitgefühl. Wie schon ausgeführt, steht im Zentrum der menschlichen Gefühlswelt ein siamesischer Zwilling, nämlich die natürliche Eigenliebe und das Mitgefühl als Basis für Altruismus. Das Mitgefühl ist die Quelle für Nächstenliebe und für Hilfsbereitschaft. Ein mitfühlender Mensch, der dem anderen in einer Notsituation hilft, nimmt Rücksicht darauf, dass (i) sein Gegenüber den natürlichen, da angeborenen Wunsch habt, sich bei Gelegenheit zu revanchieren, (ii) der Mitmensch möglichst viel Eigenleistung einbringen möchte, (iii) das menschliche Ehrgefühl verletzt wird, wenn jemand bemitleidet wird. Springt hingegen vorsorglich der Staat mit anonymen Steuergeldern ein, dann wird der natürliche Zusammenhang zwischen Geben und Nehmen zerstört und die Versuchung ist groß, Eigenanstrengung zu unterlassen und lethargisch die Hand aufzuhalten.

b) Von normativen Religionsaufgaben und von Religionsversagen

Was sollte eine ideale Religion leisten? Sie sollte

- allgemeinverbindliche Maßstäbe für Gut und Böse setzen,
- die Botschaft vermitteln, dass alle Menschen vor Gott gleich sind,
- die Angst vor dem Tod und dem, was danach kommt, nehmen,
- Trost spenden und Wege aus Lebenskrisen aufzeigen,
- zum Handeln im Sinne der Verantwortungsethik motivieren,
- den Blick für die Schönheiten der Welt und den Sinn des Daseins schärfen und
- zu Offenheit und Toleranz aufrufen.

Keine der Religionen dieser Welt erfüllt all diese Voraussetzungen. Aus der Sicht des Hinduismus hat das Leben keinen Sinn. Das höchste Ziel ist, aus dem endlosen Rad an Wiedergeburten auszuscheiden. Auch verstößt die Einteilung der Bevölkerung in Kasten mit unterschiedlicher Wertigkeit gegen das Gleichheitsgebot. Zudem werden Angehörige niedriger Kasten durch die von Brahmanen geschürte Angst vor einer schlechteren Wiedergeburt zu devotem Verhalten gegenüber den Höherkastigen gezwungen. Ferner ist den Indern eine krasse Polarität zwischen Gut und Böse, wie sie der Westen kennt, fremd. „Die Konzeption des radikal „Bösen" war in dieser Weltordnung überhaupt nicht möglich, denn eine „Sünde schlechthin" konnte es ja nicht geben. Sondern immer nur einen rituellen Verstoß gegen das konkrete, durch Kastenzugehörigkeit bedingte Dharma [das ist der angeblich richtige Lebensweg, die Verfasser]" (Weber 1998, S. 103). So gab es etwa eine Kaste von Dieben, die Raub als Kastenpflicht empfanden. Auch durften Königen und Fürsten alle Mittel recht sein, um ihre Macht zu erhalten und zu mehren. „Das Problem einer politischen Ethik hat die indische Theorie nie beschäftigt und, in Ermangelung einer Universalethik und eines Naturrechts, auch nicht beschäftigen können" (Weber 1998, S. 104). Die alten Schriften der Hindus – so etwa die Upanishaden, das Mahabharata und die Dharmasastras – kennen allerdings auch Tugendkataloge. Doch scheint es mit der allgemeinen Verbindlichkeit beispielsweise der Tugend der Gewaltlosigkeit nicht weit her zu sein, wenn andererseits die Kaste heimtückischen Mord und Intrigen, die der Machtausweitung des Herrschers dienen, nicht nur toleriert, sondern sogar als notwendig erachtet.

Der Hinduismus ist aber – sieht man vom politischen Hinduismus ab, der in Indien gerade Hochkonjunktur hat – vorbildlich für Geistesfreiheit und für Toleranz und Offenheit in Glaubensdingen. Mahatma Gandhi formulierte das so:

„Wer bin ich, dass ich mich zum Richter machen und sagen könnte, ich bete besser als Sie es tun. ...Ich kann nicht sagen, dass, weil ich Gott auf diese Weise gesehen habe, die ganze Welt ihn auf diese Weise sehen müsste...Die Religion eines Menschen ist für ihn ebenso wahr, wie es die meine für mich ist. Ich kann nicht über seine Religion richten. ... Es gibt keine Religion, die absolut vollkommen wäre. Alle sind unvollkommen oder mehr oder minder unvollkommen".

Die berühmte „Elefantenparabel" des – vermutlich hinduistisch beeinflussten – persischen Sufi-Mystikers Dschelaleddin Rumi zeigt dies deutlich. Vier Inder, die noch nie in ihrem Leben einen Elefanten gesehen haben, betreten nacheinander einen dunklen Raum, in dem ein Elefant steht. Sie fassen ihn an und versuchen, ihn zu beschreiben. Ein Inder glaubt, Elefanten sind säulenförmig, der andere meint, ein Elefant habe die Form eines fliegenden Teppichs, der dritte und der vierte Inder beschreiben ihn wieder anders. Dann kommt ein weiser Mann mit einer Kerze, die den Raum beleuchtet. Daraufhin beschreiben alle Inder den Elefanten gleich.

Es gibt nach hinduistischer Auffassung letztlich so viele Religionen, wie es Gläubige gibt. Religion ist für Hindus die privateste Sache der Welt. Denn Gott lässt sich nur – wem es gegeben ist – individuell erfahren. Er lässt sich – zumindest bis jetzt – wissenschaftlich nicht beweisen. Er lässt sich aber auch nicht widerlegen. Denn wer nicht hinter den Vorhang blicken kann, darf auch nicht behaupten, es sei nichts dahinter.

Indes mangelt es dem Christentum, dessen Päpste sich lange für unfehlbar gehalten haben und sich im Besitz der absoluten Wahrheit wähnten, an Toleranz. Aufgeklärte Muslime predigen zwar Toleranz gegenüber den „Buchreligionen" (Judentum, Christentum). Doch handelt es sich um herablassende Toleranz, da man glaubt, im Besitz der überlegenen Religion zu sein. Hindus werden von Muslimen aber meist als ungläubige Heiden betrachtet. Die wenigsten Muslime erkennen den monotheistischen Charakter des Hinduismus - sind die zahlreichen Götter letztlich doch nur vielfältige Erscheinungsformen des einzigen Gottes. Wegen dieser Intoleranz, mangelnden Offenheit und des Glaubens, Religion sei eine staatliche Angelegenheit, hat es in der Geschichte des Christentums und des Islams viel Krieg, Gewalt, Folter, Terror und Ausbeutung gegeben. Man denke nur an die Kreuzzüge und Inquisitionsgerichte im christlichen Mittelalter, an die Raubzüge des Muslims Mahmud von Ghazna auf indischem Boden, an die Schreckensherrschaft des Mogul-Herrschers Aurangzeb oder an das Wüten des „Islamischen Staates" in unserer heutigen Zeit.

Weiterhin ist die christliche Ethik oft Gesinnungs-Ethik statt Verantwortungs-Ethik im Sinne von Max Weber und Herbert Giersch. Gut gemeint ist aber nicht immer gut gemacht. Das Gegenteil von gut ist oft nicht böse, sondern gut gemeint, weil man die Kausalketten nicht zu Ende denkt. Vertreter der christlichen Kirche stehen dem Markt meist feindlich gegenüber und fordern eine „Herz-Jesu-Mentalität" oder Mildtätigkeit gegenüber den Mitmenschen. Hierzu gehört auch das Zins-Verbot im Islam. Die Gut-Menschen übersehen aber, dass zu viel Hilfe die Anreize zerstört und in die Abhängigkeit führt. Ökonomen sprechen vom Samariterdilemma. Deshalb ist es nicht nur falsch, sondern auch langfristig nicht praktikabel, immer nur zu geben und keine Gegenleistung entgegenzunehmen. Religiöse Utopisten übersehen, dass nicht der Markt hart ist, sondern allenfalls das Faktum der Knappheit. Und sie erkennen nicht, dass man wirtschaftlich handeln muss, nicht zuletzt, um sozial handeln zu können. Zudem haben die Vertreter des Christentums die Angst der Menschen vor dem Tod und dem Jenseits geschürt, in dem das Fegefeuer lodert und Höllenqualen bevorstehen. Das war eine Taktik, um das einfache Volk hörig zu machen und um es auszubeuten.

c) Leitbilder der Erziehung und Erziehungsversagen

Es ist Aufgabe der Erziehung, heranwachsende Menschen auf das spätere Leben vorzubereiten und ihnen Grenzen aufzuzeigen. Die jungen Leute müssen Rücksichtnahme auf andere ebenso lernen wie die Übernahme von Verantwortung. Sie müssen in jungen Jahren an die moralischen Tabus und an die Tugenden herangeführt werden. Nicht immer kommen die Erziehungsberechtigten diesen normativen Aufgaben hinreichend nach. So werden insbesondere in sozial schwachen Familien oder in solchen, in denen Karriere und Status die absolute Priorität genießen, Kinder oft vernachlässigt oder als lästige Anhängsel selbstgefälliger Eltern betrachtet. Es gibt aber auch das andere Extrem, nämlich Eltern, die ihre Kinder auf den Familienaltar stellen, sie mit Aufmerksamkeit und Geschenken überhäufen, sie rund um die Uhr bedienen und ihnen alle Aufgaben abnehmen. Solche sogenannten „Helikopter-Eltern", die stets Partei für ihre „Prinzen" und „Prinzessinnen" ergreifen und sich bei Lehrern laufend über angeblich ungerechte Benotung beschweren, gibt es heute mehr denn je, insbesondere im Westen. In Indien sind es mitunter verwöhnte Söhnchen reicher Familien, die durch Verliebtheit in sich selbst und Pascha-Gehabe auffallen. Nicht nur das erste Extrem – das Zuwenig an elterlicher Zuwendung – hat fatale Folgen wie etwa schwere psychische oder psychosomatische Erkrankungen oder Kriminalität. Bei Menschen mit Selbstwert-Defiziten degeneriert das natürliche Eigeninteresse leicht zu Desinteresse und Antriebslosigkeit. Aber auch das Zuviel ist Gift. Bereits Aristoteles resümierte: „Was zu viel ist, kann nicht gut sein". Die „Helikopter-Eltern" oder die fürsorglichen „Mütter vieler Söhne" tragen dazu bei, dass die natürliche Selbstliebe der Kinder in Narzissmus und das natürliche Selbstinteresse in Egoismus umschlagen. Wenn Inder den Westen aufgrund verbreiteter Egozentrik und Oberflächlichkeit kritisieren, dann dürfen sie das nicht – wie dies meist unkritisch geschieht - dem marktwirtschaftlichen System in die Schuhe schieben, sondern müssen das Versagen bei den Erziehern und anderen Personen, die Leitbilder übermitteln, lokalisieren.

5. Fazit: Was von der These vom Marktversagen zu halten ist

Damit der Markt bestmöglich funktioniert, müssen Staat und Ethik – das sind moralische Autoritäten wie Geistliche, Intellektuelle, Philosophen, Lehrer, Eltern – die dafür erforderlichen Voraussetzungen erfüllen. Sie müssen durch Gesetze und die Propagierung von ethisch richtigen Verhaltensnormen dafür sorgen, dass die Spielregeln einer fairen Wettbewerbswirtschaft eingehalten werden und dass das Selbstinteresse des einzelnen kontrolliert wird. Entartungen des Selbstinteresses – zu nennen sind Betrug, unrechtmäßige Bereicherung, Ausbeutung und Beherrschung oder Desinteresse, Faulheit und Leistungsverweigerung – werden vordergründig oft als Marktversagen abgestempelt, bei hintergründiger Betrachtung verbirgt sich dahinter Staats- oder Religions- oder Erziehungs- oder Wissenschaftsversagen. Wo der Staat nicht für Offenheit der Märkte sorgt und Großunternehmen überwacht und wo Fairness und Rücksichtnahme auf andere Menschen nicht vermittelt werden, dort braucht man sich über Vertragsverletzung, Betrug und das skrupellose Abkassieren überhöhter Kartell- oder Monopolpreise nicht zu wundern. Wo der Staat Großbanken von der Haftung befreit und protegiert und wo er Reiche und Mächtige subventioniert, dort sind faule Kredite und eine zunehmende Einkommens- und Vermögenskonzentration zwangsläufig. Auch ist nicht der Markt an der Umweltverschmutzung schuld, sondern der Staat, weil er die Eigentumsrechte nicht umfassend abgrenzt. Ferner ist es nicht das Marktsystem, das hinter einer oberflächlichen Güterpalette und Protzkonsum steht. Der Markt erfüllt nur Aufträge effizient. Wer sich an einer minderwertigen Güterpalette und einem Zuwenig an ideellen Werten stört, der muss die Erziehung dafür verantwortlich machen. Zu denken ist an Eltern, die ihre Kinder mit teuren Designer-Klamotten, Luxusartikeln und Prestigeobjekten überhäufen und materialistische Wertmaßstäbe statt tieferer Sinnhaftigkeit vermitteln. Der Markt erfüllt nur die Wünsche der Leute so effizient wie möglich, die Wünsche selbst haben die Leute zu vertreten. Der Markt ist also nur das Mittel, den Zweck bestimmen die Menschen.

Der Markt kommt freilich nur dort zum Zug, wo Preise erhoben werden können. Gesamtwirtschaftlich wichtige Güter, die der Bevölkerung unentgeltlich zur Verfügung gestellt werden müssen, weil es nicht möglich ist, Zahlungsunwillige an der Nutzung zu hindern, müssen vom Staat angeboten werden – so lautet jedenfalls die Begründung der „Theorie der öffentlichen Güter". Beispiele für solche öffentlichen Güter sind Landesverteidigung, Polizeischutz und Rechtswesen. Es handelt sich hierbei um Voraussetzungen für die Funktionsfähigkeit von Märkten. Herrscht nämlich ein Bürgerkrieg und oder besteht ein Rechtsvakuum, werden die Marktkräfte massiv behindert. Streng genommen sind aber selbst in diesen Aufgabefeldern, wo manche Ökonomen totales Marktversagen diagnostizieren, Marktangebote möglich. Man denke nur an Privatmilizen oder Schutzgeldzahlungen an die Mafia. Allerdings stößt es auf breiten Konsens, dass der Staat diese Aufgaben übernehmen soll. So gesehen ist es schief oder nicht fair, von „Marktversagen" zu sprechen.

Wer ein staatliches Gewaltmonopol fordert, sollte aber auch bedenken, dass Staatsmacht missbraucht werden kann und nicht per se dem Markt moralisch überlegen ist. Die diktatorischen Willkürherrschaften, die auf dieser Erde noch lange nicht ausgestorben sind, zeigen das zu Genüge. Demokratien sind nicht davor gefeit, wie die Machtergreifung durch Adolf Hitler zeigte. Ein Systemwandel vollzieht sich derzeit auch in der Türkei unter Staatspräsident Recep Erdoğan. Auch Indira Gandhi hat im Jahr 1975 den Ausnahmezustand ausgerufen und die politische Opposition weitgehend ins Gefängnis gebracht. Er währte zwei Jahre lang. Bei den Wahlen im Jahr 1977 ist sie dann aber von der indischen Bevölkerung abgestraft worden. Aber das sind eher Ausnahmen in der Geschichte. In demokratischen Rechtsstaaten zählen Landesverteidigung, Polizeischutz und Rechtswesen zu den klassischen Staatspflichten – und zwar nicht, weil der Markt kein Angebot hervorbringt, sondern weil der Schutz vor privater Willkür allgemein erwünscht ist.

Oft wird von Marktkritikern vorgebracht, dass Preise die gesellschaftlichen Werte nicht korrekt widerspiegeln, weil externe Effekte vorlägen, also positive oder negative Wirkungen auf Dritte, ohne dass diese dafür zahlen oder entschädigt werden. Allerdings übersehen diese Behauptungen, dass 1) Private in diesem Fall in der Regel versuchen, auf dem Verhandlungsweg die Außenwirkungen – sofern sie denn erheblich sind – finanziell zu kompensieren, 2) bei Umweltschäden Eigentumsrechte nicht umfassend abgesteckt sind, wenn Preise die Knappheit nicht korrekt widerspiegeln und 3) dem Staat das höhere Wissen fehlt, um die vorgegebene Preisverzerrung zu korrigieren und das Optimum herbeizuführen. Auch wenn weltfremde Theoretiker es bezweifeln: Das Feuerwerk an Silvester findet auch so statt. Die „Theorie der externen Effekte" hat in der Realität viel Schaden angerichtet. Denn sie ist ein offenes Einfallstor für Staatsinterventionismus auf breiter Front, der vorgibt, alles besser zu machen, aber letztlich die Marktkräfte außer Kraft setzt und die Anreize zerstört.

F. Das Armutsproblem – kritische Reflexionen zur Sozialpolitik

1. Das reale Phänomen der sozial Starken und der sozial Schwachen

Wenngleich die Menschen vor Gott gleich sein mögen und vor dem Gesetz gleich sein sollten, setzt sich doch eine Gesellschaft aus höchst unterschiedlichen und jeweils einmaligen Individuen zusammen. Es ist eine Tatsache, dass manche Menschen besonders erfolgreich im Leben sind und mit beiden Beinen auf dem Boden der Tatsachen stehen. Andere wiederum sind unter ungünstigen Lebensumständen aufgewachsen, leiden an einem Mangel an Selbstvertrauen und haben Schwierigkeiten mit der Daseinsbewältigung.

Ungeachtet der Tatsache, dass manche Menschen immer neidisch sind auf jene, die höhere Einkommen und Vermögen und mehr Einfluss besitzen, gibt es viele Zeitgenossen, die den Erfolg der sozial Starken neidlos und bewundernd akzeptieren würden, wenn er ausschließlich – neben überdurchschnittlichen Begabungen – auf Fleiß, Einsatz, Leistung, Risikobereitschaft, Sparsamkeit, Weit- und Vorsicht fußen würde. Mitunter verdanken aber die sozial Starken ihre höhere Position ihrem nassforschen Auftreten und siegreicher Frechheit, dem Einsatz von Ellenbogen, einer gehörigen Portion Narzissmus und dem Fehlen von Skrupeln. Oft sind staatlicher Schutz und Sonderbehandlung, persönliche Beziehungen, Bestechungsgelder oder sonstige kriminelle Machenschaften im Spiel. Denn Macht, Einfluss sowie Einkommen und Vermögen sind höchst ungleich auf die Menschen verteilt, ebenso wie das Glück oder Pech mit dem Elternhaus, den Lebenspartnern und den Freunden. Dass de facto eine Gruppe von Milliardären so viel Vermögen hat wie die übrige Menschheit zusammen, zeigt, wie sehr die Politik die wirtschaftlich Mächtigen und Etablierten fördert, statt der Allgemeinheit zu dienen, Chancengleichheit herbeizuführen und den Wettbewerb zu schützen. Wer zur Oberschicht zählt, kann in der Hierarchie fast nur nach oben fallen oder „weggelobt" werden – selbst wenn er unfähig ist. Diese Tatsache begründet eine in der Masse der Bevölkerung breit angelegte Aversion gegen „die da oben" und erklärt, warum reale Märkte – trotz ihrer segensreichen Wirkungen – ein Akzeptanzproblem haben.

Auf der anderen Seite wären viele Menschen von der Armut der sozial Schwachen unberührt, wenn sie ausschließlich auf Bequemlichkeit, Faulheit und Leistungsverweigerung hindeuten würde. Oft aber liegt die Schuld nicht beim Armen oder sozial Schwachen. Nicht wenige Menschen sind unter ungünstigen Lebensumständen aufgewachsen, haben keine Ausbildung genossen, sind geistig, psychisch oder körperlich gehandicapt und leiden an einem Kindheits- oder Partnerschaftstrauma und einem pervertierten Selbstwertgefühl. Sie sind zu kurz gekommen, als natürliche Anlagen und Lebensumstände unter den Menschen verteilt worden sind.

Die meisten Menschen fragen sich angesichts dieser Tatsachen: Ist es gerecht, dass Menschen, bei denen Handicaps, schlechtes Elternhaus und chronische Pechsträhnen zusammenkommen sind, ein kümmerliches und trauriges Dasein fristen, während andere auf der Sonnenseite der Welt geboren sind und – ohne großes eigenes Zutun – in Saus und Braus leben können? Es gibt in den modernen Demokratien einen breiten Konsens in der Bevölkerung, dass die sich in der realen – also Mängel aufweisenden – Marktwirtschaft einstellende Einkommens- und Vermögensverteilung durch sozialpolitische Interventionen des Staates korrigiert werden sollte.

2. Die Gratwanderung zwischen zu wenig und zu viel Sozialpolitik

Ökonomie ist letztlich Denken und Handeln in Alternativen und die Kunst der richtigen Dosierung. Was zu viel ist – das gilt auch für die Sozialpolitik –, kann nicht gut sein, auch wenn es gut gemeint ist. Umgekehrt kann ein Defizit an sozialer Sicherheit schwache Menschen, die keine Optionen für sich sehen, in die Verzweiflung treiben. Das richtige Ausmaß ist auch nicht invariant, sondern hängt vom Entwicklungsstand einer Volkswirtschaft ab. In einem ärmeren Land wie Indien fehlen dem Staat die Mittel, so dass soziale Aufgaben von informellen Kollektiven wie dem Familienverband oder den Kasten wahrgenommen werden.

Viele Ökonomen betonen das Primat des Wirtschaftswachstums vor der Umverteilung. Sie argumentieren, das Brot müsse erst gebacken werden, bevor es verteilt werden kann. Sie befürchten negative Wirkungen auf die Leistungs- und Investitionsanreize, wenn die Verteilung, die die demokratische Mehrheit als gerecht erachtet, fokussiert wird. Ihre Kontrahenten behaupten, Verteilungsgerechtigkeit sei die Voraussetzung dafür, dass die Menschen leistungsfähig und leistungsbereit seien. Nur wer in materiell gesicherten Verhältnissen lebt, kann gute Arbeit liefern.

Tatsächlich ist an beiden Argumenten etwas Wahres, aber auch etwas Falsches dran. Sie müssen beide in ihrer Absolutheit revidiert und relativiert werden. Wer „grünes Licht" oder „Vorfahrt" für die Umverteilung fordert, sollte zur Kenntnis nehmen, dass bei Staatsgeschenken die Eigenanstrengungen und -initiativen automatisch nachlassen. Es ist also nicht so, dass ein bedingungsloses Grundeinkommen, das derzeit in vielen Ländern der Welt ernsthaft diskutiert wird, die Menschen nicht korrumpieren würde. In Staaten, die dieses Konzept umsetzen wollten, würden wohl rasch die Steuerquellen versiegen, weil die Transferempfänger ihre Marktleistung und somit Steuerbasis entsprechend reduzieren würden. Auch können – selbst wenn das manchen sozialen Utopisten noch so wünschenswert erscheint – Löhne und Sozialstandards nicht „in den Himmel wachsen", sie müssen vielmehr auf Arbeitslosigkeit und Produktivität Rücksicht nehmen.

Wer andererseits nur auf Wachstum setzt und meint, die Sozialpolitik sei unnötig, hat ein logisches Problem. Er muss sich nämlich eingestehen, dass er Chancengleichheit im Bildungs- und Gesundheitswesen braucht, um die volkswirtschaftliche Leistung zu maximieren. Es müssen also finanzielle Ressourcen umverteilt werden, soll verhindert werden, dass ein Großteil des menschlichen Potentials weiterhin vergeudet oder nur mit extrem niedriger Produktivität eingesetzt wird wie in Indien, weil es erhebliche bildungs- und gesundheitspolitische Defizite zu beklagen gibt und keine Chancengleichheit besteht. Manche Wachstumsverfechter tun immer so, als sei Sozialpolitik ein Fremdkörper in der Ökonomie oder gar deren Widersacher. Das ist zwar oft so. Aber Sozialpolitik – richtig betrieben! – kann auch ein integrales Element der Wirtschafts- und der Wachstumspolitik sein.

Was die richtige Wirtschafts- und Sozialpolitik in Indien anbelangt, findet ein wissenschaftliches „Duell" zwischen den Ökonomen Jagdish Bhagwati und Arvind Panagariya (2013), die primär auf Wirtschaftswachstum setzten, und ihren Kontrahenten Jean Drèze und Amartya Sen (2014) statt, die die Umverteilungsaspekte ins Zentrum rücken. Sicher ist es so, dass auch die Armen von Wachstumspolitik profitieren, wie Bhagwati und Panagariya zeigen. Sicher ist es aber auch so, das von einer Politik der Chancengleichheit im Bildungs- und Gesundheitswesen erhebliche Wachstumsimpulse ausgehen würden, zumal diesbezüglich ein erheblicher Nachholbedarf in Indien besteht, wie Drèze und Sen nachweisen und zumal man – wie in dem hier vorliegenden Buch erläutert – Finanzinnovationen realisieren könnte. Zweifelsohne kann man sich darüber streiten, ob Indien unter Einsatz von Steuergeldern beispielsweise eine breit angelegte Toiletteninitiative ergreifen sollte und kann. Bhagwati und Panagariya würden dies sicher verneinen. Aber unzweifelhaft ist es so, dass der Staat hier organisatorische Aufgaben hat. Hier sind innovative Lösungen gefragt, die den klammen Staatshaushalt möglichst wenig belasten.

3. Effiziente und menschenwürdige Sozialpolitik erfordert Hilfe zur Selbsthilfe statt Dauertransfers

Staatliche Versorgungsmonopolisten, die die Kompetenz für das Angebot privater Güter an sich ziehen und auf Dauertransfers setzen, mögen sich zwar mit der Etikette „Wohlfahrtsstaat" schmücken. Sie sind aber das Gegenteil dessen. Wie der Zusammenbruch des Ostblocks im Jahr 1990 gezeigt hat, ist staatliche Omnipotenz auf breiter Front zum Konkurs verdammt, weil sich Ineffizienz breit macht und die Anreize zerstört werden. Ist die Bereitstellung marktfähiger Güter in staatlicher Hand, wird die Versorgung beeinträchtigt. Es tritt Mangel auf, der eine Rationierung der Güter erzwingt. Dadurch verwandelt sich der Staat in ein willkürliches Zwangssystem, in dem politische Linientreue und Beziehungen zu den Polit-Funktionären maßgeblich für die Güterverteilung sind. Wer kritisiert, geht leer aus. Der ökonomische Nobelpreisträger Friedrich August von Hayek hat den „Weg zur Knechtschaft" anschaulich beschrieben.

Eine praktikablere Sozialpolitik als eine staatliche Geschenkwirtschaft ist eine staatliche Hilfe zur Selbsthilfe. Von der Wirkung her ist eine marktkonforme Wirtschaftspolitik ein sehr soziales Instrument, denn sie schafft Arbeitsplätze auch für jene Menschen, die nicht so qualifiziert sind. Innerhalb der Sozialpolitik sollte eine marktfreundliche Politik, die unternehmerische Aktivitäten und Firmengründungen stimuliert und ausländisches Kapital attrahiert, also oberste Priorität genießen, weil Beschäftigung und Einkommenserzielung die Hilfsbedürftigkeit wirksam reduziert und die Menschen in die Lage versetzt, ihr Schicksal selbst in die Hand zu nehmen. Ein bevölkerungs- und geburtenstarkes Land wie Indien muss vor allem daran interessiert sein, arbeitsintensive Industrien wie vor allem die Textilindustrie aufzubauen, um die vielen einfachen Menschen mit schlechter Ausbildung in Arbeit und Brot zu bekommen. Da liegt in Indien noch vieles im Argen. Indiens Exporte sind kaum auf jene Güter konzentriert, bei denen es internationale Spezialisierungsvorteile hätte (Laaser und Rosenschon 2018).

Neben der Schaffung von Arbeitsplätzen sind Bildungs- und Gesundheitspolitik die besten Arten der Sozialpolitik. Sie erfüllen die Anforderung an die Sozialpolitik, Hilfe zur Selbsthilfe zu sein. Somit sind sie unter die Wachstumspolitik zu subsumieren – auch wenn Mittel von oben nach unten umverteilt werden. Sie versetzen mehr Menschen in die Lage, einer bezahlten Beschäftigung nachzugehen, verbessern die Arbeitsproduktivität und vermehren das Humankapital. Somit erhöht Teilhabe am Bildungs- und Gesundheitssystem das Produktionspotential einer Volkswirtschaft. Wie schlecht es um das indische Bildungs- und Gesundheitssystem bestellt ist, erfährt der Leser bei Drèze und Sen.

In ärmeren Ländern ist der Kapitalmarkt noch nicht so entwickelt, zumal wegen hoher Inflation und den damit oft einhergehenden Negativzinsen auf Ersparnisse kaum Sparanreize bestehen. Auf der Kreditseite sind Geldverleiher, die Wucherzinsen verlangen, keine Seltenheit. Umso wichtiger ist es, dass sich Staaten im Kreditgeschäft engagieren und zu günstigeren Konditionen Mikrokredite an Existenzgründer vergeben. Auch dies ist wirksame Sozialpolitik, die dem Postulat „Hilfe zur Selbsthilfe" entspricht. Risikobereite, talentierte und phantasiebegabte Menschen werden dadurch in die Lage versetzt, sich wirtschaftlich auf eigene Beine zu stellen und für weitere Menschen Arbeitsplätze zu schaffen.

Wachstum geht stets einher mit Strukturwandel. Im Zuge der Entwicklung nimmt der Anteil, den die Landwirtschaft an der gesamtwirtschaftlichen Produktion und Beschäftigung hat, zugunsten des Verarbeitenden Gewerbes ab, bis schließlich in einer reifen Volkswirtschaft der Dienstleistungssektor an Gewicht gewinnt. Man nennt dieses Entwicklungsmuster die „Drei-Sektoren-Hypothese". Da Arbeitsplätze im Agrarsektor und in der Industrie verloren gehen und auch der tertiäre Sektor einem strukturellen Wandel unterliegt, herrscht in der Wirtschaft ein permanenter Bedarf an Umschulung und Qualifizierung, damit der Wechsel in einen neuen Beruf vonstattengehen kann. Will der Staat die Abwanderung von Arbeitskräften in höher dotierte und produktivere Berufe mit Zukunft beschleunigen, bietet sich die Ausgabe von Qualifizierungsgutscheinen an. Das ist ebenfalls eine sozialpolitische Maßnahme, die das Attribut „Hilfe zur Selbsthilfe" verdient. Diese Strategie sollte die Industrieanwerbung zur Schaffung von Arbeitsplätzen flankieren.

Auch für staatliche Sozialpolitik muss die allgemeine ökonomische Devise gelten: so budget-schonend wie möglich. Dies gilt insbesondere für ein Land wie Indien, wo die Steuerbasis noch nicht so breit ist und die Steuerquellen noch nicht so ergiebig sind wie in den höher entwickelten Ländern dieser Welt. Daher ist ein privater Abtrag grundsätzlich erwägenswert, wenn die staatliche Sozialpolitik Individuen in die Lage versetzt hat, ein Markteinkommen zu erzielen, das das Existenzminimum übersteigt. Ist Sozialpolitik Hilfe zur Selbsthilfe, ist eine staatliche Anschubfinanzierung statt einer dauerhaften Entlastung von Individuen erwägenswert. Dies lässt bei den Menschen die lethargische Philosophie gar nicht aufkommen, wonach primär der Staat gefordert ist, das Los des einzelnen zu verbessern. Der Ökonom Joseph Alois Schumpeter sprach hierbei von einem „Sauerstoffzelt staatlicher Fürsorglichkeit", durch das der einzelne aus der Selbstverantwortung entlassen wird.

TEIL V. Appendix: Unhaltbare Kritik an der liberalen Ordnungsidee und an der klassischen Ökonomie

Obwohl Adam Smith und die klassische Ökonomie die Grundlagen für ein humanes und leistungsfähiges Gemeinwesen legten, das als Vorbild für alle Länder dienen kann, werden die Botschaften von den wenigsten Zeitgenossen verstanden. Vielmehr werden die Inhalte verdreht, verfälscht und verstümmelt wiedergegeben. Ideologen polemisieren gegen die Marktwirtschaft, die liberale Ordnungsidee und das natürliche Eigeninteresse des Menschen. Da die Fehlmeinungen weit verbreitet sind, erscheint es nötig, sich in einem kurzen Appendix mit ihnen auseinanderzusetzen. Der vorwiegend an Indien interessierte Leser kann aber gleich zu Teil VI weiterblättern.

A. Verherrlichung des Staates und Verurteilung des Marktes durch intellektuelle Meinungsmacher – Eine Ideologie, die Schule gemacht hat

Die klassische Ökonomie weist dem Staat fest umrissene Aufgaben zu – wir haben sie abgehandelt – und lässt ansonsten die Menschen möglichst frei auf Märkten und in ihren privaten Netzwerken agieren, da dies höchst erfolgreiche Institutionen sind. Die Analyse des Preismechanismus hat dies gezeigt. Die meisten Menschen – insbesondere ihre „intellektuellen Vordenker" – sind dem Markt oder der Wirtschaft aber nicht freundlich gesonnen und glauben an die Überlegenheit der lenkenden Hand des Staates oder der Politik. Sie halten den Markt für einen Ort, an dem sich grobe Menschen mit unedlen Motiven treffen. Agieren dieselben Menschen hingegen in Staat und Politik, dann unterstellt man ihnen durchweg hehre Motive und glaubt an ihre Omnipotenz. Die Intellektuellen und ihre Gefolgschaft vertreten also die gewagte Hypothese, ein Parlamentssitz (oder früher: ein religiöses Amt) sei automatisch mit einer Erleuchtung oder moralischen Läuterung verknüpft, die aber nur so lange anhält, wie der Mensch eine öffentliche Aufgabe wahrnimmt.

Der Glaube in die Allmacht des Staates ist eine Ideologie oder Ersatz-Religion vieler Intellektueller und ihrer Gefolgsleute. Die intellektuellen Vordenker und ihre Mitläufer glauben an ein

> „… außer uns selbst befindliches, höchst wohltätiges und unerschöpfliches Wesen, welches sich „Staat" nennt und welches zugleich Brot für alle Hungrigen, Arbeit für alle Hände, Kapital für alle Unternehmungen, Kredit für alle Projekte, Linderung für alle Leiden, Rat für alle Ratlosigkeit, Lösung für alle Zweifel, Wahrheit für alle Bedenken, Zerstreuung für alle Langeweile, Milch für die Kinder und Wein für die Alten hat – welches für alle unsere Bedürfnisse sorgt, all unsere Wünsche befriedigt, über alles Auskunft gibt, alle Irrtümer, alle Fehler beseitigt und uns entbindet von jeder Verpflichtung der Selbsthilfe, der Selbstverantwortlichkeit, der Vorsicht, der Klugheit, des Urteils, des Scharfsinns, der Erfahrung, der Ordnung, der Sparsamkeit, der Mäßigung und des Fleißes" (Bastiat 1880, S. 4 f).

Die Staatsgläubigen, die alle Kompetenzen dem Staat überantworten möchten, verschließen ihre Augen vor der Tatsache, dass Staatsmacht sehr viel ausgeprägter ist, als dies Marktmacht jemals sein könnte. Denn selbst ein natürlicher Monopolist, der seine Position als Alleinanbieter seiner momentanen produktionstechnischen Überlegenheit verdankt – zu denken ist an einen lokalen Energieversorger – , wird bei freiem Marktzugang durch potentielle Konkurrenz diszipliniert. Demgegenüber kann kein Bürger dem Besteuerungsmonopol des Staates entrinnen. Die Staatsgläubigen, die reales Staatsversagen leugnen, haben Scheuklappen gegenüber dem Machthunger und der Bestechlichkeit von Politikern sowie gegenüber staatlichen Fehlplanungen. Selbst in Demokratien sind Politiker letztlich insofern bestechlich, als sie sich den hoheitlichen Schutz vor dem frischen Wind des Wettbewerbs und die Gewährung finanzieller Privilegien für ausgewählte Gruppen in Form von Wählerstimmen „auszahlen" lassen. Sie ziehen aus der Abkehr von den eigentlichen Staatsaufgaben und aus den verursachten volkswirtschaftlichen Schäden einen persönlichen Gewinn. Und die Minderheit – das sind maximal 49,999… Prozent der Bevölkerung – muss sich gegen ihren Willen vom Favoriten der Mehrheit regieren lassen.

Auch haben diejenigen Intellektuellen, die sich über Marktversagen, private Profitgier, Protzkonsum, platten Materialismus, Glitzerkram, Tand und schlechten Geschmack breiter Massen beschweren, nicht begriffen, dass für diese realen Auswüchse nicht der Markt verantwortlich zu machen ist, sondern dass vielmehr Staat, Religion und Erziehungsberechtigte ihre Hausaufgaben nicht richtig gemacht haben. Trotz aller realen Marktmängel, die aber letztlich auf Staats- und/oder Ethik oder auf die Begrenztheit von Informationen zurückzuführen sind, gilt es zu bedenken: Selbst unvollkommene Märkte funktionieren reibungsloser als reale Staatswirtschaften, denn sie besitzen – anders als zentrale Planung mit einem vermeintlichen „Alleswisser" an der Spitze – die Eigenschaften eines kybernetischen (Teil-)Systems. Der Konkurs des „Ostblocks" im Jahre 1990 spricht hier eine klare Sprache. Trotz dieser Tatsache erlebt die Gläubigkeit in die Allmacht des Interventionsstaates vor allem im Westen und in Japan derzeit wieder eine Hochblüte. Analog haben in vielen Ländern des islamischen Kulturkreises breite Massen immer noch Sehnsucht nach einem religiösen „Führer" oder nach einer „Staatsreligion".

Bereits im 19. Jh. hat Alfred Marshall geschrieben: „Hätte vor 100 Jahren der Staat den Markt von seinem Platz verdrängt, bestünde ein guter Grund zur Annahme, dass unsere Produktionsmethoden heute so effektiv sein würden, wie sie vor fünfzig Jahren waren, anstatt vielleicht vier- oder gar sechsmal so effizient zu sein im Vergleich zu damals" (Marshall, zitiert nach Stigler 1985, S. 227).

B. Was von den „Caring Economics" zu halten ist

Wissenschaftler, die mit der Ökonomie wenig vertraut sind, verkündeten auf internationalen Foren wie dem Weltwirtschaftsforum Davos und auf Tagungen des Mind and Life Institutes unter Vorsitz des Dalai Lama, Adam Smith sei „out", denn er habe das Mitgefühl ausgeblendet und den kühl rechnenden egoistischen Menschen verherrlicht, der Güter verkauft, statt sie zu verschenken. „In" seien nach ihrem „neuen ökonomischen Denken" vielmehr die von ihnen begründeten „Caring Economics" oder mehr „Mitgefühl in der Wirtschaft" – so der Titel eines Buches, das von einer Neurowissenschaftlerin und einem Chemiewissenschaftler und buddhistischen Mönch herausgegeben worden ist und von diesen als „bahnbrechender Forschungsbericht" qualifiziert wird.

Die Kritiker von Adam Smith haben offensichtlich nie seine Werke zur Hand genommen, denn dann hätten sie erfahren, dass das Mitgefühl bei ihm eine zentrale Rolle spielt – nicht nur in der Gesellschaft, sondern auch in der Wirtschaft. Er war ja schließlich nicht nur Ökonom, sondern auch Moralphilosoph. Wir haben in Teil IV erfahren, dass bei Adam Smith Mitgefühl und Regeln der Ethik – neben Konkurrenz und positiven Gesetzen – wichtige Regulative sind, um Machtmissbrauch, Betrug und Korruption entgegenzuwirken. Denn wo Menschen in Freiheit agieren, besteht die Gefahr, dass sie die Rechte und Interessen anderer verletzen, so dass Gegengewichte zum Eigennutz etabliert werden müssen. Wenn die „Caring-Ökonomen" die Wichtigkeit von Mitgefühl im menschlichen Zusammenleben in einem harmonischen Gemeinwesen betonen, dann ist das also keine neue Einsicht. Vielmehr wandeln sie als Epigonen auf den Pfaden von Adam Smith.

Die „Caring-Ökonomen" sind aber auf dem Holzweg, wenn sie bedauern, dass am Markt Güter verkauft statt verschenkt werden und wenn sie dem Markt deshalb ethische Unterlegenheit oder einen Mangel vorwerfen. Wer so argumentiert, übersieht, dass man zwischen Einkommensentstehung und Verwendung der Markterlöse differenzieren muss. Der Marktmechanismus hat effiziente Ergebnisse zu liefern. Wie die Erlöse, nachdem sie entstanden sind, anschließend verwendet oder verteilt werden, bestimmt dann die zum Markt komplementäre Ethik. Wenn im Urteil von „Caring-Ökonomen" zu wenig Ressourcen für soziale Zwecke abgezweigt werden, dann ist das aber kein ökonomisches, sondern vielmehr ein gesellschaftliches Problem. Die Mängel liegen dann bei der Ethik oder Erziehung, nicht beim Markt. Sie sind bei der Einkommensverwendung zu verorten, nicht bei der Einkommensentstehung.

Dass am Markt in der Regel keine Güter verschenkt werden, liegt an der dort herrschenden Anonymität oder Distanz zwischen Menschen. Wenn engerer Kontakt zwischen den Marktpartnern besteht und die Distanz zwischen Menschen aufgehoben ist, dann zählt nicht mehr ausschließlich das Selbstinteresse und es ist dann auch in der Wirtschaft altruistisches Verhalten möglich. Adam Smith hat niemals geleugnet, dass der Bäcker auch mal ein Brot verschenkt, wenn ihm danach ist oder dass der Händler einem Bekannten einen Sonderbonus einräumt. Aber sowohl Adam Smith als auch sein Bäcker hätten sich wohl vehement gegen den moralischen Imperativ der „Caring-Ökonomen", das Brot zu verschenken, statt es zu verkaufen, gewehrt.

Dem Tausch am Markt, der wegen der Anonymität die Regel ist, haftet nichts Unmoralisches an, wie Sozialromantiker glauben machen wollen. Im Gegenteil. Die Kritiker von Smith hätten u.a. bei Herbert Giersch nachlesen können, dass die Marktwirtschaft auch deshalb effizient sein muss, damit möglichst viele Ressourcen für humanitäre Zwecke geschaffen werden und sich Mitgefühl entfalten kann. Menschlichkeit ist „ so knapp und im Privatleben so wertvoll, dass wir sie im Bereich der Wirtschaft, wo sie eher schadet, nicht verschwenden sollten. In der Tat: Je spitzer der Bleistift, mit dem hier gerechnet wird, umso mehr bleibt übrig, für das, was – jetzt oder später – die Familie, die Sekte, die Kirche, die Caritas, die Dritte Welt, allgemein: die Nächsten und Fernstenliebe verlangen" (Giersch 1986, S. 15). In der Wirtschaft ist also Effizienz angesagt, damit es im Zusammenleben der Menschen möglichst sozial und human zugehen kann. Innere Ressourcen oder ideelle Werte stehen keinesfalls grenzenlos zur Verfügung, wie manche Utopisten meinen. Auch Mitgefühl muss erst erwirtschaftet werden. So stellt sich für einen hungernden Bettler die Option, die milden Gaben wieder zu verschenken, erst gar nicht, während sich reichere Länder eine Fülle sozialer Wohltaten leisten können. Die vielfältigen Aktivitäten von NGOs und „Social Entrepreneurs" zeigen dies deutlich.

Die Kritik der „Caring-Ökonomen" am Eigeninteresse der Menschen ist fehl am Platze. Denn es wird übersehen, dass das durch vier Schranken disziplinierte Eigeninteresse der Motor des technischen Fortschritts ist, also in dynamischer Sicht die Produktionsmöglichkeiten einer Volkswirtschaft und somit auch die Verteilungsspielräume erhöht. Wo Wettbewerb herrscht, ist also das natürliche Eigeninteresse des Einzelnen für alle Mitglieder eines Gemeinwesens von Vorteil – auch für die Minder-Begabten. Der französische Ökonom Fréderic Bastiat hat es treffend formuliert: „Eigeninteresse und Wettbewerb mag man einzeln betrachtet bekritteln. In ihrem Zusammenspiel begründen sie aber erst die Harmonie einer Gesellschaft". Sozialromantische Weltverbesserer mögen es zwar als ethischen Schönheitsfehler des Marktes empfinden, dass sie ihr Essen und Trinken in der Regel dem Eigeninteresse und nicht dem Wohlwollen des Metzgers, Brauers und Bäckers verdanken. Dabei übersehen sie aber, dass die Leistungsfähigkeit des marktwirtschaftlichen Systems gerade auf diesem vermeintlichen Schönheitsfehler beruht. Es wäre der Bekämpfung von Armut und der Schaffung von Wohlstand abträglich, wenn im Erwerbsleben die Nächstenliebe das Eigeninteresse von seinem Platz verdrängen würde. Wenn alle Marktteilnehmer die von ihnen angebotenen Leistungen verschenken, statt verkaufen würden, könnte nämlich kein Unternehmen überleben, die Konsumenten müssten verhungern und die Arbeitskräfte würden verelenden, wenn sie aus Mitleid mit verarmten Unternehmern keinen Lohn mehr annehmen und aus Mitleid mit den verhungerten Konsumenten ihre Ersparnisse verschenken sollten.

Wer Schenken als ethisch höherwertig einstuft als Tauschen und wer dies zu einem moralischen Imperativ erklärt, der hat nicht unbedingt die Moral auf seiner Seite. Denn er teilt einseitig dem einen Arbeitsleid, Konsumverzicht, Kosten und Risiko zu, dem anderen die Früchte der Entbehrung. Es zeugt sogar von fehlender und doppelbödiger Moral, wenn er sich selbst die Rolle dieses anderen zuteilt und dem einen, der dieser einseitigen Verteilung nichts abgewinnen kann, Hartherzigkeit und Egoismus vorwirft. Wer über gerechte Güterverteilungen philosophiert, der sollte auch die weniger funkelnde Rückseite der Gerechtigkeitsmedaille in sein Urteil einbeziehen. Und wer dies tut, der kann dem Tausch am Markt – also der Verknüpfung von Geben und Nehmen – wohl kaum ethische Minderwertigkeit vorwerfen.

Freilich können die Autoren auch dem biblischen Spruch „Geben ist seliger als Nehmen" etwas abgewinnen. Kein ernst zu nehmender Ökonom plädiert für eine Ordnung, in der menschliches Mitgefühl und Wohltätigkeit keine Rolle spielen. In der natürlich gewachsenen Gruppe wie der Familie, der Nachbarschaft, dem Freundeskreis, dem Sportverein und dem Wohlfahrtsverband lässt der Mensch sein Herz regieren und ein klein wenig natürlich auch seinen Verstand. Denn zu viel Hilfe führt in die Abhängigkeit und Lethargie. Der Mensch ist seiner Doppel-Natur nach ein soziales Wesen, das menschliche Kontakte braucht. Diese Binsenweisheit hat freilich nicht erst die Verhaltensökonomie und die Neurowissenschaft entdeckt. Sie war in der Gedankenwelt von Adam Smith bereits fest verankert. Allerdings baute Smith auf Freiwilligkeit, während die „Caring-Ökonomen" den moralischen Zeigefinger erheben und damit einen kollektiven Zwang beschwören.

Die „Caring-Ökonomen" übersehen ferner, dass Geschenke oder Hilfen meist zweiseitig sind oder erwidert werden, wenn man einen langfristigen Zeithorizont zugrunde legt. Denn man trifft sich immer zweimal im Leben. Wer anderen Gutes tut, der kann damit rechnen, dass sich der Altruismus irgendwann wieder „auszahlt" und dass man in Notsituationen selbst mit Hilfe rechnen kann. Auf lange Sicht ist also nicht die Geschenkwirtschaft evident, die die „Caring-Ökonomen" verherrlichen, sondern das gegenseitige Geben und Nehmen, der Tausch und das Äquivalenzprinzip. Und es ist müßig, darüber zu philosophieren, ob Wohltaten nun altruistisch oder letztlich doch selbstzwecklich motiviert sind.

Die „Caring-Ökonomen" begehen außerdem den Fehler, dass sie ökonomisches Handeln mit eigennützigem Verhalten gleichsetzen und suggerieren, das Gegensatzpaar dazu sei „altruistisch". Ökonomisch kann aber auch handeln, wer anderen Gutes tut. Wer behauptet, der „homo oeconomicus" sei ein falsches Konstrukt der Ökonomen, weil es die altruistische Seite des Menschen nicht abbilde, der irrt. Wenn durch Umverteilung eines Gutes an Person B der Nutzen der gebenden Person A steigt, dann lässt sich dieser altruistische Vorgang ohne weiteres in eine neoklassische Nutzenfunktion einbauen. Die Modelle von Egon Sohmen (1976) in der ökonomischen Wohlfahrtstheorie zeigen, dass der „homo oeconomicus" durchaus ein dehnbares Konzept ist, in das sich Altruismus integrieren lässt. Die Vokabel „ökonomisch" darf also nicht mit „eigennützig", sondern muss vielmehr mit dem Wort „rational" gleichgesetzt werden. Das korrekte Gegensatzpaar dazu ist „irrational".

C. Einwände der „pluralen Ökonomik" oder „post-autistischen Ökonomie" oder der „Real World Economics" nicht überzeugend

Unter diesen Begriffen haben sich seit der Jahrtausendwende Ökonomen aus England, Frankreich, Deutschland und anderen Ländern zusammengeschlossen, die gegen die angebliche „theoretische Monokultur der neoklassischen Theorie in Lehre, Forschung und Politik" opponieren. Sie vertreten das gemeinsame Credo, „…dass der Markt für alles Übel und der Staat für alles Gemeinwohl verantwortlich ist" (Neue Züricher Zeitung (NZZ) 8.9.2015). Typisch für die neue Bewegung ist die „Ablehnung freier Märkte und die Überzeugung, dass es eigentlich kein Zuviel an Regulierung geben kann" (NZZ). Was sind nun die Kritikpunkte im Einzelnen?

1. Zur „Unsichtbaren Hand"

Kritik der „pluralen Ökonomen" entzündet sich an Adam Smith's Konzept der „Unsichtbaren Hand", die bewirkt, dass der einzelne automatisch dem Gemeinwohl dient, wenn er sein natürliches Eigeninteresse verfolgt. Unter idealen Modellbedingungen ist das aber so. Die Ökonomen Kenneth Arrow und Gerard Debreu haben im Jahr 1954 in ihrer Nobelpreisarbeit nachgewiesen, dass bei vollkommener Konkurrenz und geregelten Eigentumsrechten der Marktmechanismus ein Höchstmaß an Effizienz herbeiführt. Und wie wir gesehen haben, kommt dem Staat die Aufgabe zu, den Wettbewerb zu hüten und Individuen lückenlos Eigentumsrechte an den Ressourcen einzuräumen. Wenn der Staat seiner Rolle nicht richtig gerecht wird, kommt es zwangsläufig zu suboptimalen Marktergebnissen und es ist geradewegs grotesk, wenn die „pluralen Ökonomen" dafür den Markt verteufeln.

Auch ruft es nur Kopfschütteln hervor, wenn die „pluralen Ökonomen" der sogenannten „Mainstream-Ökonomie" vorwerfen, die Suboptimalität der Marktergebnisse in der Realität zu übersehen. Tatsächlich hat diese eine geradewegs hybride Theorie der Marktmängel entwickelt, während die Literatur zu den Staatsmängeln, die wegen höherer Machtspielräume in Politik und Bürokratie gravierender sein dürften, dünn gesät ist. „Wie Spürhunde suchen Volkswirte die Wirtschaft nach Marktfehlern ab und überlegen, wie man diese Fehler durch kluge Staatseingriffe korrigieren kann. Dies zu übersehen ist das große Versäumnis der Kritiker" (Sinn, 1.11.2014). Tatsächlich hat die Volkswirtschaftslehre eine breite Palette wirtschaftspolitischer Eingriffsfelder beackert, von der Wettbewerbs- über die Umwelt- und Geldpolitik bis hin zur Forschungs- und Konjunkturpolitik.

Freilich kann wirklich kluge Politik auch darin bestehen, die Markt-Wirklichkeit so hinzunehmen wie sie ist. Denn die Gefahr ist nicht von der Hand zu weisen, dass die staatliche Korrektur der sich am Markt bildenden angeblich verzerrten Preisrelationen via Sondersteuern und Subventionen realiter noch weiter vom Optimum wegführt. Denn der Staat hat ja gar nicht die Informationen, die er bräuchte, um seinem Anspruch auf Weltverbesserung durch zielsichere, punktgenaue Intervention in das Preissystem gerecht werden zu können. Tatsächlich tappt der Staat informationsmäßig im Dunkeln, während sich am Markt Preise bilden. Preise muss man als Informationen begreifen und den Markt als Informationssystem, wenn man seine eigentliche Funktion richtig verstehen will. Da der Staat in Ermangelung von höherem Wissen mit der Heilung des unter einem angeblichen Verzerrungs-Syndrom leidenden Markt-Patienten überfordert sein dürfte, kann man – statt Marktmängel zu diagnostizieren – ebenso gut behaupten, die Markt-Wirklichkeit sei die bestmögliche aller realen Alternativ-Welten. Dies ist wegen der informativen Überlegenheit des Marktes in der Regel sogar die realistischere Sichtweise. In diesem Fall mag es ja sein, dass sich Theoretiker noch bessere Welten denken können. Aber wenn sie sich nicht realisieren lassen – etwa weil es Lücken in der Eigentumsordnung gibt –, dann ist es müßig, weiter darüber zu diskutieren. Auch fehlt oft – von der Umweltproblematik einmal abgesehen – der empirische Beleg für die Behauptung notorischer Marktgegner, es gäbe in der Marktwirklichkeit erhebliche Abweichungen zwischen privaten und gesellschaftlichen Kosten oder Erträgen, so dass die Existenz der „Unsichtbaren Hand" negiert werden müsse. Außerdem hat der Ökonom Ronald Coase im Jahr 1960 gezeigt, dass die sogenannten externen Effekte – also das Auseinanderklaffen von einzel- und gesamtwirtschaftlichen Werten – häufig durch private Verhandlungen internalisiert werden, sofern sich die betroffenen Personen kennen.

Fazit: Trotz aller vermeintlichen oder tatsächlichen Unvollkommenheiten von Märkten in der realen Welt ist das Theorem der „Unsichtbaren Hand" von Adam Smith unzerstörbar. Lassen wir den Nobelpreisträger Milton Friedman zum 200ten Jubiläum des ökonomischen Klassikers „Der Wohlstand der Nationen" von Adam Smith zu Wort kommen: „Smiths herausragende Bedeutung für 1976 und seine – von Hayek und anderen so wortreich dargestellte – große Leistung besteht in der Lehre von der „Unsichtbaren Hand", in seiner Vision einer möglichen Koordinierung der freiwilligen Handlungen von Millionen Einzelpersonen ohne zentrale Lenkung, allein durch das Preissystem" (Friedman 1985, S. 218). Diese großartige Leistung des Marktsystems kann man nicht schlechtreden – auch wenn es staatliche Eingriffsgründe gibt oder geben mag.

2. Ökologie versus Ökonomie

„Plurale Ökonomen" behaupten, der Markt sei für Umweltschäden verantwortlich und die konventionelle Ökonomie verkenne den Widerspruch zwischen Ökonomie und Ökologie. Diesem doppelten Vorwurf muss widersprochen werden. Erstens resultieren Umweltschäden aus Lücken in der Eigentumsordnung, für die der Staat verantwortlich ist. Wenn der Staat es versäumt hat, der Allgemeinheit ein Eigentumsrecht an der Umwelt einzuräumen, das die Unternehmen zwingt, für Umweltnutzung einen Preis oder eine Gebühr zu zahlen, dann ist es unfair, de facto stattfindende Umweltverschmutzung als Marktversagen abzustempeln. Vielmehr sorgt – im Gegenteil – der Wettbewerb am Markt dafür, dass umweltschonend produzierende Anbieter gegenüber „Dreckschleudern" das Rennen machen, wenn die Unternehmen Entgelte für Schadstoffausstoß an den Staat abführen müssen. Denn die Unternehmen mit umweltschonender Technologie sind unter diesen Bedingungen preislich im Vorteil, so dass sie die Umweltsünder verdrängen werden. Am Markt wirken also sogar starke Anreize in Richtung auf umweltsparenden technischen Fortschritt, wenn der Staat seiner originären Aufgabe nachkommt, Nutzungsrechte an der Umwelt zu vergeben.

Zweitens ist die Umweltpolitik schon seit 1912, als sich erstmals Arthur Cecil Pigou mit dieser Thematik befasste, ein Forschungszweig der Ökonomie. Die „pluralen Ökonomen" liegen mit ihrer Kritik, die „Mainstreamökonomie" lasse die Umwelt außer Acht, also vollends daneben. Tatsächlich ist die Umweltökonomie heute hoch entwickelt. Dies ist auch naheliegend. Denn die Ökonomie ist die Lehre von der bestmöglichen Bewältigung von Knappheit. Und tatsächlich ist die Umwelt – anders als früher – wegen des Bevölkerungswachstum und der Ballung ein knappes Gut geworden. Es ist höchste Zeit, dass Staaten diesem Umstand Rechnung tragen und die umweltpolitischen Konsequenzen ziehen.

3. Keynesianismus versus Neoklassik

„Plurale Ökonomen" sind Gegner der Neoklassik und sehen in der makroökonomischen Steuerung der Nachfrage das Heil. Lassen wir zu dieser Kontroverse Hans-Werner Sinn zu Wort kommen:

> „Zu den möglichen Defekten, die Volkswirte bisweilen diagnostizieren, gehört die keynesianische Krankheit. Wenn die Nachfrage zu gering ist, kann dies – weil Löhne und Preise kurzfristig starr sind – zu einem abrupten Einbruch der Beschäftigung führen. So hat es einst John Maynard Keynes beschrieben. Die keynesianische Krankheit kann man mithilfe staatlicher, schuldenfinanzierter Konjunkturprogramme beheben. Das ist ähnlich wie bei einem Herzpatienten, dessen spontane Schwäche durch das Kauen einer Nitroglyzerinkapsel überwunden werden kann.
>
> Anders als viele glauben, gibt es im Mainstream der Volkswirtschaftslehre heute keine grundlegende Abneigung gegen Keynes und dessen Medizin – nur wird die Medizin nicht als Allheilmittel angesehen. Viele andere Krankheiten, unter denen die Wirtschaft leidet, sind nämlich langfristiger, struktureller Natur und bedürfen daher anderer Therapien. Dafür liefert die neoklassische Theorie den umfassenden Analyserahmen. Ein Beispiel bieten die strukturellen Probleme der südeuropäischen Länder. Solche Probleme mit keynesianischer Rezeptur bekämpfen zu wollen, ist genauso unsinnig wie der Versuch, einen Knochenbruch mit einem Herzmedikament heilen zu wollen.
>
> Nur wenn es einen Kreislaufkollaps gibt wie 2008, als die Konjunktur abrupt einbrach, bedarf es einer Nitratkapsel. Aber Vorsicht: Der Dauergebrauch kann tödlich enden" (Sinn, 1.11.2014).

4. Zum Neoliberalismus oder klassischen Liberalismus

Neoliberalismus ist keinesfalls – wie Linke, die den Begriff als Schimpfwort verwenden, behaupten – eine ökonomische Schule, die die staatlichen Aufgaben auf die Sicherheit nach innen und außen beschränkt haben will und die den Interessen der Reichen und Mächtigen zuarbeiten möchte. Neoliberale favorisieren keinen sogenannten Nachtwächterstaat mit minimalem Staatsbudget. Vielmehr sind sie von der

Wichtigkeit eines starken Staates überzeugt, der wertvolle Funktionen in der Wirtschaft wahrnimmt. Auch haben sie die Interessen der Allgemeinheit anstelle von Partikularinteressen im Blick. Neoliberalismus ist ein Synonym für den Ordo-Liberalismus, der von der klassischen Ökonomie und von den Lehren von Adam Smith inspiriert ist. Den Begriff des Neoliberalismus prägte Alexander Rüstow auf der Jahrestagung des Vereins für Sozialpolitik im Jahre 1932. Rüstow forderte die Abkehr von einem extremen Laissez-faire-Liberalismus und eine Neubesinnung auf staatliche Aufgaben jenseits der reinen Schutzfunktion, wie sie bereits schon im „Wohlstand der Nationen" vorkommen. Der Begriff Neoliberalismus wurde 1938 auf einem Kongress in Paris, an dem Rüstow teilnahm, international bekannt (Hans-Werner Sinn).

Nichtsdestotrotz ist in den Medien die falsche Interpretation des Begriffs an der Tagesordnung, was sogar der ehemalige Bundespräsident von Deutschland, Joachim Gauck, kritisiert hat. So verwundert es nicht, dass die breite Bevölkerung fälschlicherweise glaubt, die liberale Idee diene ausschließlich den privaten Interessen Privilegierter. Das Eintreten von Adam Smith und anderer Klassiker für eine freiheitliche, spontane und natürliche Ordnung im achtzehnten Jahrhundert war aber – im Gegenteil – ein Sturm auf die Bastionen der Herrschenden und Besitzenden, die mit Innungen, Ständen, Kartellen den freien Zugang der Arbeitnehmer zum Arbeitsmarkt verstellten und durch Verbot von Koalitionen der Arbeitnehmer ihre eigene Machtposition auch bei der Bestimmung der Lohn- und Arbeitsbedingungen festigten.

Fürsten- und Kirchenstaat, Kameralismus und Merkantilismus waren die Antithesen, denen eine freiheitlich organisierte Wirtschafts-, Gesellschafts- und Staatsordnung entgegentrat. Der Aufbruch des jungen Amerika mit seiner Verfassungsgebung erfolgte wohl nicht zufällig rund eine Dekade nach dem Erscheinen des entscheidenden Werks für die marktwirtschaftliche Ordnung im Jahre 1776: Adam Smith's „Wohlstand der Nationen". Dies war der Startschuss für die Durchsetzung der Menschenrechte in den neuzeitlichen Demokratien. Freiheit und Menschenrechte fanden ihre natürliche Entsprechung in einer Wirtschaftsordnung, in der Monopole und Kartelle – auch solche von Gottes, Staates oder anderer Gnaden – keinen Platz hatten. Freier Zugang aller zu wirtschaftlicher Betätigung innerhalb und außerhalb der politischen Grenzen wurde als beste Verfassung für die Selbstverwirklichung freier und verantwortlicher Menschen angesehen. In dieser Selbstverwirklichung – überall dort begrenzt, wo es zur Verletzung der Rechte des Nächsten kommt – wurde gleichzeitig auch die Grundlage für eine bestmögliche Entwicklung des Ganzen gesehen.

5. Zum „homo oeconomicus"

Der „homo oeconomicus" geht nicht, wie oft falsch behauptet, auf Adam Smith zurück, der ja ein sehr realistisches Menschenbild zugrunde legte, wie wir gesehen haben. Vielmehr handelt es sich beim „homo oeconomicus" in seiner Reinform als egoistisches Einzelwesen um eine Fiktion des britischen Philosophen und Ökonomen John Stuart Mill (1806–1873). Diese Kunstfigur des isolierten kühlen Rechners, der nur an sich denkt, hat viel Kritik auf sich gezogen. Denn sie bildet den Menschen, wie er – in eine Gemeinschaft eingebettet – tatsächlich ist, nicht richtig ab, was sie für Prognosezwecke nur bedingt oder wenig tauglich macht. Tatsächlich ist der Mensch aber auch von Mitgefühl und Altruismus geleitet – der eine mehr, der andere weniger – und er entscheidet oft – statt exakte Berechnungen anzustellen – aus dem Bauchgefühl heraus oder folgt seinen Instinkten.

Diese ad hoc einleuchtende Kritik übersieht allerdings, dass der „homo oeconomicus" in seiner Reinform als egoistisches Einzelwesen ja gar nicht für Prognosezwecke erdacht worden ist, sondern für rein analytische. Der Ökonom braucht nämlich das Modell des rationalen Egoisten, um – worauf Hans-Werner Sinn hinweist –

> „kollektiver Irrationalität nachzuspüren, und das gelingt am besten, wenn man in volkswirtschaftlichen Modellen unterstellt, dass die einzelnen Individuen rational handeln. Dieser methodologische Individualismus stellt sicher, dass die Maßnahmen, die die Politik ergreift, niemals mit der Fehlbarkeit des Menschen und dessen Irrationalität erklärt werden, sondern immer nur mit Fehlern von Spielregeln, unter denen der Mensch agiert. Das schützt davor, in einen diktatorischen Paternalismus abzugleiten.

> Der analytische Wert des homo oeconomicus zeigt sich besonders deutlich bei der Zockerei der Banken, die mit zu wenig Eigenkapital arbeiten und ris-

kante Ausleihungen vornehmen. Wenn Gewinne anfallen, werden sie privatisiert, und wenn Verluste anfallen, die das Eigenkapital übersteigen, macht man den Laden halt dicht und überlässt die verbleibenden Verluste den Gläubigern oder noch besser: Man lässt sich vom Steuerzahler retten. Diese Asymmetrie verleitet zum Glückspiel. Die Banken wählen besonders riskante Investitionsprojekte, die zwar betriebswirtschaftlich rentabel, volkswirtschaftlich aber schädlich sind. Das Problem resultiert nicht aus der menschlichen Irrationalität, sondern tritt gerade dann auf, wenn Banker besonders rational handeln. Der Volkswirt empfiehlt der Politik daher auch nicht, den Bankern Vernunft und Moral zu predigen, sondern ihnen eine höhere Eigenkapitalquote vorzuschreiben" (Sinn, 1.11.2014).

Denn die alte Spielregel führte – egoistisches Verhalten von Individuen unterstellt – zu gesellschaftlich nicht akzeptablen Ergebnissen.

Ein anderes Beispiel, das einen staatlichen Eingriffsgrund bzw. ein staatliches Handlungsdefizit offenlegt, ist der kühl rechende Umweltverschmutzer, der Kosten spart und seine Industrieabgase in die Luft pumpt und Abwässer in den Fluss leitet. Hier muss – wie wir schon erörtert haben – der Staat eingreifen, um Emissionen zu verhindern.

Die Kritik am „homo oeconomicus" ist aus einem weiteren Grund nicht haltbar. Denn sie suggeriert, dass man vom ökonomischen Denken und Handeln abrücken muss, wenn man von Mitgefühl und Altruismus geleitet ist. Das Agieren im Dienste der Mitmenschen steht aber keineswegs im Widerspruch zu den Geboten der ökonomischen Ratio in einer Welt der Knappheit. Diese Behauptung ist grundfalsch. Ökonomisch rational handelt auch der altruistische Menschenfreund, der ein Gut an einen Mitmenschen verschenkt. Denn er tut es ja, weil er aus der guten Tat offensichtlich einen höheren Nutzen zieht, als es der Fall gewesen wäre, wenn er das Gut selbst verkonsumiert hätte. Der Nutzen oder die Wohlfahrt des „homo oeconomicus" hängt also nicht nur von den materiellen Gütern ab, die er verbraucht, wie dies die Kritiker unterstellen. Vielmehr lassen sich auch gute Taten oder Güter, die andere konsumieren oder das Ansehen, dass der einzelne in seinem sozialen Umfeld genießt, ohne weiteres als Bestimmungsfaktoren in eine neoklassische Nutzenfunktion integrieren, wie Egon Sohmen (1976) gezeigt hat.

Auch behaupten Kritiker, der „homo oeconomicus" sei ein unzutreffendes Konstrukt, weil viele ökonomische Entscheidungen maßgeblich aus dem „Bauchgefühl" heraus getroffen werden würden, statt auf exakten Berechnungen und Vergleichen zu beruhen. Dem muss erwidert werden, dass es nicht zu einer Welt, in der Informationskosten anfallen, passen würde, stets am Computer komplizierte Algorithmen zu bemühen und Optimierungsprogramme zu starten, wenn eine wirtschaftliche Entscheidung ansteht. Wer aus dem "Bauchgefühl" heraus entscheidet, kann somit ökonomisch rationaler handeln als jener es tut, der sich für das Treffen einer Entscheidung beliebig viel Zeit nimmt und umfassende Informationen einholt, weil Zeit knapp ist und Informationen nicht kostenlos zu haben sind. Oliver E. Williamson hat sich in seiner Transaktionskostenanalyse näher mit dieser Thematik befasst. Im Übrigen hat schon Adam Smith hat diese Problematik gesehen und im „Wohlstand der Nationen" resümiert: „Ein grobes über den Daumen-Peilen reicht aus, wenn Menschen ihren alltäglichen Geschäften nachgehen". Diese Einsicht hatten also nicht erst die modernen Verhaltensforscher der ökonomischen Wissenschaft, wie dies immer wieder falsch behauptet wird. Vielmehr war sie in der klassischen Ökonomie bereits fest verankert.

6. Wettbewerb

„Plurale Ökonomen" bekennen sich in ihren Netzwerken dazu, den Wettbewerb nicht zu mögen. Wettbewerb mag von manchen Menschen als unbequem oder hart empfunden werden. Wer so argumentiert, übersieht, dass allenfalls das Faktum der Knappheit diese Attribute auf sich ziehen kann, nicht aber der Wettbewerb. Dieser ist kein Folterinstrument, sondern – im Gegenteil – ein unverzichtbares Ordnungs- und Lenkungsinstrument in einer Welt der Knappheit. Wettbewerb leistet der Menschheit gute Dienste. Denn Wettbewerb sorgt letztlich dafür, dass die Knappheitshürde kreativ überwunden wird. Wettbewerb ist von seinem Wesen her also ein „Entdeckungsverfahren". Diesen treffenden Begriff prägte der ökonomische Nobelpreisträger Friedrich August von Hayek. Er legt nahe, dass das Wachstum der Wirtschaft mit dem Wachstum an Wissen und Informationen Hand in Hand geht.

Wer den Wettbewerb, der die Offenheit von Märkten voraussetzt, kritisiert, der muss eine bessere Alternative nennen. Dabei kann es sich wohl kaum um den Vorschlag handeln, nur den Etablierten oder Insidern eine Stimme zu geben und neue Anbieter nicht zuzulassen. Aussperrung ist nicht nur unfair gegenüber jenen, die nicht zum Zuge kommen. Dadurch werden auch neue Ideen unterdrückt und der Fortschritt erlahmt. Stagnation kann nicht im allgemeinen Interesse sein. Die ärmsten Menschen einer Gesellschaft, mit deren irdischem Los niemand tauschen möchte, haben besonders zu leiden, wenn es nicht vorangeht.

Im Übrigen weist Hans-Werner Sinn darauf hin, dass es Ausnahmen von der Regel des guten Wettbewerbs zwischen Anbietern ähnlicher Leistungen gibt. Als Beispiel nennt Sinn den Deregulierungswettbewerb bei Banken und Versicherungen, der zwischen Staaten ausgetragen worden ist und der zur Finanzkrise im Jahr 2008 beigetragen hat. Auch plädiert Sinn aus gutem Grund für eine Monopolgewerkschaft für alle Arbeitnehmer eines Unternehmens oder einer Branche, wobei er Fehlsteuerungen durch konkurrierende Sub-Gewerkschaften im Luftverkehr im Auge hat: In einer Monopolgewerkschaft wird die Frage nach den richtigen Lohnstrukturen zwischen Piloten, Flugbegleitern und dem Sicherheits- und Bodenpersonal in internen Verhandlungen auf der Basis von ökonomischem Augenmaß geklärt. Treten hingegen Einzelgewerkschaften für diese jeweiligen Berufsgruppen miteinander in Konkurrenz, sind unmäßige Forderungen und sich gegenseitig aufschaukelnde Streiklust programmiert. Es ist Staatsaufgabe, hier Konkurrenz zu unterbinden.

Fazit: Die Kritik der „pluralen Ökonomen" am Wettbewerb im Allgemeinen ist nicht nachvollziehbar. Freilich gibt es auch hier Ausnahmebereiche, wie Hans-Werner Sinn zeigt. Er warnt nicht nur vor linken Ideologen, die den Wettbewerb verteufeln, sondern auch vor jenen, die die Ausnahmen von der Regel verkennen: „Man muss sich auch vor jenen hüten, die das Wettbewerbsprinzip immer und überall in den Himmel heben" (Sinn, 1.11.2014).

TEIL VI. Indiens Zukunft gestalten

Nach den eher grundlegenden Passagen über das menschliche Gemeinwesen und seine Organisation ist Teil VI wieder indienspezifisch und anwendungsorientiert. Es wird gefragt, wo Ansatzpunkte für Reformen liegen.

A. Den Staat fit machen

1. Auf demokratische und föderale Traditionen in Indien setzen

Indien ist nicht nur die größte Demokratie der Welt, sie scheint auch in den Genen der Inder verankert zu sein. Auf indischem Boden ist nämlich vielleicht sogar die älteste Demokratie der Welt entstanden:

> „Wie früh die Demokratie in Indien Wurzeln gefasst hat oder ob sie gar auf dem Subkontinent, und nicht etwa von den Griechen, erfunden wurde, bleibt unter Historikern umstritten. Unbestritten ist, dass es in der Sangha, der Gemeinschaft von Buddhismus-Praktizierenden, demokratische Willensbildung gab und dass in den Hindu-Schriften von einem ‚Platz-des-Ärger-Herauslassens' die Rede ist, wohin sich schmollende Untertanen des Königs zurückzogen. Auch am Hof der muslimischen Moghulen gab es im Ansatz Mitbestimmung, den ‚Rahi Akal', den ‚Weg der Vernunftfindung'" (Follath 2014, S. 201).

Dass die Inder nach der Unabhängigkeit den Mechanismus der „Checks and Balances" schließlich auf breiter Front installierten, geht natürlich auch auf den Einfluss der Briten zurück.

Im Gegensatz zum zentralistisch strukturierten China war Indien schon immer ein politischer Flickenteppich gewesen. Es ist erst den britischen Kolonialherren im 19. Jahrhundert gelungen, ganz Indien unter ihre politische Kontrolle zu bringen. Indien hat also seit jeher starke regionale oder dezentrale Traditionen. Das Nationalgefühl der Inder muss sich erst langsam entwickeln, wozu u.a. das Kricket-Spiel beiträgt, das allen eine gemeinsame Identität verschafft. Die Bürger fühlen sich in erster Linie als Bewohner eines bestimmten Dorfes und eines bestimmten Bundeslandes.

Es gibt unzählige Dialekte. Die einzelnen Länder haben eigene Sprachen und Schriften, während sich die Chinesen wenigstens über die Schrift landesweit verständigen können. Der reißende Absatz, den die „Mao-Bibel" gefunden hat, erklärt sich vor allem aus der einheitlichen Schrift.

Häufig wird behauptet, dass ein dirigistischer und zentral planender Einheitsstaat wie China ein höheres Wachstum erzeugen kann als eine föderal organisierte Demokratie wie Indien. Denn viele Menschen vermuten bei der Parteispitze überlegenes Wissen und verweisen darauf, dass gesamtwirtschaftlich wichtige Entscheidungen rascher getroffen werden können als in einem demokratischen System, in dem jeder einzelne sein Veto einlegen kann. Spätestens seit den Untersuchungen des amerikanischen Ökonomen Daron Acemoğlu (2013) für 175 Staaten im Zeitraum 1960 bis 2010 wissen wir aber, dass es „einen robusten Zusammenhang und einen nennenswerten Effekt von der Demokratie auf das Wirtschaftswachstum" gibt. Autokratien können Innovationen und Erfindungen nämlich nicht verordnen. Ein freiheitlicher Rahmen hingegen stimuliert Einfallsreichtum und Erfindergeist. Es ist möglich, dass Indien kräftig aufholt. Denn während Indien die demokratischen Mechanismen und die föderale Arbeitsteilung sogar noch verbessern kann, wird es in China wohl noch lange dauern, bis die kommunistische Partei mehr Freiheit, Vielfalt und Pluralismus zulässt.

2. Staatsaufgaben im föderalen Gemeinwesen und „Management by Delegation"

Die ureigene Aufgabe des Staates ist es, die Bürger vor Übergriffen zu schützen. Dies erfordert Panzer, Kasernen, Soldaten, Gerichte, Gefängnisse, Justizangestellte und Richter, aber auch Grundrechte und Strafgesetze sowie die Sicherung von Vertragstreue und Eigentumsrechten. Ferner hat der Staat für funktionsfähige Märkte zu sorgen. Er muss die Offenheit der Märkte und freien Marktzugang garantieren, Preisabsprachen Privater unterbinden und ihren Wünschen nach Sonderrechten und Subventionen eine Absage erteilen, indem er sich selbst eine Neutralitätspflicht auferlegt. Um Konflikte innerhalb des Familienverbandes zu minimieren, bedarf es zudem eines Ehe-, Scheidungs-, Unterhalts- und Erbschaftsrechts. Konsens ist auch, dass der Staat das Existenzminimum sichern und die Grundlagenforschung finanzieren sollte. Außerdem wird ihm die Verantwortung für die Infrastruktur – Straßen, Brücken, Kanäle, Eisenbahn, Kindergärten, Schulen, Universitäten, Krankenhäuser, Stromnetze, Breitbandverkabelung etc. – zugewiesen. Es ist Pflicht des Staates, für Chancengleichheit im Bildungs- und Gesundheitswesen zu sorgen. Schließlich muss der Staat einen Notenbankpräsidenten bestellen, der sich der Geldwertstabilität verpflichtet fühlt. Doch damit ist die Aufzählung von staatlichen Aufgabefeldern noch nicht erschöpft: Die Erstellung von Landesentwicklungsplänen, das Anwerben von Unternehmern, Wissen und Kapital sowie die Indien-Werbung sollten ebenso hinzukommen, wie der Aufbau eines Beschwerdesystems, das vor Machtmissbrauch stärker schützt, als es bislang der Fall ist. Nicht nur Kinder, Frauen, Shudras, Unberührbare, Adivasis und Angehörige religiöser Minderheiten bedürfen einer Plattform, sondern auch Bürger, von denen Staats„diener" ein Bestechungsgeld einfordern.

Ist der indische Staat mit diesen Mammutaufgaben überfordert? Nein. Denn die Zentrale kann delegieren und outsourcen – und zwar nicht nur an nachgelagerte Staatsebenen wie Länder, Bezirke und Dörfer, sondern auch an Private und NGOs. Welche Aufgaben sind zwingend der Zentrale zuzuordnen? Das ist die Vorgabe aller Normen mit überregionaler Gültigkeit. Es ist sinnvoll, eine neue Norm in der Verfassung zu verankern, die dem Staat verbietet, einzelnen Bürgern oder Unternehmen finanzpolitische Privilegien oder geldgleiche Sonderrechte zu gewähren und die den Staat verpflichtet, die Märkte offen zu halten. Freilich muss klar sein, dass dies nicht einem Verbot von Geldtransfers in sozial begründeten Fällen gleichkommt. Im Gegenteil: die Verfassung sollte das Existenzminimum garantieren. Der Staat sollte nur daran gehindert werden, Sozialpolitik über politisch beeinflusste Preise statt über Geldtransfers zu betreiben.

Die Zentrale hat ferner alle Gesetze und Regeln festzulegen, die nötig sind, damit die Bürger vor Übergriffen geschützt sind und dass sie in Gemeinschaften und auf Märkten möglichst konfliktfrei ihre Ziele verfolgen und miteinander Verträge abschließen können. Die darunterfallenden Rechtsgebiete sind sehr heterogen. So fällt das Strafrecht ebenso darunter wie auch das private Recht, das nicht nur Familien- und Erbrecht umfasst, sondern das Handelsbeziehungen, Arbeits- und Mietverhältnisse, Grundstücksübertragungen, Rechtsformen von Unternehmen etc. regelt. Natürlich muss der Gesetzgeber zudem festlegen, wie zu verfahren ist, wenn Verträge nicht eingehalten werden und Schäden entstehen.

Der Zentralstaat ist für die Landesverteidigung verantwortlich. Er hat die Oberhoheit über das – vor allem auf regionaler und örtlicher Ebene zu installierende – Justiz- und Polizeiwesen, so dass Personal- und Finanzierungsentscheidungen weitgehend dezentral getroffen werden können. Es muss aber zentral geregelt werden, zu welchen Handlungen Hoheitsträger wie Polizisten im Umgang mit den Bürgern befugt sind und wo die Grenze zu ziehen ist. Vor allem bei länderübergreifenden Polizeieinsätzen kommen überdies Koordinationsaufgaben auf den Zentralstaat zu. Unter zentrale Regie sind ferner Patentämter sowie Kartell- und Monopolbehörden zu stellen. Der Zentralstaat hat auch die Aufgabe, Forschungsstätten mit nationaler Bedeutung zu gründen und zu finanzieren, wobei er deren Unabhängigkeit garantieren muss. Beispiele sind Kernforschungszentren oder Forschungsinstitute, die die wirtschaftliche Lage eines Landes analysieren und Empfehlungen für die Wirtschaftspolitik aussprechen. Der Zentralstaat muss ferner eine Kontrollbehörde für seine Finanzen installieren und unterhalten. Er muss auch Rechnungshöfe für jedes Land vorschreiben. Gleiches gilt für statistische Ämter, die mit der Zentralbehörde kooperieren. Eine Behörde des Zentralstaates ist zudem die Notenbank, die von einem Präsidenten geführt werden sollte, der allein der Geldwertstabilität verpflichtet ist.

Eine sozial wie auch ökonomisch gebotene Pflicht des Zentralstaates ist es, Konzepte zu entwickeln, die näher zum Fernziel der Chancengleichheit im Bildungs- und Gesundheitswesen hinführen. Dies ist nicht nur gerecht, sondern es erhöht auch die Produktionsmöglichkeiten einer Volkswirtschaft. Die zentrale Regierung sollte dabei eng mit den Landesregierungen zusammenarbeiten, deren Aufgabe es wäre, Konkretisierungsvorschläge zu unterbreiten und die Konzepte in die Tat umzusetzen. Die zentrale Instanz muss zudem in der Sozialpolitik aktiv werden. Neben der schon erwähnten Garantie des Existenzminimums sollte die Zentralregierung ferner die jungen Menschen, die neu auf den Arbeitsmarkt drängen, gesetzlich dazu verpflichten, Vorsorge für das Alter zu treffen und sich gegen die Risiken der Krankheit, des Unfalls und der Arbeitslosigkeit abzusichern. Darüber hinausgehende sozialpolitische Initiativen sollte Sache der Länder sein und von diesen auch aus Steuern, deren Höhe sie selbst beeinflussen können, finanziert werden. Im Wettbewerb zwischen den Ländern wird sich die Erkenntnis durchsetzen, dass eine gesunde Wirtschaft Voraussetzung für soziales Handeln ist, dass also das Primat der Wirtschaftspolitik vor der Sozialpolitik zu beachten ist. Verteilt kann also nur werden, was vorher geschaffen wurde. Und oft ist es die beste Sozialpolitik, wenn man Zielgruppen – etwa Behinderte – in produktive Prozesse einbindet.

Was die Konzeption von Entwicklungsplänen für die einzelnen Länder anbelangt, kann die Zentrale grobe Linien vorgeben oder Vorschläge unterbreiten. Sie sollte ferner Koordinationsaufgaben übernehmen – etwa bei Verkehrswegen, die die Landesgrenzen überschreiten. Die Hauptlast fällt aber bei den einzelnen Ländern an. Es geht zum einen um den Ausbau der Infrastruktur, der zugleich Arbeitsmöglichkeiten für die Einheimischen schafft. Zum anderen sind Initialzündungen gefragt, damit sich marktwirtschaftliche Aktivitäten auf breiter Front entfalten können. Es müssen also Geschäftsideen präsentiert und Unternehmertalente, Wissen und Kapital angelockt werden, damit die breite Bevölkerung beschäftigt werden kann. Die Landesregierungen können Teilaufgaben weiter nach unten verlagern oder Private damit beauftragen.

Zusammengefasst: Der Zentralstaat sollte also politische (Teil-)Verantwortung für folgende Managementleistungen auf die Regierungen der Länder übertragen: 1) für Polizei, 2) für Justiz, 3) für Umsetzung der Chancengleichheit im Bildungs- und Gesundheitswesen, 4) für sozialpolitische Initiativen, die über die Gewährung eines Existenzminimums hinausgehen, 5) für den Ausbau der wirtschaftsnahen sowie konsumtiven Infrastruktur sowie 6) für den sich darauf entfaltenden marktwirtschaftlichen Überbau. Das sind kostenträchtige Aufgaben, die eine entsprechende Finanzausstattung erfordern.

Der Zentralstaat trägt die Hauptverantwortung für das Steuerrecht und für die Aufteilung der Steuerquellen auf Zentrale und Länder, die wiederum über die weitere Verteilung auf nachgelagerte Ebenen entscheiden sollten. Es ist vernünftig, wenn der Zentralstaat das Recht, nach dem Umsätze besteuert werden, landeseinheitlich weitgehend festlegt. So ist es ein bahnbrechender Fortschritt, dass die Regierung Modi einen im ganzen Land gültigen Umsatzsteuersatz durchgesetzt hat und das lange Warten von LKWs an den Landes- und vorigen Umsatzsteuergrenzen ein

Ende hat. Bei den Steuern vom Einkommen ist ratsam, dass die Zentralregierung ein möglichst einfaches Recht vorgibt und es den Ländern überlässt, den vorgeschlagenen Tarif zu senken oder zu erhöhen. Den Ländern sollte das Aufkommen aus den Steuern, deren Höhe sie beeinflussen können, zustehen, zumindest sollten sie am Ertrag beteiligt werden. Vorgeschlagen wird die Vorgabe eines Freibetrags, um die ärmeren Einkommensschichten vor der Besteuerung zu schützen, sowie eines proportionalen Tarifs, um die Anreize möglichst wenig zu beeinträchtigen. Dies ergibt in der Summe eine indirekte Progression, weil der Freibetrag mit steigendem Einkommen immer weniger ins Gewicht fällt. Dies ist ein fairer Ausgleich dafür, dass die Umsatzsteuer ärmere Leute relativ stärker belastet, weil sie einen höheren Anteil ihres Einkommens verbrauchen.

3. Das Modell des offenen Lernsystems – Vorbild für die Organisation des Staatswesens

Das indische Staatswesen ist mehrstufig organisiert, was ökonomisch sinnvoll ist. An der Spitze der Organisationspyramide steht der indische Ministerpräsident als Chef des Zentralstaates, darunter sind die Ministerpräsidenten der Länder angesiedelt, die für die Erfüllung der auf Länderebene anfallenden Aufgaben verantwortlich sind, die Basis bilden die Bezirke und Städte oder Dorfgemeinschaften. Um diese Ämter sollten sich Politiker bewerben, die mehr dem Typus des dynamischen Unternehmers als dem des Verwalters entsprechen und deren Kreativität und Organisationstalent durch die Wähler bewertet wird. Bei den demokratischen Wahlen sollten die Polit-Unternehmer ihre Regierungsmannschaft vorstellen und sollten Entwicklungspläne präsentieren, die Indiens Regionen zu Wohlstand verhelfen. Aus dem Wettbewerb zwischen alternativen Kandidaten geht jene/r als Beste/r aus dem Ausleseverfahren hervor, deren/dessen Vorhaben am meisten überzeugen. Unternehmerpersönlichkeiten, die für politische Führungsaufgaben geeignet sind, finden sich sicher nicht nur in Indien, sondern auch im Ausland. Dort leben allein 25 Millionen Inder mit indischer oder ausländischer Staatsbürgerschaft, viele davon haben wegen ihrer besseren Ausbildung und längeren Berufserfahrung Vorteile gegenüber den heimischen Mitbewerbern. Die künftigen Polit-Manager müssten nicht einmal umziehen, sie müssten nur virtuell in Indien sein.

Wo ist weiterer Raum für Verbesserungen? Das drei- oder vierstufige System sollte konsequent am Subsidiaritäts- und am Verbundprinzip (Horst Claus Recktenwald) ausgerichtet sein. Das Subsidiaritätsprinzip besagt, dass die Kompetenzzuteilung so dezentral wie möglich erfolgen sollte. Wenn es machbar ist, sollten Private mit einer Aufgabe betraut werden, wenn aber der Staat aktiv werden muss, weil ein öffentliches statt einem privaten Gut bereitzustellen ist, sollte die politische Verantwortlichkeit so dezentral wie möglich angesiedelt sein. Der Zentralstaat sollte nur bei Aktivitäten zum Zuge kommen, deren Nutzenradius landesweit ist wie etwa beim Wettbewerbsschutz oder bei der Landesverteidigung. Güter mit räumlich begrenzter Reichweite sollten von niedrigeren Staatsebenen angeboten werden. Über das Angebot von beispielsweise Kindergärten, Schulen oder Feuerwehren sollten die Gemeinden entscheiden, nicht aber das Land oder gar der Zentralstaat. Hochschulpolitik hingegen ist eine klassische Aufgabe der jeweiligen Landesregierungen.

Das Verbundprinzip besagt, dass Nutzer-, Zahler-, Anbieter- und Entscheiderkollektiv identisch sein sollten. Klaffen die Kollektive auseinander, entstehen Wohlfahrtsverluste. Wenn beispielsweise die Kosten eines öffentlichen Gutes mit nur lokaler Reichweite auf die allgemeinen Steuerzahler abgewälzt werden können, wird zu viel davon bereitgestellt und zu wenig von allen anderen Gütern. Wenn andere Gruppen als die unmittelbar Betroffenen entscheiden, besteht die Gefahr, dass an den Präferenzen der Menschen vorbeiproduziert wird.

> "Mit dem Verbund der Nutzen mit den Lasten wird 1) eine echte (nichtwillkürliche) Bewertung öffentlicher Leistungen erst möglich, 2) Wirtschaftlichkeit erzwungen, 3) Selbstverantwortung und Selbstverwaltung gestärkt, 4) eine größere Bürgernähe von Politik und Bürokratie gesichert, 5) ein Ausufern der Verwaltung gebremst und 6) ein Freifahrerverhalten zurückgedrängt" (Recktenwald 1983, S. 668 f.).

Die klaren Regeln für die jeweiligen Verantwortlichkeiten im föderalen Staat erzwingen aber keine isolierten Staatsebenen. Die staatsinternen Strukturen sollten vielmehr nach dem Vorbild eines offenen Lernsystems gestaltet und miteinander vernetzt werden, was für das computeraffine Indien eine zu bewältigende Herausforderung sein dürfte. Das wäre eine echte Innovation. Es ist wichtig, dass die Ebenen in einen Informationsaustausch miteinander treten, weil Landesentwicklungsplanung ein vielschichtiger Prozess ist und neue Informationen die Quelle für Wachstum sind. Es ist keineswegs ein Verstoß gegen das Subsidiaritäts- und das Verbundprinzip, wenn bei einem Gut mit begrenztem Nutzenradius oder mit nur örtlicher Reichweite die übergeordnete Gebietskörperschaft ein Vorschlagsrecht hat. Je mehr Informationen gewonnen werden, umso besser.

Außerdem legt der Verbund von Entscheidungen ein Informations- und Kommunikationssystem zwischen den Entscheidungsträgern nahe – schon aus anreiztechnischer Sicht. Wenn das Land etwa die Straße nur baut, wenn die Kommunen tourismusfördernde Maßnahmen ergreifen und die Gemeinde das nur tun, wenn die Verkehrsinfrastruktur stimmt und wenn die Nachbarkommunen ähnliche Aktivitäten entfalten, dann ist gleichgerichtetes Handeln unabdingbar, was Informationsvernetzung voraussetzt. Ohne diese würden die wachstumsfördernden Aktivitäten unterbleiben.

Die Ebenen sollten zum einen durch einen permanenten Informationsfluss von oben nach unten und von unten nach oben miteinander verbunden werden, um die auf den einzelnen Ebenen zu treffenden Entscheidungen aufeinander abzustimmen und miteinander zu koordinieren. Die Entscheider auf der jeweils übergeordneten Ebene haben sicherlich eine breitere Betrachtungsperspektive und einen besseren Überblick als jene auf der darunterliegenden. Auch können sie vermutlich mehr bewegen. Aber sie sollten nicht glauben, sie hätten mehr orts- oder regionsspezifische Kenntnis als die Menschen, die in einem bestimmten Dorf oder einer bestimmten Stadt oder einer bestimmten Region leben. Der Ökonom Friedrich August von Hayek hat diesen Irrglauben vom stets überlegenen Wissen zentraler Planer als „Anmaßung von Wissen" bezeichnet. Statt also auf der Basis vermeintlich höheren Wissens von oben her zu befehlen und zu bevormunden, sollten die unmittelbar Betroffenen in den Prozess der Informationsgewinnung und Entscheidungsfindung eingebunden und somit auch zur Mitarbeit motiviert werden. Umgekehrt kann die Basis von der Spitze profitieren, in der ausgebildete Fachleute sitzen. Sie haben eine bessere Einsicht in übergeordnete Systemzusammenhänge und können als Ideengeber fungieren und die Planungsprozesse von mehreren benachbarten Dörfern oder Teilregionen miteinander koordinieren. Durch die iterativen Prozesse, die auf Feedbacks in vertikaler Richtung gründen, können also sowohl Vorort- als auch Expertenwissen genutzt werden.

Eine offene, spontane und natürliche Ordnung im Staatswesen erfordert aber auch einen in horizontaler Richtung verlaufenden Informationsfluss. So ist etwa ein Bürgermeister, der seinen Heimatort in ein indisches Musterdorf verwandeln möchte, um Touristen anzuziehen, gut beraten, auch die Entscheider von Nachbargemeinden zur Ergreifung von Maßnahmen, die den Fremdenverkehr fördern, zu überreden. Denn die Fremden kommen noch nicht, wenn nur ein einzelnes Dorf hübsch ist, sondern erst wenn eine ganze Region attraktiv ist und eine gute Verkehrsanbindung besteht. Daher ist ein gemeinsames „brainstorming" über die jeweiligen potentiellen Aktivitäten erforderlich. Jede geographische Einheit sollte sich auf die Zukunftsaufgaben konzentrieren, bei denen ihre spezifischen Vorteile liegen. Dabei müssen nicht alle kollektiven Entscheider mit verschiedenen Leistungen für sich werben. So können etwa mehrere nebeneinander liegende Dörfer versuchen, mit handgeknüpften Teppichen ausländische Besucher anzulocken, zumal sie eher voneinander profitieren als miteinander konkurrieren dürften. Denn es kommen mehr Interessenten in die Region, als dies der Fall wäre, wenn nur ein Dorf Teppiche anbieten würde. Es muss allerdings sichergestellt sein, dass sich die Touristen in der Teilregion rundum wohl fühlen. Dies erfordert eine akzeptable Unterbringung, leckeres Essen, ein kühles Kingfisher, ein abwechslungsreiches Freizeitprogramm etc. Es gibt also genügend Abstimmungsbedarf zwischen den politisch Verantwortlichen auf der gleichen Entscheidungsebene.

4. Unterstützung durch externen Sachverstand

Natürlich sollte die jeweilige Regierung Experten auf bestimmten Gebieten zu Rate ziehen und in die Entscheidungsprozesse einbinden. Das wird freilich teilweise schon praktiziert, ist aber zu perfektionieren. Diskussionsrunden, zu denen ausgewiesene Sachverständige eingeladen sind, sollten auf breiter Front an der Tagesordnung stehen – ebenso wie die Vergabe von Gutachten, um Rat von außen einzuholen. So kann die Unterstützung durch externen Sachverstand bei der Erarbeitung von Landesentwicklungsplänen durch die Landesregierungen besonders hilfreich sein.

Vor allem auf Staats- und Länderebene ist auch professionelles Marketing dringend angeraten. Es geht darum, die Vorzüge Indiens und seiner Länder in der Welt publik zu machen. Denn die Außenwelt soll beflügelt werden, indische Exportgüter zu erwerben, Indien mit Sach- und Humankapital auszustatten sowie das Land zu bereisen. Das gelingt umso leichter, je besser die Public-Relation-Abteilung Indien als politisches und wirtschaftliches Erfolgsmodell mit kulturellen und landschaftlichen Highlights verkaufen und international in Szene rücken kann. Indien ist auf Devisen und Kapital-Zuflüsse von außen angewiesen, weil es einen hohen Aufbaubedarf, aber relativ niedrige Steuereinnahmen und interne Ersparnisse hat. Finanzfachleute sollten angewiesen werden, Finanzierungsmodelle für volkswirtschaftlich wichtige Aufgaben zu entwickeln, die die heimischen Steuerzahler möglichst schonen.

5. Fazit

Durch vertikale wie horizontale Vernetzung innerhalb eines föderal gegliederten Staatswesens sowie durch Hilfe durch externen Sachverstand können Zukunftsphantasien und Realisierungschancen miteinander abgeglichen werden. Besonders hervorzuheben ist auch, dass durch diese vielfältigen Kontakte die Kreativität der Menschen stimuliert wird und ihr Aktivitätsdrang erwacht. Dies steht im strikten Gegensatz zum Modell eines fürsorglichen Staates, unter dessen omnipotenter Regie Eigeninitiative verkümmert und Lethargie um sich greift. So können wir also den Schluss ziehen, dass sich das föderale Indien nicht hinter dem zentral planenden China zu verstecken bräuchte, wenn die indische Regierung die organisatorischen Voraussetzungen dafür herstellen würde, dass der Staat – analog zum Markt – wie ein offenes Lernsystem funktioniert. Dann wäre Indien sogar deutlich überlegen.

B. Engpässe beseitigen, Reformstau auflösen

Die bisher in die Wege geleiteten Reformen haben vor allem die Effizienz auf den Gütermärkten erhöht. Unangetastet blieben hingegen die Arbeitsgesetze und das Bodenrecht. Hier muss sich was bewegen, wenn Indien im Strukturwandel vorankommen will.

1. Strukturwandel erfordert Arbeitsmarktreformen

Um ein armes Agrarland in eine moderne Volkswirtschaft zu transformieren, bedarf es 1) des Wechsels von Arbeitskräften von der Landwirtschaft in die Industrie und in Dienstleistungssektoren, 2) des Wechsels von Arbeitskräften vom informellen Sektors in die offizielle Wirtschaft und 3) der Urbanisierung. Damit es zu diesen strukturellen Wandlungen kommt, sind neue Unternehmen wichtig – und zwar in arbeitsintensiven Industrien, die Größenvorteile realisieren können und die für ausländische Märkte produzieren. Dies entspricht den komparativen Kostenvorteilen eines wenig entwickelten Landes und verheißt einen Exportboom.

In Indien ist es bislang kaum zu einer solchen Entwicklung gekommen, die typisch für den Entwicklungsprozess in China, Südkorea und Taiwan war. Kennzeichnend für Indien ist nach wie vor ein hoher Landwirtschaftsanteil an den Beschäftigten, die Dominanz des informellen Sektors und der Kleinbetriebe, vor allem in den arbeitsintensiven Wirtschaftszweigen und die niedrige Urbanisierung (Bhagwati und Panagariya 2013, S. 101 ff.). Großbetriebe mit Skalenerträgen gibt es nur in kapital- und wissensintensiven Branchen wie der Automobilindustrie und der Erzeugung von Motorrädern, der Erdölaufbereitung, dem Maschinenbau, der Pharmazie, der IT-Branche und bei Finanz-Dienstleistern. Hingegen vermisst man in Indien Großunternehmen, die arbeitsintensiv produzieren und Arbeitskräfte aus der Landwirtschaft abziehen.

Das liegt – wie Jagdish Bhagwati und Arvind Panagariya gezeigt haben – an den vielfältigen Reglementierungen des Arbeitsmarktes, die wie Bremsklötze wirken. Unternehmer, die in der offiziellen Wirtschaft agieren, schrecken davor zurück, unqualifizierte Arbeitskräfte einzustellen. Dafür verantwortlich ist zum einen der „Gesetzesdschungel", der nur schwer zu durchdringen ist. Es gibt 52 unterschiedliche Arbeitsgesetze des Zentralstaates und zusätzlich 150 Gesetze, die die Länder erlassen haben. Wie nicht anders zu erwarten, stehen diese teilweise im Widerspruch zueinander. Wenn man ein Gesetz befolgen möchte, bedeutet das also, dass man gegen ein anderes verstößt.

Zum anderen ist die Einhaltung der Gesetze mit hohen Lasten verknüpft, die durch die Produktivität nicht gedeckt sind. Die vielfältigen Reglementierungen treiben die Lohnnebenkosten in die Höhe, so dass Indien – trotz niedrigen Lohnniveaus – in arbeitsintensiven Produktionen wie der Textilindustrie längst nicht die Rolle spielt, die es spielen könnte. Hier sind andere Länder Asiens wie China, Vietnam und Bangladesch sehr viel stärker. Der indische Gesetzgeber räumt den Arbeitnehmern Arbeitsstandards ein, die oft sogar höher sind als in vielen entwickelten Ländern, wo die Produktivität entsprechend hoch ist – zum Vorteil der asiatischen Konkurrenzländer und zum Nachteil der landwirtschaftlichen Arbeitskräfte, denen – regulationsbedingt – der Wechsel in die höher dotierte Industrie verwehrt bleibt.

Die Regeln betreffen unter anderem

- die Betriebsgröße, ab der Gewerkschaften zugelassen sind, die zu Streik aufrufen und Arbeitnehmer vor Arbeitsgericht vertreten dürfen,
- Vereinbarungen im Falle von Krankheit, Mutterschaft, Behinderung, medizinischer Versorgung, Arbeitsunfällen, Rehabilitation, Teilnahme an Verbrennungszeremonien,
- Arbeitszeiten, Maximalstundenzahl, Urlaub,
- Sicherheitsvorschriften, Licht- und Lärmschutz, Sauberkeitsvorschriften (etwa Abfallbeseitigung, Verfügbarkeit von Trinkwasser)
- Ausstattung mit Toiletten, Kantinen, Personalräumen,
- maximal zu tragende Gewichte etc.,
- geschlechtsspezifische Sachverhalte,
- statistische Berichtspflichten,
- Verfahren bei Arbeitsstreitigkeiten,
- Mindestlöhne.

Die meisten der indischen Arbeitsgesetze sind älter als 40 Jahre. Sie mögen zu der Zeit gepasst haben, in der Protektionismus herrschte und die begünstigten Unternehmen – machtbedingt – hohe Profite erzielten, die an die Arbeiter umverteilt werden konnten. Die Öffnung der Märkte und die Zulassung von Wettbewerb erfordern aber Arbeitsmarktreformen. Hier ist die Politik im Rückstand. Damit der nötige Strukturwandel auf Märkten stattfindet und sich eine arme Agrarwirtschaft in eine moderne Volkswirtschaft verwandelt, müssen die Arbeitskosten deutlich sinken.

Bhagwati und Panagariya halten es für illusorisch, dass es zu einer Fundamentalreform der Arbeitsgesetze kommt. Arbeitsgesetze sind die „heißesten Eisen", die die Politik anzupacken hat. Es ist daher schon ein Fortschritt, wenn die Politik jene Gesetze revidiert, die Unternehmen am stärksten abschrecken. Das trifft, den beiden Autoren zufolge, vor allem auf den "industrial dispute act" aus dem Jahr 1947 zu. Dieses Gesetz bewirkt, dass sich die Arbeitgeber nicht von Arbeitskräften trennen können, wenn die Verkaufszahlen rückläufig sind und technische Umbrüche stattfinden, die man nicht hat voraussehen können. Denn die Arbeitnehmer können sich darauf berufen, dass dies eine unzulässige Betriebsverkleinerung ist. Das besagte Gesetz lässt in allen Streitigkeiten einen Gang zu den Arbeitsgerichten zu und erschwert dem Arbeitgeber einen flexiblen Einsatz des Arbeitnehmers im Betrieb. Außerdem animiert es zu wilden Streiks. Bhagwati und Panagariya sehen auch Revisionsbedarf beim „factories act" von 1948 und beim „trade unions act" von 1926.

2. Leichtere Übertragbarkeit landwirtschaftlich genutzter Böden für alternative Verwendungen erforderlich

Die Politik ist gefordert, die Voraussetzungen dafür zu schaffen, dass Agrarland leichter alternativen Verwendungen zugeführt werden kann – sei es für infrastrukturelle Zwecke wie etwa den Straßenbau, die Errichtung von Flughäfen, für neue urbane Zentren etc. oder für die Ansiedlung von Industrie und Dienstleistungsunternehmen oder für Wohnungsbauvorhaben. Die gegenwärtige Rechtslage nach dem „land aquisition act" von 1894 ist, dass der Staat Bauern enteignen kann, wenn gesellschaftliche Ziele für die Umwidmung von Land sprechen und die Bauern dafür entschädigt werden. Mit diesem Vorgehen haben die betroffenen Bauern aber oft schlechte Erfahrungen gemacht, weil sie das Land zu Schleuderpreisen an die Regierung haben abgeben müssen, die dieses den Investoren in Sonderwirtschaftszonen zur Verfügung stellte. Die privaten Investoren haben sich mit der Regierung gegen die Bauern verbündet, offensichtlich haben die Landerwerber die maßgeblichen Politiker dazu bestochen, ihre hoheitliche Macht zu missbrauchen, um die Grundstückskosten zu drücken. Diese übliche Praxis hat zu Unruhen und Protesten der Bauern geführt.

Angesichts dieser Erfahrungen erscheint es geboten, von der Einschaltung des Staates und den Zwangsenteignungen der Bauern abzurücken und stattdessen auf direkte Verhandlungen zwischen den beiden unmittelbar betroffenen Marktparteien zu setzen. Dass private Investoren bereit sind, attraktive Preise für Land zu zahlen, zeigen zahlreiche Beispiele aus Gujarat, Haryana, dem Punjab, Tamil Nadu und Karnataka (Bhagwati und Panagariya 2013, S. 125 ff.). Dies ist auch aus dem Investitionskalkül heraus plausibel: Da der Grundstückspreis nur einen kleinen Teil der Investitionskosten ausmacht, ist es für die Investoren leicht, den Bauern einen attraktiven Preis zu bieten, von dem sie bei entsprechender Anlage leben können. Außerdem kann der Bieter niemals ausschließen, dass ihm ein anderer Interessent in die Quere kommt, der einen höheren Preis zu zahlen bereit ist.

Viele Menschen lehnen es ab, wenn private Investoren in direkte Verhandlungen mit den Landwirten treten und wenn sich der Staat raushält. Sie glauben, dass durch den Verkauf von Agrarland die Versorgungssicherheit in Gefahr gerät. Um ihre Widerstände gegen Industrialisierung zu brechen, wäre es hilfreich, Wege aufzuzeigen, die die landwirtschaftliche Produktivität erhöhen. Das ist eine Voraussetzung dafür, dass Menschen aus der Landwirtschaft abgezogen werden können.

Das größte Hemmnis für die Produktivität der indischen Landwirtschaft sind die geringen Betriebsgrößen. Durch die Realteilung im Erbrecht, die unter Hindus und Muslimen üblich ist, ist das Land immer weiter parzelliert worden. Es wäre sinnvoll, wenn sich die Mitglieder eines Dorfes zu einer Genossenschaft zusammenschließen würden. Dass es dazu kaum gekommen ist, hat seine Ursache in den Barrieren, die zwischen den Kasten bestehen. Umso wichtiger ist es, dass die Politik einen Abschied von der Kastenordnung propagiert.

3. Zügiger Ausbau der Infrastruktur erforderlich

Das Funktionieren einer arbeitsteiligen Volkswirtschaft setzt die Errichtung von materiellen und institutionellen Einrichtungen durch das organisierte Gemeinwesen voraus. Wenn die sogenannte Infrastruktur nicht zügig errichtet, ausgebaut und modernisiert wird, wird die Entfaltung privater Aktivitäten gehemmt. In Indien wird immer wieder beklagt, dass die nur schleppende Verbesserung der Verkehrs- und Energieinfrastruktur das Wirtschaftswachstum bremst. Das indische Straßennetz, auf dem rund 60 Prozent der Waren transportiert werden, entspricht nicht dem internationalen Standard, der Güter- und Personenverkehr kommt nur langsam voran, hohe Anteile der Ernte vergammeln während des Transports. Die Durchschnittsgeschwindigkeit eines LKWs liegt bei 35 km/h (Daniel Raja). Das Eisenbahnnetz stammt zum überwiegenden Anteil noch aus der Kolonialzeit, es sind nur wenig neue Strecken hinzugefügt worden. Die großen Häfen des Landes in Chennai, Mumbai, Vishakhapatnam, Kandla, Mormugao, Kolkata und Kochi arbeiten an der Kapazitätsgrenze, ebenso die fünf Hauptflughäfen Mumbai, New Delhi, Kolkata, Chennai und Bangalore. Auch ist der Strombedarf höher als die Kraftwerke produzieren können. Da die Netze überlastet sind, sind Stromausfälle in Indien an der Tagesordnung.

4. Umschulungsgutscheine für das ländliche Indien gefragt

Eine Umschichtung von Arbeitskräften aus der Landwirtschaft in besser bezahlte Berufe ist ein Garant für Fortschritt. Außerdem begünstigt diese Abwanderung das Entstehen rentablerer Betriebsgrößen innerhalb des Agrarsektors. Sie wirkt der zunehmenden Parzellierung durch Realteilung entgegen. Diese wünschenswerte Reallokation kann beschleunigt werden, wenn der Staat Umschulungsgutscheine vergibt und sich mit den Ausbildungsstätten und potentiellen Arbeitgebern kurzschließt. Dazu muss er die nötigen Finanzmittel für den Berufswechsel zumindest vorschießen, zumal der einzelne Landwirt i.d.R. die erforderliche Liquidität wohl aus eigener Kraft nicht aufbringen kann. Es ist durchaus an eine Rückzahlung der Umschulungskosten aus den höheren Arbeitserträgen zu denken. Doch auch ohne diese werfen Ausbildungsgutscheine fiskalische Erträge ab, weil das Herauswachsen aus der Subsistenzwirtschaft und das Entstehen von Arbeitsplätzen in der offiziellen Wirtschaft mit einer Ausweitung der Steuerbasis einhergeht.

C. Bildung und Gesundheit – Finanzierungsengpässe kreativ überwinden

Wie wir schon in Teil II herausgearbeitet haben, ist es sehr wichtig, dass leistungsfähige Computer auch in den letzten Winkeln des ländlichen Indiens Einzug halten. Denn die Zukunft liegt beim digitalen Lernen, da es erhebliche Vorteile gegenüber der Unterrichtung durch vielfach überforderte oder leistungsunwillige Dorfschullehrer hat. Daher sollten zumindest jedes schulpflichtige Kind über ein Tablet verfügen und der technische Betreuer über eine Tastatur mit großem Bildschirm. In den schulfreien Stunden sind die Geräte dann für die übrige Bevölkerung verfügbar.

Wer soll die Grundausstattung mit Informationstechnologie finanzieren? Naheliegend ist zum einen, einen Förderverein zu gründen, der aus inländischen und ausländischen Spenden gespeist wird. Zum anderen bietet sich an, dass die Regierung an die Milliardäre der Informationsbranche herantritt. Diese würden vermutlich die Mittel freiwillig und ohne Rückzahlungsanspruch transferieren, wenn sie darin eine Investition sehen, die Erträge in der Zukunft verspricht, weil Indien Reformen auf breiter Front anpackt, die Arbeitsplätze schaffen. Ein IT-Anbieter, der sich spendabel zeigt, auf den kommt man gern zurück, wenn eine neue Kaufentscheidung anfällt. Dies gilt umso mehr, als Bildungszuschüsse die Basis für nachhaltige Einkommensströme in der Zukunft sind, aus denen nicht zuletzt Computerkäufe bestritten werden. Der Financier sichert sich also durch den einmaligen Bildungszuschuss einen laufenden Umsatzstrom.

Ferner bietet sich an, ausländische Ersparnisse anzuwerben, um höhere Bildung, Studium und berufliche Qualifizierung sowie gesundheitliche Betreuung der indischen Jugend und der beruflichen Umsteiger zu finanzieren. (Wie die Alten in den kostenlosen Genuss von Gesundheitsleistungen kommen können, wird an anderer Stelle erörtert). Die Länder der westlichen Welt und Japan haben hohe Volkseinkommen und -vermögen. Gleichzeitig leiden die Sparer unter Anlagenotstand, da die Zinsen extrem niedrig sind und das Engagement in Aktien und Immobilien aufgrund der inflationären Blasen auf diesen Märkten immer riskanter wird. Denn mit der Höhe der Kurse nimmt die Gefahr des Kursrückschlags zu. Viele entwickelte Volkswirtschaften wie etwa Japan oder Deutschland haben mit massiven demographischen Problemen zu kämpfen, die ihren künftigen Wohlstand bedrohen. Junge wie Alte benötigen aber eine gute Verzinsung ihrer Ersparnisse. Denn die Jungen, auf die eine ohnehin steigende Abgabenlast zukommt, müssen zudem einen Kapitalstock aufbauen, von dem sie im Alter leben können. Und die Alten müssen für das absehbare Risiko verminderter Leistungen der staatlichen Kranken- und Pflegeversicherung vorsorgen, zumal die Zahl der Alten ebenso zunehmen wird wie die

Lebenserwartung. Somit werden Krankheiten wie Krebs, Demenz und Alzheimer auf dem Vormarsch sein.

Die akkumulierten und neu gebildeten Ersparnisse der reichen Länder passen also optimal zum Kapitalhunger Indiens, das mit einer breiten Palette rentabler Investitionsmöglichkeiten aufwarten kann. Dies gilt unter der Annahme einer ordnungspolitischen Fundamentalreform und eines politischen Unternehmertums oder geschickten Managements. Es wäre die Aufgabe der indischen Regierung, die potentiellen Geschäftspartner und Akteure an einen gemeinsamen Verhandlungstisch zu bringen, damit ein auf Patenschaften beruhendes Finanzierungsmodell für Bildung, berufliche Qualifizierung und Gesundheit seinen Siegeszug antreten kann.

Die Idee ist folgende: Bürger der reicheren Länder tragen die Ausbildungs- und Gesundheitskosten für indische Jugendliche und berufliche Umsteiger. Wenn die Begünstigten dann einen Beruf ausüben und Einkommen erzielen, können sie den Financiers eine lebenslange Leibrente zahlen. Es ist etwa an einen festen Prozentsatz vom Einkommen zu denken: Mit wachsenden Einkommen steigen dann auch die Auszahlungen an den Kapitalgeber. Der indische Arbeitnehmer wird vermutlich einen Anreiz verspüren, die abgeführten Beiträge durch zusätzliche Leistungen wieder einzuholen, sofern der Einkommensteuertarif proportional ist. Tilgungsleistungen sind in diesem Modell einer lebenslangen Leibrente nicht erforderlich. Es sind aber auch befristete Verträge möglich, bei denen eine Rückzahlung erfolgt.

Denkbar ist zum einen eine individuelle Patenschaft. Hier fördert ein Ausländer einen ausgewählten jungen Inder. Mit dem wird er vermutlich in engem E-Mail-, Skype- oder Telefonkontakt stehen und ihn auch vor Ort besuchen oder zu sich nach Hause einladen. Es ist aber auch möglich, sich an den Bildungs- und Gesundheitsinvestitionen einer ganzen Gruppe von Jugendlichen – etwa eines Dorfes – zu beteiligen und sich die Zinserträge mit den anderen Financiers zu teilen. Solche Anteilsscheine wären vermutlich mit geringeren Risiken, aber auch niedrigeren Ertragschancen verknüpft, als dies bei einer individuellen Partnerschaft der Fall wäre. Hier sind auch maßgeschneiderte Lösungen denkbar: Die Versicherungen könnten etwa Beitragsabschläge gewähren oder Betragsaufschläge verlangen, je nachdem ob die Financiers später oder früher auf die Ausschüttungen angewiesen sind.

Bürger der reichen Länder sind nicht allein geeignete Financiers der Ausbildung und Gesundheit von indischen Jugendlichen und Berufsumsteigern. Sie kommen auch als Teilhaber infrage, wenn die Geförderten später ein eigenes Geschäft errichten möchten – etwa einen Handwerksbetrieb oder ein Restaurant. Es wäre naheliegend, wenn Senioren aus dem Westen oder Japan, die vormals in der gleichen Branche aktiv waren, nicht nur ihr Kapital, sondern auch ihr Erfahrungswissen mit einbringen würden. Dies würde sich für beide Beteiligte auszahlen und wäre für den ausländischen Teilhaber auch ein willkommenes Fitnessprogramm, das ihn geistig jung hält.

Neben Spenden und Patenschaften gibt es noch eine weitere Finanzierungsquelle, nämlich die Entwicklungshilfe ausländischer Staaten. Angeraten ist, dass der indische Premierminister oder ein Ministerpräsident mit Staatschefs und Fachministern reicher Länder darüber verhandelt, ob Aktivitäten von NGOs durch Entwicklungshilfe finanziert werden können. Denn bei der Umsetzung des Patenschafts-Modells würden wichtige Aufgaben auf die zahlreichen NGOs zukommen. Sie müssten die Rolle der Vermittler spielen und vor Ort ihre Fühler ausstrecken. Ihre Funktion wäre, die jeweiligen Entwicklungschancen einzelner Kinder zu eruieren. Im Internet stößt man auf eine Fülle an ausländischen wie indischen „social entrepreneurs", darunter die „ten upcoming female social entrepreneurs of India". Eine großzügige Entwicklungshilfe für ein vielversprechendes Projekt wäre in jedem Falle auch im Eigeninteresse der Geberländer, denn ihre Exportchancen würden steigen, wenn die Einkommen in Indien zügig und nachhaltig zunehmen würden.

D. Geschäftsideen, die im Dienstleistungssektor Arbeitsplätze und Einkommen für das ländliche Indien schaffen

1. „Smart cities" gründen, aus Komplementaritäten profitieren

Vorab: Wir beschränken uns im Folgenden auf Ideen für den Aufbau des tertiären Sektors außerhalb der Ballungszentren. Das heißt nicht, dass wir die Notwendigkeit einer breiten industriellen Basis für Indien verkennen. Im Gegenteil: Indien muss als „Werkbank der Welt" in Chinas Fußstapfen treten, da es über reichlich unqualifizierte Arbeitskräfte verfügt, die sich eine besser bezahlte Beschäftigung außerhalb der Landwirtschaft wünschen.

Wie entstehen nun Arbeitsplätze im Hinterland? Können sich dort neue Zentren für wirtschaftliche Aktivitäten entwickeln, die von den umliegenden Dörfern gut erreichbar sind? Denn dem Trend zur Landflucht, der die Megastädte aus den Nähten platzen lässt, muss gegengewirkt werden. Verpestete Luft, Müllberge, Verkehrschaos, Bodenknappheit, wuchernde Slums, zerrissene Familien und entwurzelte Menschen – das alles sind Folgen der unverminderten Ballung in den Megastädten.

Erforderlich sind innovative Unternehmer, Wissenschaftler und begnadete Handwerker oder Künstler als Zugpferde der Wirtschaft, die in Sektoren tätig werden sollten, die mit möglichst vielen anderen Wirtschaftszweigen verflochten sind. Wirtschaftliches Kristallisationszentrum einer fiktiven „smart city" wäre also eine Basistechnologie, zu der viele andere Aktivitäten und Berufszweige komplementär sind, damit die Landbevölkerung eine Beschäftigung außerhalb der Landwirtschaft findet. Welche Geschäftsideen hätten eine Chance, bei Nachfragern auf Anklang zu stoßen? Im Zeitalter der Globalisierung ist die Frage naheliegend, wie sich Indien zur übrigen Welt komplementär machen kann. Wie kann Indien die Vorteile anderer Länder nutzen, wie kann es deren Probleme lösen und deren Wünsche erfüllen? Kann Indien zu einem Dienstleister im großen Stil werden, der Besucher ins Inland lockt? Das wäre ebenso arbeitsintensiv wie die industrielle Alternative, wäre aber erheblich umweltfreundlicher. Kommen die Kunden direkt zum Dienstleister, stellt sich allerdings ein sprachliches Problem, das beim Versenden von handfesten Gütern über die Weltmeere entfällt.

2. Entwicklung von Technologien zur Überwindung von Sprachbarrieren als Voraussetzung für den Ausbau des tertiären Sektors

Es ist sicherlich nicht so, dass alle ausländischen Kunden und inländischen Dienstleister bei ihren Begegnungen verhandlungssicheres Englisch sprechen und über den erforderlichen fachspezifischen Wortschatz verfügen. Während der Nachfrager etwa aus Japan oder Frankreich kommt, spricht der Bürger aus dem ländlichen

Indien eine der vielen Landessprachen oder einen örtlichen Dialekt. Diese beträchtlichen Sprachbarrieren legen die Entwicklung eines Multi-Lingual-Computers nahe, der sprechen und verstehen kann. Dies wäre eine Gemeinschaftsaufgabe für Computerfachleute und Sprachwissenschaftler, die für gute Übersetzungen typische Situationen und Gesprächsabläufe simulieren müssten. Wenn die jeweilige Landespolitik, die für das generalstabsmäßige Management und für die Koordination bei der Entstehung von „Smart Cities" zuständig ist, Fortschritte und Ziele gut nach außen hin dokumentiert, dann bringen die Marktkräfte dieses Zukunftsprojekt wohl auch ohne das Schmiermittel staatlicher Subventionen zustande, weil sie Gewinnchancen wittern.

3. Indien als Anbieter von Gesundheitsdiensten für die Welt

a) Zum Anbieterpotential

Indien gilt nicht nur als Land, das talentierte Mathematiker und Computerfachleute, sondern auch begnadete Ärzte hervorbringt. Auch im Ausland – vor allem in den USA und im Vereinigten Königreich – praktizieren viele indische Mediziner. Sie stellen sogar einen hohen Anteil an den amerikanischen Krankenhausärzten. Die indischen Ärzte in den USA haben nicht nur viel Erfahrung mit westlichen Zivilisationskrankheiten. Sie haben auch eine eigene Internetseite (indiandoctorsinus.com), so dass es organisatorisch ein Leichtes wäre, sie alle an einen gemeinsamen Verhandlungstisch zu bekommen oder sie im Rahmen einer Bildschirmkonferenz virtuell zusammenzubringen. Halten wir also fest: Es gibt genügend potentielle Medizinunternehmen, zumal auch Nicht-Inder mit der Leitung einer Klinik beauftragt werden könnten. Als Rechtsform ist an Kapitalgesellschaften zu denken, die Zugang zu den Börsen haben.

b) Zum Nachfragerpotential

Nachfrager für Gesundheits- und Pflegedienste, die sich eine Reise nach Indien leisten können, finden sich in Europa und Nordamerika genügend. Aber auch Japaner, Südkoreaner, Malayen, Taiwanesen und Menschen aus Singapur sind mögliche Interessenten. Zudem bildet sich in China eine breite Mittelschicht heraus, derzeit werden 300 Millionen Chinesen dazu gezählt. Andere Quellen sprechen gar von 500 Millionen. An potentiellen Nachfragern dürfte es also nicht mangeln.

In den reicheren Ländern sind Zivilisationskrankheiten verbreitet, zumindest im Vormarsch. Zu denken ist in erster Linie an die Geißel der Menschheit – nämlich Krebs -, dann an Herz- und Kreislauferkrankungen, Bluthochdruck, Diabetes und Wirbelsäulenleiden. Zudem bringen es die Hektik der modernen Zeit und der Druck, unter dem viele Menschen stehen, mit sich, dass nicht nur Angehörige der mittleren Generation, sondern oft schon Jugendliche an psychischen Krankheiten wie Burnout, Depressionen und Panikattacken leiden. Mit der steigenden Lebenserwartung, in der sich – neben weniger harter Arbeit, gesunder Ernährung und Ausgleichssport – auch die Erfolge der modernen Medizin niederschlagen, nimmt die Zahl der Alterskrankheiten zu. Vor allem in Volkswirtschaften wie Japan und Deutschland, in denen der Anteil der Alten an der Gesamtbevölkerung wächst, werden die typischen Altersleiden zunehmen. Zu nennen sind vor allem Demenz, Alzheimer, Parkinson, Altersdiabetes, Gefäßkrankheiten, Arthrose in Knie- und Hüftgelenken, Schwerhörigkeit sowie Augenleiden wie Star und Makuladegeneration. Aber auch Krebs wird vermehrt auftreten. Ferner stellen „Schönheitsfehler" wie Übergewicht, Haarausfall oder Falten im Gesicht für viele Menschen ein ernsthaftes Problem dar. Hier kann eine kaufkräftige Nachfrage erwartet werden.

Während die gesundheitlichen Probleme in den reicheren Ländern weiter im Vormarsch sein dürften, werden deren heimische Volkswirtschaften immer weniger in der Lage sein, sie zu lösen. Dies gilt vor allem für Länder mit schrumpfendem Arbeitskräftepotential. Zu denen gehört mittlerweile auch schon – wegen der in den Jahren 1979/1980 eingeführten Ein-Kind-Politik – die Volksrepublik China, obwohl sie noch nicht den Prozess der Industrialisierung abgeschlossen hat und in den Club der reifen Volkswirtschaften mit expandierendem Dienstleistungssektor eingetreten ist, für die ein Rückgang der Kinderzahl und schließlich der Erwerbsbevölkerung typisch ist. Die Länder mit rückläufiger aktiver Bevölkerung und vermehrten Rentnern müssen ihre knappen Hilfsquellen in Sektoren mit höherer Produktivität umschichten und in arbeitssparende Technologien investieren, wenn sie ihr Wachstum sichern und keine Wohlstandsverluste in Kauf nehmen möchten. Im Pflegesektor wird sich der Personalmangel künftig verschärfen, weil die jungen Leute verstärkt in wissensintensive Berufe, die höher bezahlt werden, drängen, während die Fallzahlen im Gesundheitswesen und in der Altenpflege weiterhin steigen werden. Hinzu kommt, dass nach dem Umlageverfahren finanzierte Sozialkassen gezwungen sein werden, ihren Leistungskatalog zu kürzen, sofern nicht billigere und bessere Leistungsanbieter aus dem Ausland in die Bresche springen. Da ferner die Eigenbeteiligung steigen wird, die Ersparnisse kaum mehr einen Ertrag erbringen und die Immobilienpreise in Ballungsgebieten in astronomische Höhen steigen, ist anzunehmen, dass für immer mehr alte Menschen betreutes Wohnen prohibitiv teuer wird.

c) Chancen für Indien als internationaler Markt für Gesundheitsdienste

Indien hat gute Chancen, in diesen Zukunftsmarkt einzusteigen. Es hat seit alters her profilierte Mediziner hervorgebracht. Viele indische Wissenschaftler sind ferner an der vordersten Front der Wissenschaften vom Leben präsent. Im agrarisch geprägten Indien ist nicht nur billiges Land verfügbar. Außerdem sind reichlich Arbeitskräfte vorhanden, die innerhalb kurzer Zeit in Gesundheitsberufen eingesetzt werden können sowie in diversen anderen Berufen, die zum Gesundheitssektor komplementär sind.

Das gigantische Potential an Nachfragern aus aller Herren Länder erlaubt eine weitergehende Spezialisierung, als dies auf nationalen Märkten möglich ist. Reicht die Spezialisierungstiefe auf einem nationalen Markt etwa nur bis zu einer Krebsklinik hinunter, unter deren Dach verschiedene Krebsarten behandelt werden, so besteht auf einem internationalen Markt nunmehr eine Marktchance für Einzelkliniken für Lungenkrebs, für Magenkrebs, für Leukämie etc. Außerdem werden Spezialkliniken für sehr selten auftretende Krankheiten wie Nierenversagen erstmals rentabel. Auch bei häufig auftretenden Tropenkrankheiten wie Gelbfieber und Malaria, deren Behandlung sich aber nur eine schmale Einkommenselite leisten könnte, eröffnen sich neue Entwicklungschancen, wenn nationale Nachfragen gebündelt werden. Insgesamt dürfte die zunehmende Spezialisierung in der Medizin dem wissenschaftlichen Fortschritt kräftige Impulse verleihen. Dies gilt umso mehr, je besser es gelingt, Patienten zur Teilnahme an Testreihen zu bewegen. Eine verbilligte oder gar Gratisbehandlung als Belohnung für das eingegangene Risiko wäre wohl ein wirksamer Anreiz.

Neben der Errichtung von Spezialkliniken für Zivilisationskrankheiten sollte Indien Gesundheits- und Pflegedienste für die ältere Generation anbieten. Es ist an ein Mix aus Gerontologie-, Pharmazie- und Biotechnologiezentren, Fachkliniken, Sanatorien, Reha-Einrichtungen sowie Alten- und Pflegeheimen zu denken. Eine zentrale Frage der Forschung zielt auf die Determinanten des Alterungsprozesses ab sowie auf die Strategien, diesen zu verzögern, zu stoppen oder ihn gar – ganz oder in Teilen – rückgängig zu machen. Die Ballung von älteren Patienten macht ein vertieftes Studium medizinischer Zusammenhänge möglich. Auch können Pflegefälle besser betreut und durch Animation bei Laune gehalten werden als in ihren Heimatländern, weil mehr Personal zur Verfügung steht.

d) Neue Arbeitsplätze und Einkommenschancen

Mit dem Ausbau des Medizinsektors als Basistechnologie für das ländliche Indien würde eine Fülle neuer Arbeitsplätze entstehen, nicht nur für (teils aus dem Ausland abgezogene) Wissenschaftler, sondern auch für Arbeitskräfte wie Krankenschwestern, Altenpfleger, Köche, Gärtner, Masseure, Animateure, Wäscher/innen, Bügler/innen, Handwerker und Bürokräfte. Komplementär zum Medizinsektor könnten auch mittelständisch strukturierte Handwerks- und Industriebetriebe entstehen, die etwa orthopädietechnische Geräte oder Sanitätsartikel herstellen wie etwa E-Mobile, E-Bikes, Rollis, maßgefertigte Rollstühle, Spezialbrillen etc. Ferner sind Beherbergungskapazitäten, Restaurants und Freizeiteinrichtungen für die Angehörigen der Patienten erforderlich. Für die Dörfer wäre dies eine Chance, aufzurüsten und akzeptable homestays anzubieten. Auch im Hoch- und Tiefbau würden neue Stellen entstehen sowie in allen Bereichen der Ver- und Entsorgung wie etwa in der Müllabfuhr, da eine ausgebaute Infrastruktur für die Entwicklung nötig ist. Die Landbevölkerung könnte in relativ kurzer Zeit diese Berufe erlernen. Aufblühen würden auch der IT- und Bildungssektor einschließlich der Schulungsstätten für die diversen Berufszweige. Nicht zuletzt würden vermehrt Sprachwissenschaftler gebraucht.

e) Wie die Landbevölkerung mit Gesundheitsdiensten versorgt werden kann

Was die Finanzierung der Gesundheitsdienste für die indischen Jugendlichen anbelangt, so haben wir bereits weiter vorne ein Patenschafts-Modell abgehandelt.

Die Erwerbstätigen, die eine lukrativere Beschäftigung außerhalb der Landwirtschaft gefunden haben, können sich selber krankenversichern. Dazu muss der Staat allerdings die nötigen Voraussetzungen schaffen. Die gesundheitliche Betreuung der alten Generation kann über einen Tarifzuschlag der ausländischen Patienten finanziert werden. Die Alternative dazu wäre eine Belastung der jüngeren Familienmitglieder oder ein Gewinnabschlag der Kapitaleigner. Das setzt Anleger voraus, denen es nicht allein auf die Rendite ankommt, sondern die zudem etwas Gutes für andere tun wollen. Da an den Kliniken neben hoch spezialisierten Fachärzten auch Allround- Mediziner tätig sind, bietet sich an, diese mit mobilen Ambulanzwägen durch die Dörfer zu schicken und eine Notfallstation einzurichten.

4. Indien als Rentnerdestination zum Überwintern

In den wohlhabenden Ländern sind die Wintermonate meist kalt und ungemütlich. Zahlungskräftige Senioren, die keinem Beruf mehr nachgehen, zieht es in der dunklen Jahreszeit in südliche Gefilde. Mit attraktiven Angeboten könnte Indien Destinationen wie den Bahamas, Florida, Spanien, Italien, Griechenland, Türkei, Thailand und Hainan den Rang ablaufen. Die schönsten Monate in Indien sind die Monate von November bis einschließlich Februar, zuvor ist Monsunzeit, danach ist es für Menschen aus gemäßigten Regionen zu heiß. Indien kann mit den unterschiedlichsten Landschaften aufwarten – von den Bergriesen im Himalaya bis hin zu Traumstränden. Seine prächtigen Tempel und lebendigen Traditionen ziehen jeden ausländischen Besucher in den Bann. Indien ist für Gäste aus Europa und Nordamerika an faszinierender Fremdartigkeit kaum zu überbieten – auch nicht durch Japan, das wegen seiner Insellage und langen Isolation eigentümlicher wirkt als das benachbarte China und Südkorea.

Damit landestypische Rentnerparadiese – etwa Musterdörfer – entstehen, müssen die Strom- und Wasserversorgung sowie Abwasserentsorgung sowie Müllbeseitigung gesichert sein. Es muss für leckeres Essen und gekühlte – auch alkoholische – Getränke ebenso gesorgt sein wie für frische Wäsche. Natürlich muss berücksichtigt werden, dass sich nicht jeder mit der indischen Küche und mit Chili anfreunden kann. Ferner müssen den Gästen Freizeitspaß und Wellness geboten werden. So können die Einheimischen etwa Festivals zelebrieren, Volkstänze aufführen, musizieren sowie Koch- und Kricket-Kurse und Ayurveda-Behandlungen anbieten.

Außerdem muss es einen Internet-Zugang geben. Zudem muss das Umfeld des Musterdorfes aufgeräumt, sauber und gepflegt sein, Indien darf sich also nicht von seiner abstoßenden und schockierenden Seite zeigen. Dies schließt sichtbare Erfolge bei der Bekämpfung von Armut, Hunger und Elend ein. Denn beim Anblick bettelnder Alter und Gebrechlicher blutet jedem mitfühlenden Menschen das Herz. Das sind die Gründe, weshalb viele Indientouristen kurz nach der Ankunft am liebsten wieder die Heimreise antreten würden.

5. Indien als attraktive Destination für den internationalen Tourismus

Durch das Ankurbeln des internationalen Tourismus könnten zahlreiche Jobs im Hotel- und Gaststättengewerbe, im Kunsthandwerk und im Handel entstehen. Auch Masseure, Yogalehrer, Taxifahrer, Animateure und Privatvermieter können vom Fremdenverkehr profitieren. Ohne Zweifel hat Indien erhebliche Tourismuspotentiale, die es nur erschließen muss. Indien hat eine regionale Vielfalt zu bieten wie kaum ein anderes Land auf dieser Erde. Jedes der zahlreichen Länder Indiens kann nicht nur eine Vielzahl von Tempeln und Pilgerstätten vorweisen, sondern auch landestypische Naturschönheiten, Fauna und Flora, eigene Sitten und Gebräuche, eigene Handwerkstraditionen, spezifische Trachten und Kochrezepte. Auch findet man dort die unterschiedlichsten Landschaften vor: Bergriesen mit ewigem Eis, Mittelgebirge mit Tee- und Kaffeeplantagen, undurchdringliche Dschungel in tropischen Gefilden, karge Wüsten- und Steppenlandschaften, fruchtbare Flussebenen und gigantische Mündungsdeltas, beschauliche backwaters, kilometerlange Sandstände und schroffe Steilküsten. Indien ist gleich von drei Weltmeeren umschlungen: dem arabischen Meer, dem indischen Ozean und dem Golf von Bengalen.

Was liegt für die indische Regierung da also näher, als die Voraussetzungen zu schaffen für einen schöpferischen Wettbewerb zwischen den Ländern und zwischen den Dörfern um die Gunst der Touristen? Wir haben diese Thematik weiter vorne abgehandelt und dabei auch begründet, dass letztlich alle Beteiligten aus einem regionalen Wettbewerb einen Vorteil ziehen. Denn ein entsprechend „aufpoliertes" Indien wird „süchtig" machen. Wer einmal nach Indien reisen wird, wird dort immer wieder Neues erkunden wollen. Das ist zumindest die Prognose der Autoren, falls ihre Ratschläge umgesetzt werden würden.

Freilich muss die Einreise nach Indien erleichtert werden. Denn die komplizierte Visumbeschaffung schreckt nach wie vor viele potentielle Touristen vor einer Indienreise ab.

a) Ein paar Denkanstöße, um Tourismuspotentiale zu erschließen

Bei den meisten Indienreisen werden Landesgrenzen überschritten. Es werden die Highlights einzelnen Länder gleichsam wie Rosinen aus einem Kuchen gepickt. Viele ebenfalls sehenswerte Kulturdenkmale oder landschaftliche Schönheiten führen nach wie vor ein Schattendasein. Das ist schade – vor allem für die Bevölkerung, die kaum Erwerbsmöglichkeiten außerhalb der Landwirtschaft hat. Diese Potentiale sollten durch die Landespolitik erschlossen werden. Regionalplaner sollten wissen, dass es den meisten ausländischen Besuchern vielleicht gar nicht so sehr auf architektonische und bildhauerische Perfektion ankommt. Wichtig ist auch die Atmosphäre oder das Flair, das einen Ort umgibt – der Reiz des Exotischen sozusagen. So ist mancher Tourist von einer entlegenen Pilgerstätte, die von den Einheimischen aufgesucht wird, stärker in den Bann gezogen als von einem Vorzeigetempel, den der Kunsthistoriker empfiehlt. Was vor allem Besucher aus dem Westen fasziniert, sind nicht allein Indiens Bauwerke, sondern auch die fremdartigen und authentisch gekleideten Menschen und ihre lebendigen Traditionen. Nicht nur die knallbunten Saris sind ein Farbfest für die Augen. Auch spiegeln die Gesichter der Menschen die tiefe Gläubigkeit wider, die Schicksalsergebenheit, den unendlichen Zeithorizont und das Denken in ewig wiederkehrenden Zyklen. Inder sind völlig anders als andere Asiaten: Tiefgründiger, authentischer, unverwechselbarer, exotischer. Verantwortliche Planer sollten also nicht nur alle sehenswerten Bauwerke eines Landes anvisieren, sondern auch viele menschliche Begegnungen arrangieren.

Dorfbesuche sind ideal, um die Menschen und das Leben im ländlichen Indien kennenzulernen. Wir haben schon in Verbindung mit den Rentnerparadiesen den Urlaub im indischen Musterdorf erwähnt. Dies könnte ein Reisebaustein im Rahmen einer Kultur- und Abenteuerreise sein, wäre aber auch eine Option für ein Paar mit Kindern. Hier gäbe es – im Gegensatz zu großen Hotelkästen in den Städten kleine Beherbergungseinheiten, die in Privatinitiative entstehen könnten. Kleine Restaurants oder Privathaushalte könnten versuchen, die Gäste kulinarisch zu verwöhnen oder in Kochkursen anzuleiten. Bürger des Dorfes könnten die Wäsche waschen, bügeln, ihre Handwerkskünste vorführen, nach Maß indische Herrenhemden oder Salwar Kameez nähen, mit Tänzen, Musik oder mit Tieren die Gäste unterhalten, Massagen und Yoga anbieten etc.

Neben den Musterdörfern zum Wohnen, die mit Allround-Angeboten aufwarten, sind Musterdörfer denkbar, die sich auf bestimmte Leistungsschwerpunkte spezialisieren. Das „kulinarische Dorf" etwa könnte einen Querschnitt aus Indiens Landesküchen anbieten, aber auch Pizza und Spaghetti für jene, die sich mit der indischen Küche nicht anfreunden können. Es wären natürlich – neben abgefülltem Wasser und Säften – auch alle indischen Weine verfügbar und kühle Biere vorrätig. Im „Künstler- und Handwerkerdorf" würden die Metallgießer, Silberschmiede, Bildhauer, Kunstmaler, Teppichknüpfer, Seidenweber etc. ihren Aktivitäten nachgehen. Das „Schneider- und Modedorf", das eine breite Palette von attraktiven Stoffen aus örtlichen Webereien parat hält, wäre wohl vor allem eine Attraktion für die Damenwelt. Im „Wellnessdorf" würde kontemplative Ruhe herrschen. Es würde nach Aromabädern duften. Bademeister, Masseure und Yogalehrer würden ihrer Arbeit nachgehen. Im künstlich angelegten Dorfweiher würden Lotusblumen blühen und ein paar Enten schwimmen. Hier sind der Phantasie keine Grenzen gesetzt.

Man kann nicht nur nach Dörfern differenzieren, sondern auch nach Kundengruppen. So sind etwa Reisen denkbar, die auf Golfspieler abzielen. So lassen sich im Hinterland zwischen zwei Highlights – etwa dem Trimbakeshwar-Tempel und dem Sula-Weingut bei Nashik und den Höhlentempeln von Ellora und von Ajanta bei Aurangabad – mehrere Golfplätze errichten, damit auch die Landbevölkerung vom Tourismus profitiert. Eine Alternative wären Motorradreisen mit Tagesetappen und Herbergen. Hier müssten die Politiker angrenzender Länder miteinander kooperieren. Das wäre auch bei Weinreisen der Fall. Hier müssten Maharashtra und Karnataka und gegebenenfalls neu hinzu kommende Weinanbauländer an einem Strang ziehen. Ferner kann man bei der Ernährungsweise der potentiellen Touristen ansetzen. Reisen wie etwa „Bihar für Veganer" oder „Tamil Nadu für Diabetiker" würden vermutlich ebenso auf Abnehmer stoßen wie „Kerala mit koscherer Küche".

Für Reisen mit Kindern bieten sich – neben dem Besuch eines indischen Musterdorfes – auch neue Tierreservate an, in denen vom Aussterben bedrohte Tierarten ohne ihre natürlichen Feinde und mit Schutz vor Wilderern wieder eine Lebensgrundlage finden. Es ist an umgrenzte Gebiete mit Sub-Einheiten zu denken, in denen Bummelbahnen von Beobachtungsstation zu Beobachtungsstation (bei Futter- und Wasserstellen) und von Camp zu Camp fahren. Beim Camp könnte man an das Angebot von Attraktionen wie Elefantenreiten denken. Dem potentiellen Argument, geschützte Tierarten würden sich unkontrolliert vermehren, sei erwidert, dass die Zahl der Ratten im Rattentempel von Deshnok nicht zunimmt. Der Grund liegt vermutlich gerade darin, dass sie mit Milch gut versorgt werden. Denn dann müssen sie sich nicht explosiv vermehren, um gegen Krisenjahre gewappnet sein.

Auch die Monsunzeit ließe sich werbewirksam nutzen. Zu denken ist an Badespaß im tropischen Regenschauer in ausgehobenen Wasserbecken mit großen Rutschen für Kinder und mit angegliedertem „Disneyland unter dem Regendach". Zu denken ist auch an Lese-Spaß für die Erwachsenen im tropischen Wintergarten oder an „Exkursionen in virtuelle Traumwelten" im IT-Land Indien oder „Bollywood-Veranstaltungen" im Filmland Indien. Mit einer solchen Idee könnte man vor allem die Saudis ansprechen, die Regen nur vom Hörensagen kennen. Man könnte ihnen die Reise auch durch das Angebot arabischer Küche schmackhaft machen.

Touristen aus dem In- und Ausland lassen sich auch durch gut vermarktete „events" anlocken. Die jeweilige Regierung muss hierfür die organisatorischen Voraussetzungen schaffen. Infrage kommen etwa Benefiz-Veranstaltungen namhafter Sänger, die zusammen mit einheimischen Musikern auftreten, Modeschauen, auf denen einheimische Stoffdesigner und Modeschöpfer ihre Kreationen präsentieren, sowie internationale Schmuckmessen. Denkbar sind ferner kulinarische „events", bei denen Köche aus verschiedenen Ländern beim kreativen „fusion cooking" mit Produkten aus der Region und typischen Gewürzen und sonstigen Zutaten aus ihren Heimatländern ihre Künste unter Beweis stellen. Auch lässt sich ein Kochwettbewerb zwischen einheimischen Hausfrauen veranstalten, die ihre Lieblingsgerichte fabrizieren, die von renommierten Köchen bewertet werden. Kochbücher in englischer Sprache, die die prämierten Rezepte vorstellen, dürften bei Hobby-Köchen auf Interesse stoßen.

Um das Interesse an einer Destination zu wecken, ist offensive Landeswerbung erforderlich. Da die indische Filmindustrie Weltruf hat, ist es naheliegend, dass die jeweilige Regierung die Produktion von Filmen in Auftrag gibt, die die Attraktionen des Landes oder einer Region zeigen. Denn für einen Privaten ist es nicht lohnend, diese Initiative zu ergreifen, da er alle Kosten tragen müsste, während die Erträge aus zusätzlichem Tourismus bei vielen anfallen würden. Die Regierung sollte den Rat von Profis einholen, wie sich die Region oder das Land am besten in Szene setzen können. Die Filme müssen die potentiellen Betrachter in Bann ziehen, neugierig auf Indien machen und die Reiselust wecken. Zu denken ist etwa an eine Tanzeinlage vor einer vom Vollmond beschienenen Tempelkulisse, an Ausschnitte aus einer opulenten Hochzeitsfeier oder aus religiösen Festen, die den Zuschauer in einen Farbenrausch versetzen. Weitere Touristen-Magnete sind Badeszenen der Gläubigen in heiligen Flüssen und Tempelteichen, meditierende Sadhus, farbenfrohe Märkte und prächtig geschmückte Tempelelefanten, die den Besucher nach der Entrichtung eines Opulus durch Auflegen des Rüssels segnen. Indien kann sich in einem Dokumentarfilm auch als tolerantes Land präsentieren, in dem Angehörige verschiedenster Religionen ihre Kulturstätten errichtet haben und weitgehend friedlich nebeneinander leben.

Die jeweilige Regierung und ihre Auftragnehmer sollten nach ausländischen Kooperationspartnern Ausschau halten, da diese am besten wissen, was ihre Landsleute am meisten anspricht. Zudem müssen ja die einzelnen Szenen in fremden Sprachen dokumentiert werden. Die Filme können dann von den ausländischen Anbietern von Indienreisen ins Internet gestellt werden. Neben den anbieterspezifischen Werbefotos tragen die lebendigen Szenen dann dazu bei, dass Interessenten vom „Indienfieber" gepackt werden.

b)   Der Buddhismus als Lockvogel für die Gäste aus Indiens ost- und südostasiatischer Nachbarschaft

China, das bevölkerungsreichste Land der Erde, liegt gewissermaßen vor Indiens Haustüre. Es hat sich unter dem Staatsmann Deng Xiaoping im Jahr 1979 geöffnet und war bis zum Jahr 2015 Wachstumsweltmeister. Es ist mittlerweile der wichtigste Handelspartner Indiens. Mittlerweile werden zwischen 300 und 500 Millionen Chinesen der Mittelschicht zugerechnet. China ist also sowohl von der räumlichen Nähe zu Indien, als auch vom Pro-Kopf-Einkommen und der Bevölkerungszahl her eines der interessantesten Länder für die indische Touristik-Branche: Nicht nur der innerchinesische Tourismus boomt; im Jahr 2014 waren auch rund 100 Millionen Chinesen im Ausland. Nur 200 000 davon haben Indien besucht, während umgekehrt 800 000 Inder das „Reich der Mitte" bereist haben. Das ist bemerkenswert. Denn vom Verhältnis der durchschnittlichen Pro-Kopf-Einkommen her müsste man eigentlich erwarten, dass deutlich mehr Chinesen nach Indien kommen als Inder nach China. Seltene Gäste in Indien sind ferner die Japaner, obwohl sie sehr reisefreudig sind. Japanischen Reisegruppen begegnet man fast überall auf dem Globus, selbst in den hintersten Winkeln. Denn Japan ist eines der wohlhabendsten Länder dieser Erde und hat 127 Millionen Einwohner. Im letzten Viertel des 20. Jahrhunderts erlebten ferner die vier asiatischen Tigerstaaten – Südkorea, Taiwan, Hongkong und Singapur – einen stürmischen Aufschwung, der sie aus der Gruppe der Schwellenländer in die Gruppe der Industrieländer bugsiert hat. Mit steigenden Pro-Kopf-Einkommen hat der Tourismus zugenommen. Bürger aus diesen Ländern sind mittlerweile sehr zahlreich unterwegs, in Indien trifft man sie selten an.

Es ist offensive Landeswerbung erforderlich, um die zahlungskräftigen unter den asiatischen Nachbarn nach Indien zu locken. Da der Buddhismus in diesen Ländern verbreitet ist, liegen werbende Filme nahe, die Indien als Ursprungsland des Buddhismus präsentieren. In Japan, Südkorea und in den Tigerstaaten spielt der Buddhismus eine bedeutsame Rolle. In China wurden religiöse Strömungen zwar lange unterdrückt und Kulturdenkmale durch Maos rote Garden zerstört. Aber heute erlebt der Buddhismus dort eine Renaissance. Der Buddhismus ist keine Erfindung der Chinesen. Seine geistige Heimat ist vielmehr Indien. Er ist von Siddhartha Gautama verkündet worden, der im 6. und Anfang des 5. Jh. v. Chr. im Grenzgebiet des heutigen Indiens und Nepals gelebt hat. Erst zur Zeitenwende ist der Buddhismus nach China gebracht worden, konnte sich damals aber nicht verbreiten, weil er nicht schriftlich überliefert war. Das änderte sich erst ab dem Jahr 645 n. Chr., als der chinesische Mönch Xuanzang Sanskrittexte von Indien nach Xian gebracht hat, die in Klöstern ins Chinesische übersetzt worden sind. Der Buddhismus fasste also in China erst rund tausend Jahre nach seiner Begründung Fuß. Von China aus ist der Buddhismus nach Korea gelangt, von dort nach Japan.

Buddhistische Denkmäler sind eine Hauptattraktion für den innerchinesischen Tourismus. So schicken sich die Chinesen z. B. gerade an, den chinesischen Teil der Seidenstraße touristisch in den Vordergrund zu rücken. Ein kulturelles Kleinod sind u.a. die mit Buddhastatuen und Wandmalereien verzierten Magao-Grotten von Dun Huang. Hier haben buddhistische Mönche zwischen dem 4. und 12. Jh. n. Chr. unzählige Höhlentempel in den Fels gehauen. Die Chinesen sollten wissen, dass sie diesen Schatz den alten Indern zu verdanken haben.

Wer auf den Spuren des Religionsgründers wandeln will, muss zunächst das im südlichen Nepal gelegene Lumbini ansteuern, wo Siddhartha Gautama geboren ist, dann Kapilavastu, wo der Königshof seines Vaters lag. In Bodgaya soll er nach langer Meditation unter einem Bodhibaum seine Erleuchtung gehabt haben. In Sarnath bei Varanasi, das in Uttar Pradesh liegt, hat der Buddha seine erste öffentliche Rede gehalten, in Kushinagar – ebenfalls in Uttar Pradesh – ist er schließlich gestorben. Zu den Stätten seines Wirkens zählen ferner Nalanda, Vaishali und Rajgir in Bihar sowie Gorakhpur, Sidharth Nagar, Santkabir Nagar, Shrawasti und Piprawa in Uttar Pradesh.

Der Buddhismus hat sich von Nordindien aus in den Süden verbreitet. In Indien gibt es rund 1200 buddhistische Höhlentempel. Allein 1000 liegen in Maharashtra – voran die reich bemalten Höhlentempel von Ajanta aus dem 5. Jahrhundert, die zum Weltkulturerbe zählen. In Ellora – ebenfalls Weltkulturstätte – sind 34 Höhlentempel in die Felswände hineingeschlagen, 12 davon sind buddhistisch. Erwähnenswert sind auch die Karla Höhle in Lovana und die Aurangabad-Höhle. Das südliche Bundesland Andhra Pradesh wartet ebenfalls mit reichhaltigem buddhistischem Erbe auf. Zu nennen sind Amaravati, Nagarjunikonda, Chandavaram, Anupa, Thotlakonda, Bavikonda, Bhattiprolu, Sankaram, Lingalametta, Undawalli Caves, Ghantasala, Gudiwada, Salihundam, Nelakondapalle, Dantapuram, Dantapuram, Phanigiri, Gopalapatnam und Bojjannakonda. In Madhya Pradesh kann man – neben Höhlentempeln – den Stupa von Sanchi und den Stupa von Bharhut besichtigen. Nicht zuletzt haben die indischen Himalaya-Regionen Sikkim, Ladakh und Darjeeling diverse buddhistische Klöster zu bieten. Und wer den Dalai Lama im Exil besuchen will, der muss nach Indien reisen.

c) Christliche Kulturstätten als Attraktion für Südkoreaner

Indien kann nicht nur mit hinduistischen und buddhistischen Kulturstätten für sich werben, sondern auch mit christlichen. Das ist deshalb erwähnenswert, weil rund ein Viertel der 51,5 Millionen Südkoreaner Christen sind. Die ersten Christen auf indischem Boden waren Syrer, die 45 n. Chr. zusammen mit dem Apostel Thomas eingewandert sind. Die Thomaskirche im Süden von Kerala ist eine der ältesten christlichen Gemeinden der Erde. Im Jahr 72 n. Chr. soll der Apostel Thomas auf dem St. Thomas Mount nahe dem heutigen Chennai eines Märtyrertodes gestorben sein. Die Grabstelle des Apostels befindet sich angeblich in der St. Thomas Basilica in Chennai.

Die erste große Missionswelle begann mit der Landung des portugiesischen Seefahrers Vasco da Gama im Jahre 1498 an der Küste des heutigen Kozhikode (Kerala). 1524 wurde Vasco da Gama in der „Church of Saint Francis" in Cochi beigesetzt, bevor seine sterblichen Überreste nach Lissabon überführt worden sind. Am stärksten verwurzelt ist die katholische Kirche aber in Goa. Das kleinste Bundesland Indiens stand 450 Jahre unter portugiesischer Kolonialherrschaft (von 1510–1961). Mission sowie Inquisition sind vor allem mit dem Namen des Jesuiten Francisco Xavier verknüpft. Eine besondere Attraktion für Touristen ist – neben Kerala und Tamil Nadu – Velha Goa (Alt-Goa), das zum Weltkulturerbe zählt.

6. Indien als Zentrale für die Wissenschaft und für asiatische Kultur

a) Indien: Der optimale Standort für ein „Institut für Weltwissenschaft"

Indiens Tourismus erhielte zusätzliche Impulse, wenn dort eine Dachorganisation für die internationale Wissenschaft beheimatet wäre – sozusagen ein „Institut für Weltwissenschaft" als Anlaufstelle für Wissenschaftler aus aller Herren Länder. Indien scheint dafür prädestiniert zu sein, zumal es auf eine lange Wissenschaftstradition zurückblickt. Inder spielten eine historische Vorreiterrolle in der Mathematik, Medizin, Astrologie und Philosophie. Die Europäer haben die Mathematik erst von den Arabern übernommen und diese wiederum von den alten Indern, die sie erfunden haben. Die Inder wussten bereits 1000 Jahre vor Kopernikus, dass sich die Erde um die Sonne dreht. Das „Kopernikanische Weltbild" wurde im Abendland als bahnbrechende Entdeckung empfunden, obwohl die Inder die eigentlichen Pioniere waren. Pionierleistungen wurden auch von indischen Ärzten erbracht, etwa in der Chirurgie (Kaiserschnitte, Behandlung des grauen Stars, plastische Chirurgie) oder in der Heilkunst Ayur-Veda. Ayur-Veda liegt tausendjähriges Erfahrungswissen über die Wirkung von Heilkräutern sowie über die Grundsätze einer gesunden Lebensführung (einschließlich Ernährung) zugrunde.

Voraussetzungen für diese wissenschaftlichen Höchstleistungen waren 1) die tiefe Religiosität der Inder – die Wissenschaften entwickelten sich erst aus den religiösen Ritualen heraus –, 2) die im globalen Vergleich einmaliger Offenheit und Toleranz des Hinduismus in Bezug auf Weltanschauungen, 3) der Austausch von Gütern und Ideen mit der Welt, also die Offenheit nach außen, 4) das Ringen der geistigen Elite einzig und allein um Lebens-Sinn und 5) die Vorliebe der Inder für die Kopf- statt der diskriminierten Handarbeit. Daraus folgt, dass Zukunftschancen des indischen Volkes in der Wissenschaft und im dazu komplementären Dienstleistungssektor liegen.

Die Inder spielen heute an der vordersten Front der Informations- und der Nanotechnologie, der Ingenieurwissenschaften, der Chemie, und der Medizin mit. Sie haben einen hervorragenden Ruf in verschiedenen Zweigen der Wissenschaft vom Leben wie etwa in der Mikrobiologie und der Infektionsbiologie. Sie sind letztlich den anderen modernen Wissenschaftsnationen überlegen, weil sie sowohl scharfsinnig, logisch und analytisch als auch systemübergreifend und synoptisch denken können. Ihre Philosophie lautet: Es ist alles Eins. Im Westen hingegen ufert die wissenschaftliche Spezialisierung immer weiter aus, am Ende dieses Prozesses zunehmender Auffächerung und Vertiefung ohne Synthese steht der Spezialist, der alles über nichts weiß. Es ist die Aufgabe der Inder, die einzelnen Wissenschaftszweige zu verbessern und wieder zusammenzuführen.

b) Die drei Säulen des „Instituts für Weltwissenschaften"

Ein solches „Institut für Weltwissenschaften" sollte auf drei Säulen ruhen – einem „Weltzentrum für ordo-liberale Ökonomen", einem „Weltzentrum für Religion, Philosophie und Geisteswissenschaften" und einem „Weltzentrum für Naturwissenschaften" als Dachverband sowohl für die Physik und die anorganische Chemie als auch für die Lebenswissenschaften. Das „Institut für Weltwissenschaften" sollte als Dachverband für Wissenschaftler fungieren, die an der vordersten Front der Forschung arbeiten, Welt-Kongresse organisieren und „World Awards" verleihen.

(i) Das „Weltzentrum für ordo-liberale Ökonomen"

Eine Aufgabe des „Weltzentrum für ordo-liberale Ökonomen" ist es, eingeschlagene Irrwege der ökonomischen Wissenschaft aufzuzeigen und die Vertreter dieser Wissenschaftsrichtungen beim Namen zu nennen. Darunter sind Berater, welche die Regierungen dazu ermuntern, Schulden und Staatsausgaben ins Uferlose auszuweiten und die Notenbankchefs dazu animieren, die Märkte mit billigem Geld zu fluten, um die lahmende Wirtschaft „anzukurbeln". Wenn die Wirtschaft nicht in Schwung kommt, ist dies jedoch in der Regel nicht auf fehlende Liquidität und Nachfrage zurückzuführen, sondern auf gestörte Anreize infolge von Regulationen und auch Eingriffe des Staates in die Preisbildung. Falscher wirtschaftswissenschaftlicher Rat ist des Öfteren gar mit einem Nobelpreis für Ökonomie prämiert worden. Es ist deshalb nicht verwunderlich, dass die Keynesianer unter den Volkswirten als angebliche Allheilmittel neuerdings sogar ökonomische Perversionen wie Negativzinsen und „Helikoptergeld" propagieren.

Das „Weltzentrum für ordo-liberale Ökonomen" muss Strategien entwickeln, wie ärmere Länder Ersparnisse aus den reichen Ländern (vor allem USA, EU und Japan) abziehen und diese unter Reformdruck setzen können. Es sind hochverschuldete Steuerstaaten, die – bei gleichzeitiger gigantischer Kapitallücke in den ärmeren Ländern – horrende Mittel absorbieren und das Wachstum eindämmen, so dass die ärmeren Länder weniger Exportchancen haben. Es geht um politische Reformen und um Geschäftsideen für die reformwilligen Länder der Dritten Welt.

Vor internationalen Foren könnten die ökonomischen Wissenschaftler ihre Ideen präsentieren und fachlichen Rat erteilen. Für die Teilnahme kommen infrage: 1) reformwillige heutige oder zukünftige Politiker ausgewählter Länder, 2) Unternehmer, die bereit sind, beim Aufbau eines der jeweiligen Länder mitzuhelfen und 3) Vertreter von Kapitalsammelstellen, die sich an der Finanzierung beteiligen möchten.

Eine spezielle Aufgabe des „Weltzentrums für ordo-liberale Ökonomen" wäre es, Kandidaten für den Posten des indischen Notenbank-Präsidenten vorzuschlagen.

(ii) **Das „Weltzentrum für Religion, Philosophie und Geisteswissenschaften"**

Hier geht es u.a. um Vergleiche zwischen den Religionen, das Aufzeigen von Gemeinsamkeiten und Unterschieden und um die friedvolle Integration von Weltreligionen unter dem geistigen Dach eines offenen und toleranten Reform-Hinduismus.

So gibt es etwa eine enge Parallelität zwischen dem Messias im Christentum, dem Imam Mahdi bei den Shiiten, dem Zukunftsbuddha Maitreya bei den Buddhisten und dem zehnten Vishnu-Avatar Kalki im Hinduismus.

Auch ist die Reinkarnationslehre nicht ausschließlich östliches Gedankengut. Sie findet sich bei den orthodoxen Juden wieder und sie wurde auch von den Urchristen und etlichen alten Kirchenvätern vertreten. Allerdings hat die katholische Kirche diese im Neuen Testament angedeuteten Ideen später als Irrlehren aus den Dogmen gestrichen, weil sie die Angst vor dem Tod und die Furcht der Gläubigen vor ewiger Verdammnis als Machtinstrument missbraucht hat. Das ist übrigens das westliche Analogon zum Machtmissbrauch durch hinduistische Brahmanen, die die Menschen mit der Furcht vor der schlechteren Wiedergeburt geködert haben.

Die Wiedergeburtstheorie hat ökonomischen Charme, weil in diesem Konstrukt wertvolle menschliche Ressourcen perfekt „recycled" werden und keine „sunk costs" auftreten. So können Wiedergeburten der spirituellen Weiterentwicklung von Individuen dienen, wie Sri Aurobindo glaubte. Vielleicht gibt Gott den Individuen immer wieder die Chance, aus Fehlern zu lernen, Arroganz abzulegen und Unwissen zu überwinden, bis sie schließlich die Vollendung erreichen.

Ein interessantes Studienobjekt für das Weltzentrum für Religion, Philosophie und Geisteswissenschaft könnten auch die unterschiedlichen Schöpfungsmythen der Völker und die Besetzung ihrer jeweiligen „Götterhimmel" sein, weil sie ausschlaggebend für die Rollenverteilung zwischen Männern und Frauen sind.

So ist nicht nur bei den Nachfahren der vedischen Kultur oder der „aryas" der Schöpfer ein Mann. Dies ist auch im Judentum, im Christentum, im Islam und bei Zarathustra der Fall. Nach dem Glauben der alten Sumerer sowie nach der Bön-Religion im alten Tibet war hingegen eine „Muttergöttin" für die Schöpfung kausal. Auch die Seen und Berge – darunter den höchsten Berg der Welt, den Mount Everest – assoziieren die Tibeter – im Gegensatz zu den meisten anderen Völkern – mit Göttinnen. Das ist noch ein Relikt aus der Bön-Zeit. Die Induskultur war ausgewogen. Sie kannte sowohl einen höchsten männlichen Gott als auch eine Urmutter. Dies gilt ebenso für den japanischen Kulturkreis, allerdings wird die Urmutter bald nach ihrem Abstieg auf die Erde vom Feuergott umgebracht. Der Buddhismus kennt keine Schöpfungsgeschichte, gleichwohl diskriminiert auch er gegen Frauen.

Diese müssen erst mehrmals als Männer wiedergeboren werden, bevor sie erleuchtet werden können. Und im Konfuzianismus muss die Frau dem Mann gehorchen.

(iii) Das „Weltzentrum für die Naturwissenschaften"

Es widmet sich der Erforschung der unbelebten und belebten Natur sowie ihrer Wechselwirkungen. Angesichts des hohen Spezialisierungsgrades, den die einzelnen Wissenschaftszweige erreicht haben, ist die Gefahr der „Betriebsblindheit" groß. Es erscheint daher angeraten, internationale Kongresse zu organisieren, die den interdisziplinären Dialog fördern und die Wissenschaftler zu kreativen Analogieschlüssen stimulieren. Ein Blick über den Zaun der eigenen Wissenschaft kann nämlich über Assoziationen durchaus zu Erkenntniszuwächsen führen. So kommen Anstöße, wie Modelle zu erweitern sind, damit sie ein breiteres Spektrum der Wirklichkeit abbilden, oft von außen. Mitunter kommt einem Wissenschaftler eine zündende Idee gerade dann, wenn er nicht in seinem Forschungslabor sitzt und seine Aufmerksamkeit einem anderen Objekt gilt.

Hier wird die Auffassung vertreten, dass die Naturwissenschaften profitieren könnten, wenn die Wissenschaftler geistige Anleihen bei den liberalen Ökonomen nehmen würden. Denn auch der naturwissenschaftliche Untersuchungsgegenstand unterliegt dem Diktat der Knappheit und der Begrenzung. So ist weder unser Universum unendlich, noch währt die Zeit aus der Sicht der Menschen ewig. Das Licht hat eine Höchstgeschwindigkeit, die Lebenszeit von Pflanzen, Tieren und Menschen ist ebenso begrenzt wie die von Himmelskörpern und die Kapazität eines Elektrons, Informationen zu speichern, beträgt nur ein einziges Bit. Das Photon unterliegt ebenso keinem Zeitpfeil wie der Zins in der Ökonomie, der als Transformator zwischen Vergangenheit, Gegenwart und Zukunft dient. Wo der Unternehmer die Kosten minimiert, minimiert der menschliche Körper durch Vermeidungsstrategien die Schmerzen. Was die Preise in der Ökonomie bewerkstelligen, erledigen die Boten in der Biochemie und Medizin. Und ist nicht der Mensch selbst ein perfekt organisiertes arbeitsteiliges System? Er ist letztlich selbst wiederum ein Subsystem, das in einen größeren Systemzusammenhang eingebettet ist Man möchte fast fragen: Ist Gott nicht nur genialer Naturwissenschaftler, sondern auch liberaler Ökonom, der sich einer freiheitlichen, dezentralisierten, offenen und spontanen Ordnung bedient, um seine Ziele durchzusetzen? Lässt diese universelle Ordnung unendlich viele Sub-Systeme zu, die alle dem – aus der Chaostheorie bekannten - Prinzip der Selbstähnlichkeit folgen?

c) Indien als Standort für Kunstausstellungen und Kunstauktionen

Indien hatte einen prägenden Einfluss auf ganz Süd-, Südost- und Ostasien sowie auf die Länder in der Himalaya-Region. In ganz Südostasien erinnern architektonische Meisterwerke oder Tempelruinen an hinduistische Dynastien. Der Hinduismus ist sogar bis nach Indonesien gelangt. Und der Buddhismus hat fast überall in der genannten Region Fuß gefasst. Deshalb ist es nur konsequent, wenn von Indien aus ein asiatisches Kulturnetz gespannt würde. Man könnte dann länderübergreifende Wanderausstellungen oder Kunstauktionen organisieren und dabei an spezifischen Themen ausrichten, um Neues auf den Markt zu bringen. Zu denken ist etwa an „Ganesha-Figuren" aus Indien und seinen Nachbarländern oder an „asiatische Vasen" oder an „die Bronzezeit im Osten der alten Welt". Die einzelnen Länder Indiens könnten sich im Wettbewerb darum bemühen, die Veranstaltungen auszurichten und das internationale Publikum zu beherbergen. Ihr regionsspezifischer Tourismus würde dadurch zusätzlichen Auftrieb bekommen.

7. Güterexporte im Sog des Tourismus

Wäre Indien ein Land, das Gesundheits-, Erholungs-, Kultur-, Erlebnis- und Wissenschaftstouristen anzieht, dann würde auch die Ausfuhr von Gütern, die in Indien erzeugt worden sind, zunehmen. Exportartikel, die von so einem Indienboom profitieren würden, sind beispielsweise:

- Filme, etwa Bollywood-Filme oder Spielfilme aus Chennai und Hyderabad. Wie wäre es mit einem Film, der in der großartigen Landschaft um Hampi herum gedreht wird oder der in der gigantischen Tempelanlage von Sri Rangam spielt und auf dem Rock Fort oder an der Quelle des Ganges?
- Musik, CDs, DVDs.
- Bücher: Auf internationalen Anklang würden sicher – neben den klassischen indischen Kochbüchern – solche über „neue indische Küche" stoßen oder

über „fusion cooking" oder über „indische Küche für Veganer" oder über „Küche der Jains". Würden sich einzelne Länder Indiens verstärkt um Tourismus bemühen, hätten Landes-Reise- und -Kultur- sowie -Geschichtsführer neue Absatzchancen. Neben indischen Romanen ist ferner an die weltweite Verbreitung von Kinderbüchern zu denken (z.B. „The Magic of the Lost Temple", „The Temple of the Ruby of Fire").

- Kosmetik und Duftstoffe wie Parfüms, Gesichtspflege, Bodylotion, Haarshampoos, Babypflege, Duftöle, Henna, Räucherstäbchen und Tattoos. Da das indische Farbenfest Holi verstärkt auch im Ausland gefeiert wird, bietet sich auch der Export von hautfreundlichem Farbpulver an.
- Schmuck (Halsketten, Fußketten, Kettenanhänger, Armbänder, Armreifen, Armbanduhren, Fingerring, Ohrringe);
- Stoffe (für Kleider, Tischdecken, Kissen, Gardinen, Rollos, Bezugsstoffe für Sessel und Sofas).
- Mode: Hier ist nicht nur an den klassischen Salwar Kameez und das typische indische Herrenhemd mit Stehkragen aus Seide oder Baumwolle zu denken, sondern auch an moderne bunte T-Shirts mit indischen Schauspielern und indischen Gottheiten, an geschmackvolle Schals aus Seide oder Pashmina oder Kamelhaar, an Tuniken, Pumphosen und Wickelröcke, Taschen und Schuhe. Über Fasching oder während des Karnevals könnten sich auch Turbane aus Rajasthan oder aus dem Punjab gut verkaufen lassen.
- Accessoires für Wohnen, Küche und Garten: (Rattanmöbel, Teppiche oder Läufer, Bilder – auch zeitgenössische Malerei –, Lampen, Kerzenleuchter, Kissenbezüge, Tischdecken, Servietten, Tischsets, Bettwäsche, Vasen, Blumenkübel, (nicht nur) Ganesha-Statuen, Brunnen, Tandoori-Ofen oder -Grill, Kochgeschirr wie Kadais, Chapati-Pfannen, Idli-Bereiter, Teekannen, Reisschüsseln, Chutneyschälchen, Pickle-Sets, Servierteller, Trinkbecher, Tischbestecks, Tee- und Gewürzdosen.
- Lebensmittel wie Gewürze, Tees, Kaffee, Chutneys, Pickles, Reis, Hülsenfrüchte.
- Ayurvedische Heilmittel gegen Diabetes, Bluthochdruck, Übergewicht, zu hohen Cholesterin-Spiegel, Unruhegefühle, ferner Massageöle, Gesundheitstees, indische Heilkräuter (wie Tulsi, Neem und Bittermelonen) oder deren Samen.

E. Fazit

Wie wir gesehen haben, hat das indische Polit-Management genügend Hebel in der Hand, um die wirtschaftliche und soziale Entwicklung des Landes voranzutreiben. Dazu zählen die Verbesserung der staatsinternen Organisationsstruktur nach Maßgabe des Subsidiaritäts- und des Verbundprinzips, die Vernetzung der Staatsebenen nach dem Vorbild eines kybernetischen (Teil-)Systems, Reformen im Arbeits- und Bodenrecht, Ausbau der Infrastruktur, Vergabe von Umschulungsgutscheinen sowie eine breit angelegte Bildungs- und Gesundheitsoffensive bei externer Finanzierung. Hinzu kommen sollten Landesentwicklungspläne, die den Ausbau Indiens zum Gesundheits- und Pflegedienstleister für die Welt, zur attraktiven Tourismusdestination und zum Standort für Wissenschaft und Kulturangebote zum Ziel hat. Gefragt sind Innovationen, um die Zukunft zu gestalten. Dazu bedarf es aber auch einer neuen Lebensphilosophie, die das traditionelle Denken, wie es im Indien der Dörfer immer noch vorherrscht, abzulösen. Die Grundzüge eines positiven Weltbildes für Indien werden nunmehr skizziert. Es ist die Aufgabe der geistigen Elite, es publik zu machen.

TEIL VII. Indien braucht auch einen philosophischen Paradigmenwechsel – Grundzüge für ein positives Weltbild

A. Realität und Evolution statt Scheinwelt und Rückschritt

Ist es wirklich eine Sinnestäuschung oder Maya, wie der indische Philosoph Shankara geglaubt hat, wenn sich der Mensch als Individuum erlebt, der in eine wahrnehmbare Umwelt gestellt ist? Zaubert uns das dämonische Scheinwesen Isvara eine Scheinwelt vor? Sind unsere Sinnesorgane Teil des vorgegaukelten Gaukelspiels? Sind wir nur Produkt unseres Bewusstseins? Sind die Erscheinungen oder die Materie Trugbilder unserer Sinne? Existieren wir wirklich? Ist es so, dass „bei dieser Auffassung von der Trugnatur der Realität ... befreiende Erkenntnis nur durch eine mystische Wiedervereinigung des durch seine kosmische Illusion individualisierten Geistes mit dem göttlichen All-Einen, dem Brahman, erfolgen kann?" (Max Weber). Hilft nur Meditation, damit der Mensch das Gefühl der Ganzheit hinter den vielfältigen Dingen empfinden kann? Hindus in Meditation glauben, „dass das Neue auch das Alte ist, dass die Zukunft auch Vergangenheit, dass Mensch und Tier eins sind, dass Gott auch Mensch, der Mensch aber auch Gott, dass das Teil, das Singuläre, das Einzelne schon das Ganze und das Diesseits das Jenseits und das Jenseits das Diesseits ist" (Michaels 2006, S. 377). Doch auch der aktive Mensch, der einer ihn erfüllenden Lebensaufgabe und Berufung nachgeht, spürt intuitiv, dass er einen Beitrag zum großen Ganzen leistet.

Es ist sicher richtig, dass der Mensch im nicht meditierenden Zustand sich und die Welt anders wahrnimmt als im Zustand der Meditation, welcher quantenphysikalische Einsichten zu bestätigen scheint: nämlich die Welt als Einheit und Netzwerk statt einer Subjekt-Objekt-Trennung. Aber deshalb die Welt der Erscheinungen, die der nicht meditierende Mensch oder arbeitende Normalbürger wahrnimmt, als irrelevante Fata-Morgana abzutun, erscheint verfehlt. Man kann ebenso gut glauben, dass die Welt der Erscheinungen, wie sie der Mensch wahrnimmt, einen höheren Sinn hat. Nach dieser Philosophie soll es so sein, dass sich der Mensch als ein aus dem Ganzheitszusammenhang des Universums herausgelöstes Einzelwesen begreift und dass er in dieser Welt Aufgaben anpackt, statt sich von der Welt abzuwenden und stundenlang in Yoga und Meditation zu versinken.

1. Der Mensch und das Leben – Elemente eines göttlichen Plans?

Es ist zwar eine naturwissenschaftliche Tatsache, dass die Welt nicht aus handfesten und getrennten Objekten besteht, wie es für uns den Anschein hat. Vielmehr ist das Universum eine Ganzheit und ein Beziehungsgeflecht, in dem alle „Teile" miteinander verknüpft sind und wechselwirken. Insofern ist die Welt, so wie wir sie als subjektive Realität wahrnehmen, eine optische Täuschung. Aber wahrscheinlich soll das so sein, weil Evolution das Ziel der Natur ist und wir deshalb der Welt nicht den Rücken kehren, sondern aktiv an dem großen Plan der Natur teilnehmen sollten. Denn wer zur Kenntnis nimmt, dass in unserem Universum die Naturkonstanten maßgeschneidert sind – sie haben exakt die richtigen Werte, um Leben zu ermöglichen –, der kann daran glauben, dass der Mensch in seiner Individualität erwünscht ist und dass auch die verzerrte Wahrnehmung der Realität ihren höheren Sinn hat. Für John Polkinghorne, einen Physikprofessor aus Cambridge, der später zu einem Theologen wurde, ist unser Kosmos „die Schöpfung eines Schöpfers, dessen Wille es war, dass alles genauso ist". Wenn Gott den Menschen gewollt oder zumindest sein Leben ermöglicht hat – das ist das sogenannte anthropische Prinzip –, wenn er sich in der Welt und in den Menschen realisiert, dann muss auch der Mensch „Ja" zu Gott und zum Leben sagen. Er muss dann seine Individualität ausleben und die natürlichen Gaben, die in ihm stecken, zur Entfaltung bringen.

2. Individualität und Subjekt-Objekt-Spaltung – Tricks der Natur, um die Entwicklung voranzutreiben?

Die Tatsache, dass sich der Mensch als Individuum begreift, dass er sich von der Außenwelt abgrenzt, dass er aktiv ist und dass er wirtschaftet, ist die eigentliche Triebfeder, die uns von der Steinzeit in die Moderne geführt hat. Der Mensch hätte in seiner Frühgeschichte wohl kaum überlebt und er hätte wohl kaum sein Bewusstsein und seine Kreativität entwickelt, wenn er sich nicht als schwaches Einzelwesen empfunden hätte, das die stärkeren Fleischfresser unter den Tieren hat überlisten müssen. Wäre der Steinzeitmensch hingegen dem Rat von Religionsvertretern und selbsternannten „Caring-Ökonomen" gefolgt und hätte er meditiert, wäre er erfroren und verhungert oder den wilden Tieren zum Opfer gefallen.

Triebfeder hinter der säkularen Entwicklung war der Versuch, kurzfristige Schwäche und Unterlegenheit durch intelligente Problemlösungen auszugleichen. Dazu ist ein kreativer Prozess nötig, also neue Ideen, die oft wie ein „Blitz aus heiterem Himmel" einschlagen. Der Volksmund sagt: „Not macht erfinderisch". So sind wohl die Abspaltung der Menschen von den Affen, die Erfindung des Feuers und der Sprache sowie die Entwicklung von Werkzeugen aus der Not heraus geboren. Auch Mutationen wie der aufrechte Gang waren dafür verantwortlich. Man kann die Entstehung des Gehirns und die Entwicklung von Techniken als Mittel im Kampf gegen die Knappheit und die übermächtige Außenwelt interpretieren. Man kann in der Sprache ein ursprüngliches Warnsystem in einer gefahrenvollen Außenwelt sehen oder im Feuer ein Mittel, um wilde Tiere fernzuhalten.

Mit Zwängen, Notlagen und Knappheiten und ihrer ökonomischen Überwindung kann man die Entwicklung vom Jäger und Sammler bis hin zum modernen hochspezialisierten Menschen im Rahmen einer globalisierten arbeitsteiligen und digitalisierten Weltwirtschaft begreifen. Die Knappheit erklärt, dass es zu bahnbrechenden und aus der Not heraus geborenen Erfindungen gekommen ist, wie z.B. Eigentum, Arbeitsteilung, Tausch sowie Geld, das Arbeitsteilung und Tausch erst auf breiter Front ermöglicht hat. Mit ökonomischen Denkansätzen lassen sich die Entstehung und der ökonomische Wandel von informellen und formellen Institutionen, die sich der Mensch geschaffen hat, nachvollziehen – seien es nun Familienverbünde, Sippen, Clans, Kasten oder moderne Staaten. Im Zuge der Evolution ist es auch zu kulturellen Höchstleistungen und zu sozialem Fortschritt gekommen.

Hinter der Evolution steht – um es zu wiederholen – das Individuum, das sich als historisch einmaliges Einzelwesen begreift und das sein natürliches Eigeninteresse verfolgt, um sein irdisches Los zu verbessern. Dabei wird der Mensch durch die vier Schranken, die Adam Smith skizziert hat, diszipliniert. Man kann letztlich sogar göttliche Absicht dahinter vermuten, dass der Mensch dank der Subjekt-Objekt-Spaltung eine gigantische Entwicklung vom Fast-Primaten zum modernen Naturwissenschaftler und Computerexperten absolviert hat.

Der Glaube, dass das angeborene Ich-Empfinden des Menschen göttlich erwünscht ist, weil es der Evolution dient, weil sich Gott selbst in Evolution befindet und weil er sich in den Menschen inkarniert, steht in krassem Widerspruch zum Postulat eines indischen Religionsphilosophen aus dem 5. Jahrhundert vor Christus. Buddha hat den Menschen empfohlen, sich von der „Ich-Illusion" zu lösen, die sie im „unerleuchteten" Zustand empfänden. Denn nur so werde der Mensch „erleuchtet", könne ins „Nirwana" eintauchen und fände „Erlösung" vom endlosen Rad der Wiedergeburten und einem Leben, das gleichbedeutend mit Leiden sei. Und nur so sei man zu grenzenlosem Mitleid gegenüber jeder leidenden Kreatur fähig, empfände höchstes Glück und sei von allen negativen Emotionen befreit. Die weniger verheißungsvoll klingende Botschaft des Buddhismus lautet, der Mensch müsse das „Nicht-Selbst" erkennen, weil er in Wirklichkeit keine Wesenseinheit habe und auch keine Seele. Auch von Gott wollte Buddha nichts wissen.

Einen konstruktiven Beitrag zur Knappheitsbewältigung im Diesseits leisten diese wenig operationalen Vorstellungen vom optimalen Zustand freilich nicht, zumal die Leugnung einer Wesenseinheit, einer Seele und eines Gottes nicht gerade motivations- und anreizfördernd ist. Und es liegt auf der Hand, dass es Mönchen, die weltabgewandt hinter schützenden Klostermauern vor sich hin meditieren und ihre Mantras wiederholen und die selbst auf Spenden der arbeitenden Allgemeinheit angewiesen sind, an den nötigen Mitteln fehlt, um Leiden, Mangel und Not in dieser Welt wirksam bekämpfen zu können. Statt der Bekundung von grenzenlosem Mitleid durch Berufs-Buddhisten und selbsternannten „Caring-Ökonomen", die zum Meditieren raten, sind vielmehr ein effizientes und innovatives Wirtschaftssystem ebenso erforderlich wie tatkräftige, human denkende Menschen, die in der Realität statt im Nirwana leben. Einem Menschen, der bei einem Unfall Gliedmaßen verloren hat, hilft die marktwirtschaftliche Innovation eines Körperersatzstücks und eines Autos für Behinderte vermutlich mehr als Mitleidsbekundungen von Mittellosen, die ohnehin keiner gern hört. Ferner müssen sich Buddhisten die Frage gefallen lassen, ob Freiheit von negativen Emotionen tatsächlich so wünschenswert ist, wie sie glauben: „Negative Emotionen haben auch außerordentlich wichtige Funktionen für das Überleben des Organismus. Sie sind vermutlich kein sinnloses Nebenprodukt der biologischen Evolution, sondern blieben erhalten, weil sie dem Überleben dienen. Sie schützen uns, aversive oder gefährliche Situationen zu vermeiden" – so resümiert der berühmte Hirnforscher Wolf Singer (Singer und Ricard 2008, S. 26).

Yoga und Meditation haben im Osten eine lange Tradition. Zweifelsohne können auch Menschen im Westen von diesen wertvollen Techniken profitieren, um Geist, Körper und Seele zu harmonisieren. Doch sollte man alles in Maßen betreiben. Meditation ist keine Alternative zum Broterwerb und zur Erfüllung einer Lebensaufgabe. Einer der weltweit führenden Gehirnforscher, Wolf Singer, betont in einem Dialog mit dem buddhistischen Mönch und Chemiewissenschaftler Matthieu Ricard, dass sich die Gehirnaktivität nicht allein durch Meditation steigern lässt, sondern auch durch Kontakte mit der Außenwelt. Singer resümiert: „Somit sollten die erworbenen Fähigkeiten zu einem integralen Bestandteil der Persönlichkeit und damit des Lebens werden. Auf einer gewissen Stufe der Individualentwicklung sollte jeder Mensch über mentales Training diese wünschenswerten Fertigkeiten erwerben und vervollkommnen, aber dann sollte er sich wieder der Interaktion mit anderen stellen und nicht in seiner Einsiedelei oder in der geschützten Umgebung von Klöstern verweilen. Für Lehrer ist dies sicher der geeignete Ort, weil sie dort am besten ihre Weisheit an die Schüler weitergeben können. Aber die Schüler sollten sich da wohl nur für einen begrenzten Zeitraum aufhalten und dann in die Welt hinausgehen, um das Gelernte anzuwenden und die Welt zu verbessern" (Singer und Ricard 2008, S. 131).

3. Böses, Leiden und Ungerechtigkeit – Treibriemen für die Evolution?

a) Trotz Fortschritts und Evolution: Die Realität – kein Heile-Welt-Szenario

Wenngleich es für viele Menschen Anlass für Gottvertrauen und Zukunftsoptimismus gibt, ist nicht zu leugnen, dass die Realität des Menschen kein Heile-Welt-Szenario ist. Die Menschen können auch böse und dumm und das Leben kann auch grausam sein. Es gilt in der Natur das Gesetz des Fressens und gefressen Werdens. Und wer die Armut in Indien gesehen hat, der versteht, dass gerade dort die buddhistische Idee geboren wurde, wonach Leben Leiden ist. Ganz global gilt: Während manche Menschen sich einer stabilen Gesundheit erfreuen und in Wohlstand oder gar Luxus hineingeboren sind, leben andere im Elend, sind von Geburt an verkrüppelt oder behindert und müssen sich ihr Essen erbetteln. Begabungen, Intelligenz, moralische Anlagen, menschliche Zuwendung, irdische Güter, gesellschaftliches Ansehen und Einfluss sind höchst ungleich auf die Menschen verteilt.

Neben den ungleichen Lebensschicksalen darf man auch vor den Gefahren der heutigen Zeit nicht die Augen verschließen, die apokalyptische Visionen auslösen können. So fürchten heute, wo die Gefahr eines großen Atomkriegs eher gesunken ist, viele Menschen

> „… kleine Atomkriege zwischen nationalistisch fanatisierten Völkern oder ausgelöst von Terrorgruppen. Sie fürchten aber vor allem den Umweltkollaps, der unsere Erde ebenfalls zerstören könnte. Klimawandel, Überbevölkerung, Müllkatastrophe, Ozonloch, verdorbene Luft, vergiftete Böden, chemikalienverseuchte Gewässer und Wasserknappheit.…- Apokalyptische Visionen, die durchaus Wirklichkeit werden können, wenn sich die Menschheit nicht energisch zu mehr Abwehr- und Reformmaßnahmen auf allen Gebieten – vom Klimaschutz bis zur Geburtenregelung – aufrafft" (Küng 2008, S. 221 f.).

Schwächen, Schicksalsschläge, Leid, Handicaps, Ungleichheit der Ausgangsbedingungen, Wettbewerbsnachteile, Diskriminierungen, Unmoral, Verbrechen, Kriege und Terror lassen in einem statischen Weltbild an einem gütigen, allmächtigen Gott zweifeln: Entweder er hat die Welt so schlecht gewollt; dann ist er nicht gut. Oder er hat die Welt nicht so gewollt; dann ist er nicht allmächtig. So stellt sich die Alternative dar, wenn man ein statisches Weltbild zugrunde legt.

b) In einem dynamischen Weltbild sind Übel Hürden, die es zu überspringen gilt

Begreift man die Welt aber als laufende Schöpfung oder als evolutorisches Lernsystem, in dem Menschen frei agieren, dann sind die Übel da, um überwunden zu werden. Bereits in der Kosmologie der Inder taucht der Gedanke auf, dass der Zerstörung der schlechten Welt durch Shiva eine neue und bessere folgt. Es findet in der Realität also ein Prozess statt, den der österreichische Ökonom Joseph Alois Schumpeter als „schöpferische Zerstörung" bezeichnet hat.

Suboptimalität ist in einem solchen ökonomischen Konzept – neben der Individualität und der Subjekt-Objekt-Spaltung – der zweite Motor, der hinter einer aufwärtsgerichteten Entwicklung steht. Wir entwickeln Tatkraft und neue Ideen, um Leid, Ungerechtigkeit und das Böse zu überwinden und Aggressoren zu überlisten. Wir entdecken unsere Moral, empfinden Mitleid und leisten Hilfe, wenn wir andere leiden sehen. Wir erkennen, wie es sein sollte, wenn wir mit dem Bösen konfrontiert werden. Wir erkennen die Dignität der Normen erst in ihrem lebendigen Vollzug, wie Max Weber konstatierte.

Als der Mensch das Feuer entdeckte und begann, Werkzeuge zu entwickeln, war er ein schwaches, leidendes und gejagtes Wesen, das die widrigen Umstände kreativ zu überspringen lernte. Gegen den vermeintlich Stärkeren setzt sich oft der relativ Schwache durch, der kleine „freche newcomer", der die „claims" der Etablierten, die überheblich und träge geworden sind, infrage stellt. Diejenigen, die auf der Schattenseite des Lebens zur Welt gekommen sind, können also gigantische Aufholchancen haben, wenn man in ihre Ausbildung und Gesundheit investiert.

Vergleicht man das Leid, das in früheren Gesellschaften herrschte – man denke etwa an Pestepidemien oder an vorsintflutliche Methoden der Zahnbehandlung – mit der Situation heute, so ist das Leben deutlich humaner geworden. Während in der Frühgeschichte der Menschheit eine Behinderung einem Todesurteil gleichgekommen ist, gibt es heute von Autos für Behinderte bis hin zu Körperersatzstücken fast alles, was man sich vorstellen kann. Während früher das tägliche Leben ständig durch Aggressoren bedroht war – man denke nur an die plündernden und mordenden mongolischen Reiterscharen – herrscht heute in weiten Teilen der Erde Friede. Während unsere Vorväter im Namen der christlichen Kirche Kreuzzüge – auch von Kindern – ins Heilige Land schickten und Inquisitionsgerichte an der Tagesordnung waren, ist die religiöse Kriminalität heute auf Extremisten beschränkt, die Unschuldige in die Luft sprengen oder Bücher verbrennen, die anderen Menschen heilig sind.

B. Von Gott und der Welt

Integraler Bestandteil eines positiven Weltbildes für aktive Menschen sollte eine göttliche Instanz sein. Denn Religiosität scheint den Menschen angeboren zu sein. Sie ist axiomatisch.

1. Moderne Gottesbilder

Die Menschheit hat im Laufe ihrer Geschichte zahlreiche Religionen und Gottesbilder entwickelt. Das ausgereifteste Modell von Gott vertritt der Panentheismus. Der Panentheismus steht zwischen dem Pantheismus, der – wie bei Spinoza und Einstein – Gott mit der Natur gleichsetzt, und dem Theismus, der die Transzendenz Gottes zur Welt postuliert. Nach panentheistischer Auffassung wirkt Gott in diesem Universum. Gleichzeitig ist er größer als die Welt, die er umspannt. Gott ist allgegenwärtig, in seiner Unendlichkeit umgreift er den Raum und in seiner Ewigkeit umgreift er die Zeit. Gott ist in seiner Omnipotenz also sowohl weltimmanent als auch welttranszendent.

> „Von innen durchdringt er den Kosmos und wirkt auf ihn. Zugleich partizipiert er an seinem Geschick, hat Anteil an seinen Prozessen und Leiden. Durchdringend übersteigt er sogleich den Kosmos. In seiner Unendlichkeit umschließt er alle endlichen Wesensheiten, Strukturen und Prozesse" (Küng 2008, S. 124).

Weltimmanenz bei gleichzeitiger Welttranszendenz kennzeichnet nicht nur das muslimische, jüdische und christliche Gottesbild, sondern auch den Vishnuismus. Das ist eine monotheistische Strömung im Hinduismus, die lebensbejahend ist und die Welt der Vielfalt, die der nicht meditierende Mensch wahrnimmt, als real existent einstuft. Hinter allen Dingen steht der Hochgott Vishnu, der sich nach hinduistischem Glauben immer dann auf der Welt inkarniert, wenn die moralische und soziale Ordnung gefährdet ist. Berühmt sind die 10 Avataras oder irdischen Verkörperungen Vishnus als Fisch, Schildkröte, Eber, Mann-Löwe Narasimha, Zwerg, Rama mit der Axt, Rama, Krishna, Buddha und – noch ausstehend – Kalki. Alle anderen Götterfiguren des indischen Götter-Olymps – auch Shiva und Brahma, die als Mitglieder der berühmten indischen Göttertrias ganz oben in der Hierarchie stehen – sind Erfüllungsgehilfen oder Aspekte des Hochgottes Vishnu. Dieser erschafft nicht nur die Welt, sondern hält auch den Weltenmechanismus dauerhaft in Gang, indem er sich einbringt. Die Formel „Alle Menschen sind in Vishnu, er ist aber nicht in ihnen" drückt aus, „dass Vishnu zwar als unerkannter Beweger und als Zeuge alles Tuns mit einem Bruchteil seines Wesens in jedem einzelnen Lebewesen präsent ist, selbst aber so überwältigend groß ist, das keines dieser Wesen ihn zu fassen vermag" (von Stietencron 2010, S. 76).

Dem Shivaismus als der dominierenden indischen Religionsvariante hingegen liegt meist eine weltabgewandte Sicht der Dinge oder ein negatives Weltbild zugrunde. Der Tanz des Shivas wird von vielen als schöpferische Befreiung von der Welt interpretiert. Ein als „schöpferische Zerstörung" uminterpretierter Prozess, der für Verbesserungen in der Welt sorgt, entspricht freilich auch einem modernen Gottesbild. Die Muslime bringen diese Vorstellung in der Formel „Allahu akbar" – Gott ist größer – zum Ausdruck.

Gott durchdringt nicht nur diese sichtbare Welt der vielfältigen Erscheinungen. Er ist auch das All-Eine, das alle Vorstellungen sprengt, das Unbegreifliche, die Ultimate-Reality, die Höchste-Letzte Wirklichkeit, das Ineinanderfallen der Gegensätze. Das sind Begrifflichkeiten, die die personale oder transpersonale Dimension übersteigen (Küng 2008, S. 126 f.). Diese eher anonyme Sicht von Gott oder Ehrfurcht vor dem Geheimnis des Absoluten ist typisch für Hindus und ihren Glauben an das „Brahman". Aber auch für Muslime, die konsequent Abbilder Gottes ablehnen, denken in dieser Kategorie sowie viele Juden und Christen. Sogar für viele Buddhisten ist dieses Gottesverständnis evident. Sie lehnen den Begriff „Gott" aber ab und sprechen stattdessen vom Nirwana als Ultimate Reality.

2. Der Mensch als Gottes Spielpartner – Erfüllungsgehilfe oder Widersacher

Man muss sich die Realität als gigantischen Evolutionsprozess vorstellen, der von einem Wechselspiel zwischen Gott und den Menschen geprägt ist. Der Mensch kann trotz vielfältiger Umwelteinflüsse und genetischer Prägung innerhalb von Grenzen frei entscheiden, ob er durch verantwortungsvolles Handeln die unvollkommene Welt verbessern will oder ob er lieber selbstsüchtig und unmoralisch agiert. Nach dem amerikanischen Hirnphysiologen Benjamin Libet ist die Annahme eines in Grenzen freien Willens eine mindestens genauso gute, wenn nicht bessere Option wie die Leugnung durch manche anderen Vertreter seines Fachs. Diese Erkenntnis ist auch für den medizinischen Laien unmittelbar plausibel. Wenn es nämlich einen Gott gibt, der allwissend und allmächtig ist, dann ist logischerweise die Freiheit des Menschen mit Determinismus oder Vorsehung vereinbar. Denn für Gott gilt die Gleichzeitigkeit in der Zeit, er steht über dem Raum-Zeit-Kontinuum, in das der Mensch eingebettet ist. Gott kennt unsere zukünftigen freien Entscheidungen und er kann uns seine Reaktionen darauf in einem universalen und simultanen Systemzusammenhang bereits in die Wiege legen.

Adam Smith philosophierte in seiner „Theorie der ethischen Gefühle":

"Indem wir den Vorschriften unserer moralischen Gefühle folgen, streben wir notwendig mit den wirkungsvollsten Mitteln auf die Zunahme der Glückseligkeit des Menschengeschlechts hin und mögen deshalb in gewissem Sinne Mitarbeiter Gottes genannt werden, als Beförderer der Absicht der Vorsehung, soweit es in unseren Kräften steht. Wenn wir anders handeln, scheinen wir im Gegenteil die Richtschnur, welche der Urheber für Vollkommenheit und Glückseligkeit aufgestellt hat, zu durchkreuzen, und erklären uns, wenn ich so sagen darf, bis zu einem gewissen Grade zu Feinden Gottes".

Dies kann in der subjektiven Zeitvorstellung von Menschen die Entwicklung zwar verzögern, aber nicht verhindern.

Auch jene, die auf der Basis falscher Paradigmen und weltfremder Theorien falsche Empfehlungen aussprechen, wirken als Bremsklötze im Evolutionsprozess. Sie sind keine Erfüllungsgehilfen, sondern Widersacher Gottes – unabhängig davon, ob sie gute Absichten verfolgen oder nicht. Ökonomen mit Realitätssinn und Verantwortungsethik sind marktfreundlich gesonnen und betonen die Pflichten der Akteure, die außerhalb von Märkten agieren: Politiker, Bürokraten, Geistliche, Eltern, Lehrer, Meinungsmacher und Bildungseliten – sie alle haben Macht und können diese missbrauchen, was unweigerlich Rückwirkungen auf die Funktionsfähigkeit von Märkten und die menschlichen Anreize hat. Ökonomen mit Herz und Verstand appellieren an Menschen, die in ihnen steckenden Kräfte zu entdecken und zu aktivieren. Sie sehen im Tausch nichts Verwerfliches und halten es für tugendvoll, wenn Menschen ihre spezifischen Fähigkeiten ins System der internationalen Arbeitsteilung einbringen. Jene Ratgeber hingegen, die das in der Natur der Menschen verankerte Äquivalenzprinzip abschaffen wollen und einen Himmel versprechen, aus dem Geschenke fallen, leiden nicht nur unter Realitätsverlust, sondern konterkarieren auch die Absichten der Natur.

3. Wie die „Unsichtbare Hand" wirkt – Gesetze und Zufälle

Schon der griechische Philosoph Demokrit wusste, dass alles, was im Kosmos passiert, Frucht von Gesetzen und Zufällen ist. Im Spiel der Natur-, der Markt- und der Geschichtskräfte ist die „Unsichtbare Hand" am Werk. Während in der klassischen Physik – also in Newtons Himmelsmechanik – Abläufe der Natur vorhersehbar und berechenbar sind, gibt es in der quantenphysikalischen Welt eine „Unschärferelation" oder Unwägbarkeit, die Werner Heisenberg nachgewiesen hat. Demnach kann man nur den Ort oder den Impuls eines Teilchens bestimmen, aber nicht beide gleichzeitig. Darin kommt zum Ausdruck, dass im Universum alle „Teile" miteinander vernetzt sind und simultan aufeinander einwirken. Mitentscheidend für unser Schicksal und für die Zufälligkeiten im Leben sind also nicht nur unser eigenes Tun und Handeln und die Vorgänge in unserem unmittelbaren Umfeld. Eine Rolle spielt auch, was sonst wo auf der Welt und in den Tiefen des Alls passiert.

Die Welt ist voller Überraschungen und Unwägbarkeiten: Wir haben in Verbindung mit Naturphänomenen, die den Gesetzen der Chaostheorie folgen, erfahren, dass vermeintliche Marginalien gigantische Fernwirkungen im Schlepptau haben können. Sprichwörtlich ist der Flügelschlag einer Schwalbe in Peking, der einen Tornado in Nordamerika oder einen Tsunami auf den Philippinen auslöst. Auch hängt der Verlauf der Geschichte etwa davon ab, ob ein Sandkorn in der Sahara nach Norden oder nach Süden geblasen wird. So kann es etwa an der als marginal erscheinenden Zufälligkeit, ob man ein Herbstblatt aufgehoben hat oder nicht, liegen, ob man einen Autounfall erleidet oder gerade noch zu spät kommt. Diese Einsichten lassen darüber philosophieren, wie unergründlich die Wege Gottes sind.

Göttliches Wirken in der Welt findet nicht nur im Umlauf der Planeten um die Sonne, im Flügelschlag der Schwalbe, im Sandsturm in der Sahara oder im Fallen der Herbstblätter seinen Niederschlag, sondern auch in der Tatkraft von Individuen und in der Kreativität schöpferischer Menschen. Der Mensch weiß zwar, dass er kreativ ist, weil er eine Knappheitshürde überspringen oder wissenschaftliches Neuland betreten möchte. Er kennt also den Anlass, nicht aber die Ursache. Es ist ihm ein Rätsel, wie es zum Gedankenblitz, zur spontanen Eingebung oder zur rettenden Idee gekommen ist. Diese scheint wie Manna urplötzlich aus dem Himmel gefallen zu sein. Gehirnforscher haben gezeigt, dass chaotische Prozesse, hinter denen sich eine „maskierte" Ordnung verbirgt, dafür verantwortlich sind.

C. Konturen eines Weltmodells

In der Physik ist die Urknalltheorie des Universums weitgehend anerkannt. Auch herrscht das Denken vor, erst seien das Universum, die Naturgesetze und Zeit und Raum entstanden und im Zuge eines langen Evolutionsprozesses sei dann Jahrmilliarden später das Leben entstanden. Das Universum wird also als Ursache und das Leben als Folge betrachtet.

Diese Philosophie wird hier angezweifelt und stattdessen wird gegenseitige Bedingtheit von realem Universum und Leben angenommen. Diese Annahme wird sogar durch die quantenphysikalische Erkenntnis gestützt, dass Licht, das eine Doppelnatur als Welle und Partikel hat, nur dann Partikelcharakter hat, wenn eine Messung erfolgt. Realität setzt also einen Beobachter voraus, Objekt und Subjekt bedingen sich also.

Können wir die Hintergrundstrahlung des Universums, die aus den Tiefen des Alls zu uns dringt, als Beleg für einen „Big Bang" vor 13,7 Milliarden Jahren hernehmen, mit dem alles begann? Lassen wir den Astrophysiker, Atomphysiker und Informatiker Andreas Mücklich zu Wort kommen:

> „Wir gehen stets davon aus, dass das Universum schon mit dem Urknall genauso fest gefügt existiert hat wie heute. Aber alles, was wir zur Rechtfertigung dieser Annahme beitragen können, ist lediglich unser *heutiger Blick* auf das Universum. Seine *damalige Existenz* können wir dagegen nicht beweisen" (Mücklich 2014, S. 309).

Es ist daher fraglich, ob es Sinn macht, über den Urknall nachzudenken. Denn darüber haben wir kein Wissen. Falls aber unser Universum einen Anfang hatte, hat es vermutlich so begonnen wie ein später am Markt verkauftes Produkt: Es war ursprünglich nur als schemenhafte Idee eines Innovators vorhanden. Allerdings war (nach Ansicht der Autoren) der Innovator im Falle des Universums Gott oder reiner Geist. Er kreierte ein Möglichkeitsspektrum, eine riesige Zahl an alternativen Weltszenarien. Diese Welt war rein geistiger Natur und beanspruchte keinen Raum. Erst durch die Schöpfung von Leben und der dazu passenden Naturgesetze und Lebensbedingungen durch Gott wurde die Materialisierung oder Manifestation eingeleitet. Dies entspricht den Einsichten der Quantenphysik, dass sich ohne Beobachter keine Welt manifestiert und dass es ohne Beobachter keine wahrnehmbare Realität, keine Teilchen, keine handfeste Materie gibt. Das Wissen über die Welt ist also fundamentale Voraussetzung dafür, dass die Welt existiert. Es bedarf also erst der Lebewesen und ihrer ökonomischen Selektionsprozesse, bis die Welt langsam reale Konturen annimmt und aus dem Nebel der Möglichkeiten und fiktiven Weltszenarien heraustritt. So wie der Mensch seine Existenz dem Universum verdankt, verdankt also auch das Universum seine Existenz dem Menschen oder allgemein: dem Leben. Laut Andreas Mücklich hat der amerikanische Physiker John Archibald Wheeler (1911–2008) in den Achtziger Jahren „ein Bild eines sich selbst erzeugenden Universums" erschaffen, in der „erst die Rückkoppelung zwischen den Lebewesen und der physikalischen Welt zur beiderseitigen Existenz" führt (Mücklich 2014, S. 314).

Mensch, Welt und – worauf die Autoren Wert legen – auch Gott gehören untrennbar zusammen oder sind zueinander komplementär, wie die Ökonomen das bezeichnen. Man kann das eine nicht ohne das andere erklären. Ebenso wie das „Drei-Gestirn" „Markt, Staat und Ethik" oder „Shiva, Vishnu und Brahma" bilden „Gott, Mensch und Welt" eine höhere Funktions-Einheit. Dass Mensch und Gott eins sein kann, lehrte bereits der indische Religionsphilosoph Vivekananda in seinem Vedanta. In der Welt oder Natur oder dem Universum vollzieht sich ein gigantischer Selektions-, Evolutions- und Schöpfungsprozess, der von Gott erdacht und gesteuert wird und der der Selbstverwirklichung von Gott und den Menschen dient, die seine Erfüllungsgehilfen sein sollten. Gott bedient sich also der Natur und seiner Geschöpfe, die einen freien Willen und Entscheidungsalternativen haben, um in Erscheinung zu treten.

ABSCHLIESSENDE GEDANKEN: Die offene, spontane und natürliche Ordnung – ein aufstrebender Weg ins Krita Yuga

Es bleibt eine vorrangige Aufgabe für die Politik, dafür zu sorgen, dass auch das ländliche Indien vorankommt. Denn immerhin leben hier rund 70 Prozent aller Inder. Dort müssen neue Zentren entstehen und Unternehmen angesiedelt werden, um vor allem der Jugend Zukunftsperspektiven zu bieten. Es ist Aufgabe der politischen Zentrale und ihrer Sub-Zentren, die rechtlichen und organisatorischen Voraussetzungen für die Entfaltung privater Aktivitäten und für Länderwettbewerb zu schaffen. Der hier skizzierte ideale Staat, der nach der Ordnungsidee der liberalen Ökonomen konstruiert ist, markiert die Richtung für weitere Reformschritte. Exzessive Bürokratie und Korruption sowie gravierende Defizite an Infrastruktur einschließlich Bildung und Gesundheit signalisieren Staatsmängel, die es zu korrigieren gilt.

Indien hat staatsdirigistische Tradition, da es sich nach der Unabhängigkeit an der früheren Sowjetunion orientiert hat. Daher ist ein Umdenken erforderlich. Inder haben vermutlich eine gespaltene Einstellung gegenüber einem Ordnungsmodell, das auf kontrollierter Freiheit fußt. Einerseits sind sie leidenschaftliche Demokraten, die sogar ein föderales System installiert haben. Auf indischem Boden ist vielleicht sogar die älteste Demokratie der Welt entstanden (Erich Follath). Auch ist der Hinduismus die freieste und toleranteste aller Weltreligionen. Er lässt dem Gläubigen völlige Freiheit in Bezug auf die Wahl von Heilsziel und -weg sowie der Gottheit. Auf der anderen Seite steht die hierarchische Sozialordnung der Hindus mit ihren rigiden Zwängen. Als Mitglied einer Kaste hat der einzelne kaum Freiheiten. Diese Jahrtausende alte kollektive Sozialordnung steckt den Menschen gewissermaßen in den Genen. Die alten hinduistischen Kasten- und Familientraditionen sind im Hinterland noch tief verwurzelt, während sie in den Ballungszentren zunehmend infrage gestellt werden. Vor allem im ländlichen Indien wird es wohl nicht von heute auf morgen gehen, bis ein neues Weltbild Fuß fassen kann. Dabei spielen Bildung, Informationsnetze und moderne Medien eine ebenso wichtige Rolle wie harte Aufklärungsarbeit durch die geistigen Eliten Indiens.

ABSCHLIESSENDE GEDANKEN: Die offene, spontane und natürliche Ordnung – ein aufstrebender Weg ins Krita Yuga

Hilfreich für die Akzeptanz einer liberalen Philosophie und eines positiven Weltbildes dürfte die tiefe Religiosität der Inder sein. Denn eine offene, spontane und natürliche Ordnung, wie sie hier in Grundzügen vorgestellt worden ist, wird von der Unsichtbaren Hand Gottes gesteuert. Sie beseitigt Armut und Hunger. Für den Hindu-Reformer Vivekanada ist das ein religiöses Anliegen. „Solange ein einziger Hund in meinem Land nicht zu essen hat, besteht meine ganze Religion darin, ihn zu nähren" (Swami Vivekanada). Kontrollierte Freiheit führt ein Höchstmaß an Wohlfahrt herbei. „Was du nicht freilässt, wird niemals wachsen. Gib den Menschen das Licht der Freiheit. Das ist die einzige Bedingung des Wachstums" (Swami Vivekananda). Die Inder sollten diese Einsichten Vivekanandas beherzigen. Und die hier abgehandelte offene, spontane und natürliche Ordnung ist letztlich ein Dharma im neuzeitlichen Gewand oder ein aufstrebender Weg, der ins Krita Yuga führt.

Literaturverzeichnis

Acemoğlu, D., und J.A. Robinson (2013). Warum Nationen scheitern: Die Ursprünge von Macht, Wohlstand und Armut. Übersetzt von B. Rullkötter. Frankfurt am Main.

Arrow, K.J., und G. Debreu (1954). Existence of an Equilibrium for a Competitive Economy, in: Econometrica. 22 (3): 265–290.

Bastiat, F. (1880). Eine Auswahl aus seinen Werken. Hg. von K. Braun-Wiesbaden. Berlin.

Bhagwati, J., und A. Panagariya (2014). Why Growth Matters: How Economic Growth in India Reduced Poverty and the Lessons for Other Developing Countries. New York.

Blume, G., und C. Hein (2014). Indiens verdrängte Wahrheit: Streitschrift gegen ein unmenschliches System. Hamburg.

Coase, R. (1960). The Problem of Social Costs, in: Journal of Law and Economics 3 (1): 1-44.

Das, G. (2012). India Unbound: From Independence to the Global Information Age. Delhi.

Das, G. (2013). India Growth at Night. A Liberal Case for a Strong State. Delhi

Destatis (Statistisches Bundesamt) (2018). Arbeitskreis Volkswirtschaftliche Gesamtrechnungen der Länder. VGR der Länder (Entstehungsrechnung), Bruttoinlandsprodukt zu Marktpreisen (nominal): Bundesländer, Jahre und Bevölkerungsstand (Anzahl). Berechnungsstand: August 2017 / Februar 2018. Wiesbaden. Via Internet, Download 10.04.2018 <https://www-genesis.destatis.de>.

Donaubauer, J., B.E. Meyer und P. Nunnenkamp (2016). A New Global Index of Infrastructure: Construction, Rankings and Applications. The World Economy: the Leading Journal on International Economic Relations 39 (2), S. 236-259

Drèze, J., und A. Sen (2014). Indien. Ein Land und seine Widersprüche. München.

Follath, E. (2014). Die neuen Großmächte. Wie Brasilien, China und Indien die Welt erobern. München.

Friedman, M. (1962). Capitalism and Freedom. Chicago.

Friedman, M. (1977). Die Theorie der Preise. München.

Friedman, M. (1985). Adam Smiths Bedeutung für 1976, in: H. C. Recktenwald (Hg.), Ethik, Wirtschaft und Staat. Darmstadt. Adam Smiths politische Ökonomie heute. Darmstadt.

Giersch, H., und N. Piper (2006), Die offene Gesellschaft und ihre Wirtschaft: Aufsätze und Kommentare aus fünf Jahrzehnten. Hamburg.

Giersch, H. (1986). Die Ethik der Wirtschaftsfreiheit, in: R. Vaubel und H. D. Barbier (Hg.), Handbuch der Marktwirtschaft. Pfullingen.

Giersch, H. (1983). Weltwirtschaftliche Strukturforschung in Kiel. In Deutsche Forschungsgemeinschaft (DFG) (Hrsg.), Forschung in der Bundesrepublik Deutschland – Beispiele, Kritik, Vorschläge. Bonn-Bad Godesberg: 247-255. Wiederveröffentlicht als Kieler Sonderdruck Nr. 122.

GIGA, German Institute of Global and Area Studies, Hamburg.

Gygli, S., F. Haelg und J.-E. Sturm (2018). The KOF Globalisation Index – Revisited. KOF Working Paper No. 439. Zürich.

Hausmann, R., und C. A. Hidalgo (2018). The Atlas of Economic Complexity (online version). Country rankings: 2016. Center for International Development at Harvard University. Download 14/05/2018. http://atlas.cid.harvard.edu/rankings.

International Labour Organization (ILO) (2018). ILOSTAT, Employment by sex and economic activity (Thousands). Via Internet, Download 04.09.2018 <>

Kakar, K. (2015). Frauen in Indien: Leben zwischen Unterdrückung und Widerstand. München.

KOF der ETH / Konjunkturforschungsstelle der Eidgenössischen Technischen Hochschule in Zürich (2018). KOF Globalisierungsindex <https://www.kof.ethz.ch/prognosen-indikatoren/indikatoren/kof-globalisierungsindex.html>.

Küng, H. (2008). Der Anfang aller Dinge. Naturwissenschaft und Religion. München, Zürich.

Küng, H., und H. von Stietenkron (1995). Christentum und Weltreligionen. Hinduismus. München.

Kulke, H., und D. Rothermund (2010), Geschichte Indiens. Von der Induskultur bis heute. München.

Laaser, C.-F., und A. Rosenschon (2018). India's Integration into the World Economy – Intensifying, but Still Ample Potential for Improvement. Kieler Beiträge zur Wirtschaftspolitik Nr. 13. Institut für Weltwirtschaft, Kiel. Via Internet (23.1.2019), <https://www.ifw-kiel.de/publications/kieler-beitraege-zur-wirtschaftspolitik/indias-integration-into-the-world-economy-intensifying-but-still-ample-potential-for-improvement-10198/>.

Lal, D. (2005). The Hindu equilibrium: India c. 1500 B.C.-2000 A.D. Oxford.

List, F. (2014). Das nationale System der politischen Ökonomie. Oldenburg.

Maps of India (2018). Geography of India. https://www.mapsofindia.com/geography/

Michaels, A. (2006). Der Hinduismus – Geschichte und Gegenwart. München.

Ministry of Statistics & Programme Implementation of India (2015). Statistical Year Book India 2015, 18: Trade. Delhi. Via Internet (13/04 to 07/09/2015) <http://mospi.nic.in/Mospi_New/upload/SYB2015/ch18.html sowie http://mospi.nic.in/statistical-year-book-india/2018>.

Ministry of Statistics & Programme Implementation of India (2018a). National Accounts Statistics 2018. Statement 1.6: Gross Value Added by economic activity at current prices and constant (2011-12) prices. Delhi. Via Internet 01/08/2018. <http://mospi.nic.in/publication/national-accounts-statistics-2018>.

Ministry of Statistics & Programme Implementation of India (2018b). Statewise Domestic Product, auf der Basis von Directorate of Economics & Statistics of respective State Governments, Datei "StatewiseDomesticProduct_3aug18".

Mücklich, A (2011). Das verständliche Universum: Wie unsere Wirklichkeit entsteht. Norderstedt.

Neue Züricher Zeitung (NZZ) (8.9.2015). Monotheismus in der Ökonomie.

Peacock, A.T. (1985). Die Behandlung finanzwissenschaftlicher Prinzipien im Wohlstand der Nationen, in: H. C. Recktenwald (Hg.), Ethik, Wirtschaft und Staat. Darmstadt. Adam Smiths politische Ökonomie heute. Darmstadt.

Pigou, A. C. (1912). Wealth and Welfare. London.

Plickert, P.(2016). Die VWL auf Sinnsuche. Frankfurt am Main.

Rawls, J. (1975). Eine Theorie der Gerechtigkeit. Frankfurt am Main.

Recktenwald, H.C. (1983). Lexikon der Staats- und Geldwirtschaft. München.

Recktenwald, H.C. (1985). (Hrsg). Ethik, Wirtschaft und Staat. Darmstadt. Adam Smiths politische Ökonomie heute. Darmstadt.

Recktenwald, H.C. (1985). Einleitung : Überblick und Zugang zur Persönlichkeit und zum Werk, in: H. C. Recktenwald (Hg.), Ethik, Wirtschaft und Staat. Darmstadt. Adam Smiths politische Ökonomie heute. Darmstadt.

Recktenwald, H.C. (1985). Erkenntnisgegenstand, Ordnungsidee, Irrwege und Methodenvielfalt, in: H. C. Recktenwald (Hg.), Ethik, Wirtschaft und Staat. Darmstadt. Adam Smiths politische Ökonomie heute. Darmstadt.

Ricard, M., und T. Singer (2005). Caring Economics: Conversations on Altruism and Compassion, Between Scientists, Economists, and the Dalai Lama. New York.

Ricard, M., und T. Singer (2015). Mitgefühl in der Wirtschaft: Ein bahnbrechender Forschungsbericht, München.

Rosenschon, A., (2014). Hinduism and Buddhism, an Outsiders View on Religions of India. Delhi.

Schumpeter, J.A. (1942). Capitalism, Socialism and Democracy. New York, London.

Schumpeter, J.A. (1911). Theorie der wirtschaftlichen Entwicklung: eine Untersuchung über Unternehmergewinn, Kapital, Kredit, Zins und Konjunkturzyklus. Berlin.

Sen, A. (1990). More than 100 Million Woman are Missing. The New York Review of Books. New. York.

Singer, W., und M. Ricard (2008). Hirnforschung und Meditation. Ein Dialog. Frankfurt am Main.

Sinn, H.W. (1.11.2014). Sie sind wie Spürhunde, in: Süddeutsche Zeitung (SZ).

Smith, A. (2018). Der Wohlstand der Nationen: Eine Untersuchung seiner Natur und seiner Ursachen. Übersetzt von H. C. Recktenwald. München.

Smith, A., und W. Eckstein (1977). Theorie der ethischen Gefühle. Hamburg.

Sohmen, E. (1976). Allokationstheorie und Wirtschaftspolitik. Tübingen.

Statista (2018). China: Verteilung der Erwerbstätigen auf die Wirtschaftssektoren von 2007 bis 2017. Via Internet, Download 06.09.2018, <https://de.statista.com/statistik/daten/studie/167160/umfrage/erwerbstaetige-nach-wirtschaftssektoren-in-china/>.

Statistisches Bundesamt (Destatis) (2018). VGR des Bundes – Bruttowertschöpfung (nominal / preisbereinigt): Deutschland, Jahre, Wirtschaftsbereiche. Genesis-Datenbank, 81000-0013. Wiesbaden. Via Internet (04.09.2018) <https://www-genesis.destatis.de/genesis/>.

Stigler, G.J. (1985). Der Ökonom und der Staat, in: H. C. Recktenwald (Hg.), Ethik, Wirtschaft und Staat. Darmstadt. Adam Smiths politische Ökonomie heute. Darmstadt.

Transparency International (2018). Corruption Perceptions Index 2017. Berlin (Via Internet, <https://www.transparency.org/news/feature/corruption_perceptions_index_2017>.

United Nations Development Programme (UNDP) (2018a). Human Development Reports. Washington, D.C. Via Internet, Download 11.10.2018, <http://hdr.undp.org/en/home>.

United Nations Development Programme (UNDP) (2018b). 2018 Statistical Update. Washington, D.C. Via Internet, Download 11.10.2018, <http://hdr.undp.org/en/2018-update>.

Viner, J. (1985). Adam Smith und Laissez-faire, in: H. C. Recktenwald (Hg.), Ethik, Wirtschaft und Staat. Darmstadt. Adam Smiths politische Ökonomie heute. Darmstadt.

Vivekananda, S. (2010). Vedanta: Der Ozean der Weisheit. München.

von Hayek, F.A. (2017). Der Weg zur Knechtschaft. Reinbek.

von Hayek, F.A. (1996). Die Anmaßung von Wissen, in: W. Kerber (Hrsg.), Die Anmaßung von Wissen: Neue Freiburger Studien. Wirtschaftswissenschaftliche und wirtschaftsrechtliche Untersuchungen, 32. Tübingen.

von Hayek, F.A. (1968). Der Wettbewerb als Entdeckungsverfahren. Kieler Vorträge: gehalten im Institut für Weltwirtschaft an der Universität Kiel, Neue Folge, 56. Kiel: Institut für Weltwirtschaft.

von Stietencron (2010). Der Hinduismus. München.

Weber, M. (1998), Die Wirtschaftsethik der Weltreligionen. Hinduismus und Buddhismus. Schriften 2916-1920. Herausgegeben von H. Schmidt-Glinzer und K. H. Golzio. Tübingen.

Weede, E. (2000). Asien und der Westen. Politische und kulturelle Determinanten der wirtschaftlichen Entwicklung. Baden-Baden.

Wille, E., und M. Gläser (1985). Staatsaufgaben bei Adam Smith, in: H. C. Recktenwald (Hg.), Ethik, Wirtschaft und Staat. Darmstadt. Adam Smiths politische Ökonomie heute. Darmstadt.

Williamson, O.E. (1981). The Economics of Organization: The Transaction Cost Approach. The American Journal of Sociology 87 (3): 548-577.

World Bank (2018). World Bank Development Indicators. Washington, D.C.

World Economic Forum (2018a). The Global Competitiveness Report 2018. Featuring the new Global Competitiveness Index 4.0. Geneva 2018. Via Internet (19.10.2018) <http://reports.weforum.org/global-competitiveness-report-2018/>.

World Economic Forum (2018b). Country Profile India. The Global Competitiveness Report 2018. Geneva 2018. Via Internet (19.10.2018) <http://reports.weforum.org/global-competitiveness-report-2018/country-economy-profiles/#economy=IND>.

Bildnachweis:

Titelbild: Rad des Himmelswagens, Sonnentempel Konark, Odisha, © AR

Rücktitel: Die Autoren in einem Kaufmannshaus in Jaisalmer, Rajasthan, © AR

S. 5, Portrait Prof. Dr. Horst Claus Recktenwald
© Recktenwald privat, der Autorin AR 1985 mit persönlicher Widmung ohne Nutzungseinschränkung überreicht.